Devocional Infantil

Pão Diário KIDS

Publicações
Pão Diário

© 2020 Ministérios Pão Diário. Todos os direitos reservados.

Texto e adaptação: Simone Mota
Revisão de conteúdo: Denise Rogério
Edição e revisão: Dayse Fontoura, Dalila Assis, Lozane Winter, Thaís Soler
Direção de arte: Audrey Novac Ribeiro
Projeto gráfico e diagramação: Lucila Lis

Proibida a reprodução total ou parcial, sem prévia autorização, por escrito, da editora.
Todos os direitos reservados e protegidos pela Lei 9.610, de 19/02/1998.

Exceto quando indicado no texto, os trechos bíblicos mencionados são da edição
Nova Tradução na Linguagem de Hoje © 2011 Sociedade Bíblica do Brasil.

Publicações Pão Diário
Caixa Postal 4190, 82501-970 Curitiba/ PR, Brasil
publicacoes@paodiario.org
www.publicacoespaodiario.com.br

RG076 • 978-1-64641-016-3

1.ª edição: 2020 • 3.ª impressão: 2023

Impresso na China

Introdução

O conteúdo do *Pão Diário Kids* é uma adaptação do texto do *Pão Diário* realizada por profissionais que atuam em ministérios infantis em suas igrejas. Mais uma vez, esta iniciativa de Publicações Pão Diário objetiva contribuir para que a sabedoria transformadora da Bíblia seja compreensível também às crianças.

Em formato de diário, as meditações do *Pão Diário Kids* retratam o cotidiano de Arthur, um menino de 8 anos, que compartilha seus questionamentos, dilemas e conflitos, bem como as lições práticas e espirituais que ele aprende. Os textos apresentam seu dia a dia na escola, em casa e na igreja, seu gosto pelo futebol, e seu relacionamento com familiares e amigos. Suas páginas revelam que Arthur tem em sua família o maior exemplo do que é se relacionar com Deus por meio da oração e leitura da Sua Palavra.

Neste volume, a Bíblia é aplicada de maneira prática no intuito de trazer orientações e encorajamento visando despertar os pequeninos quanto a sua necessidade de se relacionar com Deus, e contribuir para o desenvolvimento da prática devocional diária. Cada meditação desafia a criança à reflexão pessoal por meio da oração e atividade propostas no final de cada leitura.

O *Pão Diário Kids* é uma excelente oportunidade para pais e filhos interagirem e, juntos, crescerem em seu relacionamento e espiritualmente. A leitura destas páginas reafirma a constatação que o exemplo dos pais, os valores bíblicos e a iniciativa de se buscar a Jesus são essenciais para que a criança aprenda desde cedo a relacionar-se com Deus e a não se desviar do "…caminho em que deve andar…" (Provérbios 22:6).

Dos editores do *Pão Diário*

Conheça os personagens

Arthur

Ana

Papai

Mamãe

Vovó

Vovô

Tio Lúcio

Tia Jana

Lucas

Pedrinho

Sandro

Ênio

Reiniciando

1º de janeiro

...Não fiquem lembrando do que aconteceu no passado (...)
Pois agora vou fazer uma coisa nova...
—Isaías 43:18,19

Durante a madrugada, enquanto comemorávamos a chegada de mais um Ano Novo, papai fez muitas fotos e vídeos que encheram a memória do celular dele.

O aparelho começou a travar e pouco tempo depois reiniciou sozinho.

Meu tio Lúcio, que entende de tecnologia, explicou que o celular reiniciou para corrigir os "bugs" que a memória cheia causou. Não sei muito bem o que é "bugs", mas é problema na certa. O meu tio ajudou o meu pai e o celular voltou a funcionar. Ufa!

Depois, meu pai comentou que os recomeços acontecem na vida das pessoas quando elas corrigem os erros que cometeram. Ele disse que é comum, no início do ano, as pessoas prometerem e tentarem fazer as coisas de um jeito diferente. Também quero começar bem neste novo ano, mas aprendi que para isso preciso do perdão e da graça de Deus para que tudo dê certo!

ORAÇÃO

Senhor Jesus, ajude-me a concluir com sucesso os desafios deste novo ano.

ATIVIDADE

1) O que você vai estudar neste ano que começa?

2) Tem alguma atividade que você iniciou no ano anterior e deseja continuar? Qual?

2 de janeiro

A flor resistente

O Senhor é a minha força [...] com todo o coração eu confio nele. O Senhor me ajuda...
—Salmo 28:7

A casa do vovô é bem espaçosa, mas um pouco velha. Hoje, Ana e eu vimos algo muito legal: uma linda flor que saía da rachadura de uma parede na varanda.

Então, Ana que está dando uma de fotógrafa, correu logo para buscar sua câmera, pois ela queria tirar umas fotos daquela cena.

Quando vovô viu as imagens, ficou admirado. Ele não tinha notado aquela linda flor que tinha nascido naquela rachadura. Como aquela florzinha se mantinha viva? Nem tinha terra ali!

Daí vovô deu uma de detetive e descobriu que a água que pingava do ar-condicionado, que estava acima da rachadura, era o que regava a planta.

Vovô se emocionou ao pensar que a água deu àquela flor a força para crescer num lugar ruim e comentou que, assim como acontecia com aquela plantinha, a presença de Deus na vida das pessoas dá forças a elas em momentos difíceis.

ORAÇÃO

Senhor, obrigado por nos dar forças para enfrentarmos os dias difíceis.

ATIVIDADE

1) Sua família já viveu algum momento de muita preocupação?

2) Como vocês conseguiram superar essa dificuldade?

Maior de todos

3 de janeiro

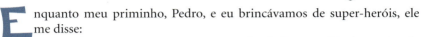

Tu és grande e poderoso, glorioso, esplêndido e majestoso...
—1 Crônicas 29:11

Enquanto meu priminho, Pedro, e eu brincávamos de super-heróis, ele me disse:

—Arthur, o Super-Homem é o meu herói favorito. Ele é o maior de todos, o mais forte e o mais rápido!

—Sério? Ele é legal, mas não é o maior de todos.

—É sim! É sim! — meu priminho insistia.

—Pedro, o Super-Homem nem existe de verdade. Herói com superpoderes de verdade é Deus, pois Ele criou tudo: a Terra, as pessoas, as plantas, os animais... Ele é que é o maior de todos.

—Mas eu nunca vi Deus... nem em livros nem na TV! — resmungou Pedro.

—Viu, sim!

—Não vi nada.

—Vamos lá fora que vou lhe mostrar. Olhe o céu e tudo o que há na natureza... a criação nos mostra os poderes e a pessoa de Deus, e é assim que você o vê. Não é incrível? Os olhos dele vigiam toda a Terra, e Ele ajuda as pessoas quando elas precisam.

—Nossa! Deus está em toda parte então?

—Sim.

—Uau! Ele é mesmo o maior. Viva!

ORAÇÃO

Deus, obrigado por ser o único herói de verdade e por cuidar de mim!

ATIVIDADE

1) Você gosta de super-heróis? Quais?

2) Qual é o poder de Deus que você mais gosta?

4 de janeiro

Conselho de mãe

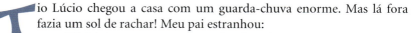

...eu, porém, ponho em ti a minha confiança.
—Salmo 31:6

Tio Lúcio chegou a casa com um guarda-chuva enorme. Mas lá fora fazia um sol de rachar! Meu pai estranhou:
—Ué, Lúcio, para que esse guarda-chuva?
—Minha mãe garantiu que hoje vai chover bastante.
—Engraçado, os meteorologistas disseram que não deve chover hoje.
—Verdade, Marcos, mas já aprendi que as mães estão sempre certas.
Todos nós rimos juntos e fomos tomar café.
Minutos depois, o tempo lá fora virou e começou um grande temporal. Papai disse:
—Viu, só, Lúcio? Os especialistas não previam a chuva, mas a mãe tinha toda razão.
—Verdade, mano. Lembra que o nosso pai nos ensinou que especialistas falham nas previsões do futuro e por isso nossa confiança deve estar em Deus, o Senhor do futuro? Esse é o segredo da nossa segurança.
—Verdade! Deus nunca erra e as mães acertam na maioria das vezes.
Todos riram, mas concordaram.

ORAÇÃO

Querido Deus, coloco toda a minha confiança quanto ao meu futuro no Senhor.

ATIVIDADE

1) Você confia que Deus tem um plano perfeito para sua vida?

2) Sua mãe acerta em tudo o que ela lhe aconselha?

Parecido com o papai

5 de janeiro

> Porque as Escrituras Sagradas dizem:
> "Sejam santos porque eu sou santo".
> —1 Pedro 1:16

Papai já me pediu algumas vezes para não mexer em seu aparelho de barbear.

Acho tão legal como ele se barbeia na frente do espelho, que hoje não resisti e peguei o aparelho.

Eu estava brincando de ser meu pai diante do espelho e fingia que fazia a barba, mas me atrapalhei e passei a lâmina no rosto.

Fiz um corte que, além de arder, começou a sangrar bastante.

Fiquei tão assustado que logo comecei a gritar.

Minha mãe imediatamente veio me socorrer e cuidou do sangramento. Ufa! Ainda bem que o corte não foi fundo.

Quando papai veio conversar comigo, tentei explicar:

—É que eu queria me parecer com você!

Ele deu um suspiro e disse:

—Arthur, ao me desobedecer, você não se pareceu comigo e nem com nosso Pai celestial, mas correu um grande risco de se machucar gravemente. Entenda que é mais importante se parecer com Deus em seu caráter, do que com o papai na aparência.

ORAÇÃO

Meu Pai do Céu, quero me parecer com o Senhor. Por favor, ajude-me!

ATIVIDADE

1) Em que você precisa mudar para ser mais parecido com o Pai celestial?

2) Você já correu algum risco por desobedecer aos seus pais? Qual?

6 de janeiro

Um presente para Bebel

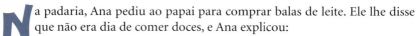

...Nós vimos a estrela dele no Oriente e viemos adorá-lo.
—Mateus 2:2

Na padaria, Ana pediu ao papai para comprar balas de leite. Ele lhe disse que não era dia de comer doces, e Ana explicou:

—Não são para mim, mas para a Bebel, nossa nova vizinha. Ela não está se sentindo bem e quero visitá-la e levar um presente.

—Mas, filha, são apenas balas.

—Mas são as preferidas dela, pai!

O papai comprou as balas, e Ana correu até a casa da Bebel.

Quando voltou, ela comentou que a amiga ficou muito feliz com o presente, e mamãe falou:

—Tenho certeza que sim, Ana. Apesar de não ser caro, o presente demonstrou que você se importa com sua amiga e já conhece os seus gostos, além de desejar estar com ela! Quando os magos foram visitar o menino Jesus, levaram presentes que não faziam muito sentido para um bebezinho, mas a atitude de adoração deles com o menino é que teve maior valor!

ORAÇÃO

Querido Deus, obrigado por nos dar o presente da vida todos os dias!

ATIVIDADE

1) Qual foi o presente mais especial que você já ganhou até hoje?

2) E qual foi o presente mais especial que você já ofereceu para alguém?

O maior e melhor de todos

7 de janeiro

> ...para que, em homenagem ao nome de Jesus, todas as criaturas no céu, na terra e no mundo dos mortos, caiam de joelhos...
> —Filipenses 2:10

Hoje, finalmente, a turma do futebol se reuniu no meio da tarde. Dessa vez tínhamos alguns visitantes.

O primo do Sandro era um deles. Rapidamente o pessoal o apelidou de "Neymar", porque ele joga muito bem.

Na hora do jantar, contei para o papai sobre o "Neymar" da pelada e ele ficou curioso para vê-lo jogar.

Eu disse:

—Ele deve se achar muito especial por ser comparado ao Neymar!

—Verdade, filho, mas e você, com quem gostaria de ser comparado? Que nome gostaria de receber?

Então me lembrei que o maior nome de todos, aquele que nós chamamos em momentos de dificuldades e agradecemos quando recebemos uma benção, é Jesus.

Eu sei que nunca serei Jesus, que é o maior nome de todos, mas papai sempre diz que devo me esforçar para parecer com Ele. E é isso que busco fazer!

ORAÇÃO

Querido Jesus, eu sou o Seu maior fã. Para mim, o Senhor é o maior de todos! Amém.

ATIVIDADE

1) Por que Arthur gosta mais de Jesus do que dos jogadores famosos?

2) Você é fã de alguma celebridade? Por quê?

8 de janeiro

Dívida perdoada

Quanto o Oriente está longe do Ocidente, assim ele afasta de nós os nossos pecados.
—Salmo 103:12

Ana entrou em casa aos prantos.

Mamãe correu para acudi-la.

Depois de alguns minutos, ela conseguiu dizer:

—Mamãe, eu estava na casa da Bebel, quando o cachorro dela pulou em cima de mim para brincar. Eu não esperava e dei um passo para trás. Bati em uma escultura da sala que caiu no chão e se espatifou. A Bebel me avisou que essa escultura é muito cara. Eu não posso pagar, mamãe!

E voltou a chorar.

Mamãe se preocupou com a situação, mas logo a campainha tocou.

Era a mãe da Bebel que veio conversar com a Ana para acalmá-la:

—Minha querida, fique tranquila, todos sabemos que foi um acidente!

—Mas eu não posso pagar, tia Dani...

—Mas não precisa pagar. Fique em paz! Você não deve nada para a tia.

Só então Ana se acalmou, e mamãe respirou aliviada.

Ao olhar essa cena, lembrei que o papai explicou que Jesus também já pagou por todos os nossos pecados. Ainda bem! Porque nós nunca teríamos como pagar por isso.

ORAÇÃO

Querido Jesus, obrigado por perdoar os meus pecados e pagar a minha dívida.

ATIVIDADE

1) Você já quebrou algum objeto caro? Qual?

2) Por que é tão importante saber que Jesus pagou pelos nossos pecados?

Memórias de bênçãos

9 de janeiro

> O Senhor é bom para com aqueles cuja esperança está nele, para com aqueles que o buscam.
> —Lamentações 3:25 NVI

Mamãe me chamou para mostrar um vídeo que encontrou do tempo em que eu era um bebê e fugi dela para o meio da chuva. Ela ria e contou que dei muito trabalho para entrar em casa naquele dia. Mamãe também se derretia ao explicar como eu era lindo. Ai, que mico! Mas o vídeo é realmente engraçado.

Do nada, mamãe começou a orar:

—Querido Deus, agradeço pelas bênçãos que recebi do Senhor todos esses anos. Sou ainda mais agradecida pela minha preciosa família. Pelo marido abençoado e pelos filhos lindos que o Senhor me deu.

Achei esquisito aquela oração fora de hora. Ela percebeu e explicou:

—Sabe, Arthur, as lembranças têm o poder de nos fazer recordar como Deus é generoso conosco. Isso nos ajuda a ter segurança no presente e esperança de que Ele cuidará de nós no futuro. É por isso que oro, filho, por gratidão.

ORAÇÃO

Querido Deus, muito obrigado pelo cuidado que o Senhor tem com a minha família!

ATIVIDADE

1) Como você poderia se lembrar todos os dias das bênçãos que recebeu de Deus?

2) Você costuma agradecer pelas bênçãos que recebe?

10 de janeiro

Visitinha trabalhosa

> Mas entre vocês eu sou como aquele que serve.
> —Lucas 22:27

Pedrinho veio passar o dia aqui em casa. Hoje ele resolveu grudar em mim. Quis que eu desse o almoço para ele. Só pedia água para mim. Só queria brincar comigo.

Eu já estava irritado com tanto trabalho.

Ao perceber meu mau humor, mamãe me chamou na cozinha.

—Filho, sabia que Jesus lavou os pés dos discípulos dele?

—Sabia.

—Ele precisava fazer isso?

—Não, né? O Pedro da Bíblia nem queria, mas se fosse meu primo…

—O que tem seu priminho?

—Mãe, ele pede tudo para mim!

—E você está se sentindo mal por isso?

—Ah, mãe, ele é meio folgado.

—Ele é pequeno, filho. Sabe, Arthur, lavar os pés dos outros era um dos piores serviços, e Jesus fez isso para ensinar que servir não é uma obrigação, mas uma oportunidade de abençoar. Abençoe seu primo e não se chateie com ele, além do mais o Pedrinho gosta muito de estar com você.

ORAÇÃO

Senhor Jesus, quero aprender a servir as pessoas com alegria!

ATIVIDADE

1) Você gosta de ajudar as pessoas ou prefere ser ajudado?

2) Qual é o serviço que você mais gosta de fazer?

O que há em seu interior?

11 de janeiro

...procurem, em todas as ocasiões fazer o bem uns aos outros e também aos que não são irmãos na fé.
—1 Tessalonicenses 5:15

Fui com meu avô a uma panificadora, e ele me deixou escolher o doce que eu quisesse. Fiquei muito animado e quis uma bomba *beeem* recheada com chocolate.

O moço que nos atendeu parecia impaciente e algumas vezes foi bem grosseiro com a gente.

Eu fiquei chateado e falei:

—Que rapaz mal-educado, vovô! Por que o senhor continua sendo amável com ele?

—Eu tenho o amor de Cristo no coração e o Espírito Santo me ajuda a ter autocontrole.

—Ah, eu sei! Mas esse moço não merece que o senhor seja gentil com ele.

—Arthur, somos seres humanos iguais, e o que nos torna diferentes é Jesus em nossa vida. Eu não ajo com bondade somente quando alguém é bom comigo. Se sou bondoso, é porque tenho a presença de Jesus em meu coração.

—Ah, entendi! Ainda bem que o senhor tem Jesus aí dentro. Preciso aprender a agir mais como o senhor, vovô!

ORAÇÃO

Querido Jesus, venha habitar dentro do meu coração para que eu seja uma criança legal.

ATIVIDADE

1) Você já encontrou uma pessoa muito mal-educada?

2) Qual foi a sua atitude em relação a essa pessoa?

12 de janeiro

Ele não gosta de mim

> Por acaso procuro eu a aprovação das pessoas? Não! O que eu quero é a aprovação de Deus.
> —Gálatas 1:10

Hoje é a festa de aniversário do Léo, um menino bem encrenqueiro lá da escola. Toda a minha turma foi convidada, menos eu.

Perguntei ao Ênio se ele sabia o motivo de eu não ser convidado e ele me disse, meio sem graça, que o Léo não gosta de mim.

Achei estranho! Nunca fiz nada para ele.

Então, o Ênio me explicou que o fato de eu procurar fazer as coisas da maneira correta incomoda o Léo.

Entrei triste em casa e falei para a mamãe:

—Sabe, mãe, não é fácil ser alguém que escolhe o que é certo. A senhora acredita que um menino da escola não me convidou para a festa de aniversário dele só porque ele acha que eu sou muito "certinho"?

—Arthur, alegre-se! O seu comportamento demonstra a presença de Jesus em sua vida. Mesmo que nem todas as pessoas gostem, Jesus está muito feliz com você por fazer o que é certo!

ORAÇÃO

Querido Deus, ajude-me a seguir Suas orientações e a fazer o que é certo.

ATIVIDADE

1) Seu comportamento demonstra o amor de Jesus por onde você passa?

2) Explique uma maneira de ser parecido com Jesus.

E se Deus ficar bravo comigo?

13 de janeiro

...Eu tenho compaixão e misericórdia, não fico irado com facilidade, e a minha fidelidade e o meu amor [...] não podem ser medidos. —Êxodo 34:6

Ana perguntou a papai:
—Pai, conhece mitologia grega?
—Claro, são histórias cheias de fantasias e deuses. Por quê?
—Estou lendo um livro que fala disso e vi que esses deuses até fulminam as pessoas! Então, Deus pode perder a paciência com a gente também, não é? Estou com medo.
—Que é isso, filha? Veja, o nosso Deus é a manifestação do amor. Ele não castiga por impulso. Ele nos ama, e a Bíblia diz que Ele é misericordioso. Você sabe o que é misericórdia?
—Não entendo isso muito bem!
—Imagine que você tira uma nota baixa por relaxo na escola. Qual é o nosso combinado?
—Que serei punida, como por exemplo: ficar sem o celular.
—E se, apesar de você merecer, eu suspender o castigo e lhe der outra chance, aí serei "misericordioso". Ao invés da punição, eu lhe dou o perdão. Entendeu?
—Ah, agora entendi o que é misericórdia.

ORAÇÃO

Deus, muito obrigado por ser paciente e misericordioso com a gente.

ATIVIDADE

1) Você já teve medo de Deus?
2) Explique com suas palavras o que é "misericórdia".

14 de janeiro

Pastor de ovelhas

> As minhas ovelhas escutam a minha voz;
> eu as conheço, e elas me seguem.
> —João 10:27

Hoje o vovô nos levou para um passeio no campo. Fomos conhecer um rebanho de ovelhas.

Eu estava curioso para ver o pelo da ovelha ser tosado para a fabricação de lã, mas o vovô queria nos mostrar outra coisa.

Quando nos aproximamos do lugar onde elas pastavam, ele nos apresentou a um homem, o pastor das ovelhas.

Conversamos bastante e ele demonstrou conhecer os detalhes sobre cada animal:

—Aquela ali menorzinha é a mais arteira. De vez em quando tenta fugir. A mais velhinha ali na frente já foi tosada 15 vezes e come bastante.

Na viagem de volta para casa, o vovô explicou que Jesus é como o pastor que conhece profundamente suas ovelhas e se preocupa com elas. É muito legal saber que Jesus é assim com a gente. Ele nos ama e conhece tudo sobre nós, e por isso a Bíblia o chama de "o bom Pastor".

ORAÇÃO

Senhor, obrigado por me amar e cuidar de mim.

ATIVIDADE

1) Você já sabia que Jesus o conhece muito bem?

2) Como se sente sabendo que Ele cuida de você?

Somos todos iguais!

15 de janeiro

> ...já não existem mais judeus e não judeus [...] escravos ou pessoas livres, mas Cristo é tudo e está em todos.
> —Colossenses 3:11

Ontem fui ao supermercado com a mamãe e estranhei algo.

Na fila do caixa um casal entrou atrás da gente, mas acabou saindo. A mulher cutucou o marido apontando para a atendente e imediatamente eles mudaram de caixa.

Ouvi mamãe resmungar:

—Que tristeza!

—O que foi, mãe?

—O racismo, filho. Aquelas pessoas não ficaram nesta fila porque a atendente é negra.

—Ué, qual o problema?

—Nenhum, ela é exatamente como nós. Mas pessoas preconceituosas desprezam outras por julgá-las inferiores.

—Igual o Léo fez comigo?

—É pior, filho! O Léo não gosta de você, mas não o considera inferior a ele. Quando existe o preconceito, as pessoas rejeitam as outras por motivos absurdos. Uma pessoa não é melhor ou pior por causa do seu tom de pele ou qualquer outra diferença. Diante de Deus, somos todos iguais!

—Deus não é preconceituoso! Certo, mãe?

ORAÇÃO

Querido Deus, ensina-nos a amar nosso semelhante independentemente das nossas diferenças.

ATIVIDADE

1) Você já foi vítima de preconceito?

2) Como podemos conscientizar as pessoas de que o preconceito é errado?

16 de janeiro

O poder da oração

A oração de uma pessoa obediente a Deus tem muito poder. —Tiago 5:16

Já estávamos sentados à mesa de jantar, quando papai recebeu uma mensagem de um grande amigo no celular. O rosto dele ficou sério e mamãe perguntou:

—Algum problema, querido?

—Infelizmente, sim. O filho mais novo do Everton estava correndo pela casa e bateu com força na porta de vidro. O menino desmaiou e os médicos estão fazendo exames, mas já avisaram que é caso de cirurgia.

O papai sempre ora antes das refeições, mas hoje, antes de jantarmos, ele intercedeu com muita emoção pela vida do pequeno Otávio.

Mais tarde papai mandou uma mensagem ao seu amigo dizendo que "Deus estava cuidando de tudo" e que poderíamos confiar no poder do Senhor! Fiquei impressionado com a segurança dos meus pais, afirmando que tudo ficaria bem. Eles realmente confiam no amor e no cuidado de Deus. Também quero ter uma fé assim!

ORAÇÃO

Obrigado por cuidar da minha vida e família em todas as situações, Senhor!

ATIVIDADE

1) Sua família já intercedeu por algum milagre que precisavam? Qual?

2) O que aconteceu depois que oraram por isso?

Derivados

17 de janeiro

Pois todas as coisas foram criadas por ele, e tudo existe por meio dele e para ele. Glória a Deus para sempre! —Romanos 11:36

Ao observar os pratos na mesa para o café, mamãe brincou:
—É… Dessa vez a vaquinha teve um trabalhão!
—Por quê?, perguntei.
—Olha quantas coisas temos na mesa graças a ela!
—Vejo só o leite.
—Mas Arthur, e o pão de queijo, a manteiga, o iogurte e o queijo?
—O que tem eles?
—São derivados do leite, ué.
—Derivados?!
—Sim, filho. Derivados são coisas produzidas a partir da mesma matéria-prima. No caso de todos esses produtos, a matéria-prima é o leite da vaca.
—Ah, então tudo é derivado de Jesus?
—Hein?
—É que, esses dias, lá na igreja, o pastor falou que Jesus é a fonte da nossa salvação e de todas as bênçãos em nossa vida. E que devemos ser agradecidos! Acho que até pela vaca!
Rindo, mamãe explicou que não somos "derivados" de Jesus, mas que devemos agradecer a Ele por tudo de bom que Ele nos dá nesta vida!

ORAÇÃO

Jesus, ensine-me a ter um coração agradecido!

ATIVIDADE

1) Pense na sua família e agradeça a Deus por cada pessoa que faz parte dela!

2) Como se sente por ser alguém agradecido?

18 de janeiro

Dia de parque aquático

> Pois sabemos que todas as coisas trabalham juntas para o bem daqueles que amam a Deus...
> —Romanos 8:28

Hoje era dia de irmos ao parque aquático. Esperávamos papai na sala, quando ele entrou e falou:

—Gente, sei que combinamos esse passeio para hoje, mas o carro não pega. Preciso trocar a bateria, mas as lojas só abrem daqui a duas horas e vai nos atrasar muito. Vocês concordam em ir no sábado que vem?

Mamãe e Ana concordaram, mas eu corri para o quarto.

Logo papai e mamãe me alcançaram. Eu não conseguia parar de chorar. Papai pediu perdão por não perceber o problema antes e disse:

—Se tivermos paciência para esperar até a próxima semana, o passeio será mais legal do que se formos ainda hoje.

—Veja, Arthur, para tudo há um propósito. Agora há pouco o Sandro me ligou e contou que, justo hoje, o toboágua mais legal do parque ficou fechado para manutenção e só deve reabrir no sábado que vem. Viu? Deus sabe de tudo!

ORAÇÃO

Deus, ajude-me a ficar tranquilo e a confiar no Senhor todo o tempo.

ATIVIDADE

1) Você já precisou adiar uma programação muito legal?

2) Você também ficou chateado como o Arthur? E o que fez você ficar melhor?

Pai ajudante

19 de janeiro

> O Senhor os ajuda e livra; e, porque eles procuram a sua proteção, ele os salva...
> —Salmo 37:40

Brincávamos no quintal, dois amigos e eu, com uma bola de futebol de salão. Lá no fundo, tem um buraco porque meu pai está consertando algo no encanamento da casa. Bastou um chute, e a bola caiu lá dentro.

Tentei pegar, mas esse buraco é fundo. Tentamos usar uma vara, uma pá, e por fim alguém sugeriu usar uma vassoura. Entrar no buraco... nem pensar, pois os canos não aguentariam o nosso peso.

Não teve jeito; pedi ajuda ao papai, que teve uma ideia maluca. Ele me segurou pelas pernas e me desceu devagar de cabeça para baixo. Quando fiquei perto, estendi os braços, resgatei a bola, e ele me puxou de volta.

Já saindo, ele disse:

—Arthur, lembre-se sempre de que, quando um desafio é muito grande para nós, devemos pedir ajuda. Eu, inclusive, sempre peço ajuda a Deus, como você já sabe.

—Combinado, pai.

ORAÇÃO

Deus, obrigado por nos ajudar sempre que surgem grandes dificuldades.

ATIVIDADE

1) Você já enfrentou algum desafio muito grande e precisou de ajuda? Qual?

2) Como foi essa experiência?

20 de janeiro

Salmo 23 ou Salmo 121?

> O meu socorro vem do Senhor Deus,
> que fez o céu e a terra.
> —Salmo 121:2

Entrei no quarto de mamãe e ela estava lendo a Bíblia. Eu já ia sair, quando ela me chamou:

—Arthur, você conhece o Salmo 121 da Bíblia?

—Eu conheço o 23! O Senhor é o meu pastor...

—Não, filho. Eu perguntei se você conhece o 121.

—Ah, mãe. É salmo demais.

Rindo, ela insistiu:

—Filho, não me importo que você decore, mas que você conheça e entenda as palavras de proteção e segurança que estão escritas na Bíblia. Vem aqui, senta comigo e vamos ler juntos.

Lemos a primeira vez e eu não entendi muito bem, mas aí a mamãe explicou cada versículo e me mostrou, por meio do salmo, que Deus cuida da gente o tempo todo. Que Ele é uma presença constante, nos defende de tudo, é nosso socorro em momentos de perigo e nos protege sempre.

E ainda tem gente que diz acreditar só em heróis. Sou muito mais o Deus da minha família!

ORAÇÃO

Deus, muito obrigado por ser o protetor da minha família!

ATIVIDADE

1) Quem sua família considera como o protetor dela?

2) Pergunte aos seus pais se Deus já cuidou de você em algum momento de perigo. Qual foi ele?

Ataque de cócegas

21 de janeiro

> Quando alguém prometer [...] deverá cumprir a palavra e fazer tudo o que tiver prometido.
> —Números 30:2

Levantei para ir ao quarto e papai criou uma barreira. Ele me atacava com cócegas toda vez que eu tentava passar. É legal, mas dá um pouco de aflição. Eu ria, mas não via a hora de escapar. Logo, Ana também entrou na brincadeira. Depois de umas dez vezes, eu não aguentava mais e implorei:

—Pai, preciso ir ao meu quarto!

—Tudo bem, Arthur. Prometo que não o ataco novamente.

Fiquei desconfiado, mas, quando tentei passar, ele deu passagem. Já a Ana não teve a mesma sorte: ele a atacou assim que tentou passar. Ela chorava de rir e pediu para que ele parasse, pois não aguentava mais. Imediatamente ele parou.

Papai é mesmo um homem de palavra. Cumpre o que promete! Ele me disse uma vez que confia plenamente nas promessas de Deus que estão na Bíblia, acho que é por isso que papai confia tanto em Deus e eu confio nele.

ORAÇÃO

Deus, ensine-me a ser uma criança de palavra. Obrigado por cumprir Suas promessas!

ATIVIDADE

1) Você sempre cumpre o que promete? O que você prometeu e não conseguiu cumprir?

2) Qual a importância de ser fiel naquilo que dizemos?

22 de janeiro

Eita, que passeio difícil!

> Meus irmãos, sintam-se felizes quando passarem por todo tipo de aflições.
> —Tiago 1:2

No café da manhã, a mamãe nos explicou que, neste sábado, precisaremos atender uma família que estará de passagem na cidade e, por causa disso, nosso passeio ao parque aquático foi adiado mais uma vez.

Fiquei muito aborrecido...

Quando fui para o futebol, encontrei o primo de um amigo meu com a perna engessada. Esse garoto joga muito bem, mas, por causa da lesão, ficará mais de um ano sem jogar futebol.

—Puxa, você deve estar muito chateado.

—Na verdade, esse ano preciso estudar muito para participar de uma prova do Colégio Militar. Minha mãe disse que devo aproveitar a pausa nas atividades físicas para me dedicar aos estudos.

Quando comparei os nossos problemas, entendi que não devo ficar desanimado por causa de um passeio. Mesmo que as coisas não aconteçam na hora que queremos, precisamos ser agradecidos.

ORAÇÃO

Senhor Jesus, ajude-me a ser alegre e generoso mesmo em momentos ruins.

ATIVIDADE

1) Você já ficou sem um passeio ou presente que esperava muito? Qual?

2) Como foi sua reação?

Ajuda a desconhecidos

23 de janeiro

> ...nosso amor não deve ser somente de palavras. [...] Deve ser um amor verdadeiro, que se mostra por meio de ações.
> —1 João 3:18

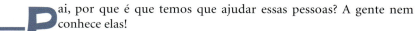

—Pai, por que é que temos que ajudar essas pessoas? A gente nem conhece elas!

—Como assim, filho?

—Vamos deixar de ter nosso tempo em família para ficar com pessoas desconhecidas. Isso me parece estranho!

Papai resolveu me ajudar:

—Filho, em 2010, um terremoto devastou um país chamado Haiti, que já era muito pobre. A dra. Zilda Arns, uma pediatra brasileira que estava em missão lá, também morreu nessa catástrofe. Você sabe o que ela estava fazendo lá?

—O quê?

—Apesar de não conhecer aquelas pessoas, ela sabia da grande necessidade de ajudar as crianças daquele lugar e foi até o Haiti abençoá-las com seus cuidados e conhecimento. Ela não os conhecia, mas, mesmo assim, encorajada pelo exemplo de Jesus, ela os amou. Percebe que abrir mão, de vez em quando, de um passeio em família é pouco, perto do bem que você pode fazer a alguém?

Finalmente entendi que amar não é só falar, mas também fazer as coisas pelo bem dos outros, mesmo que não os conheçamos.

ORAÇÃO

Querido Jesus, ensina-me a ser parecido com o Senhor, demonstrando amor pelas pessoas.

ATIVIDADE

1) Você já recebeu favores de alguém que não conhecia? Como foi?

2) E você, já ajudou alguém que não conhecia? Quem?

24 de janeiro

A natureza é cheia da glória de Deus

...Ó Senhor, meu Deus, como és grandioso! Estás vestido de majestade e de glória...
—Salmo 104:1

Tia Jana chegou de viagem toda animada. Este ano ela conheceu o pantanal. No ano passado, ela foi até a floresta Amazônica. E, não lembro exatamente quando, ela visitou algumas capitais no Nordeste.

Tia Jana ama viajar por esse Brasilzão. Ela diz que o nosso país é lindo. E tantas belezas naturais a fazem pensar em como nosso Deus é grandioso e criou coisas maravilhosas. Minha tia sempre diz que a natureza manifesta a glória de Deus.

Ela até já avisou que no ano vem quer conhecer a Serra Gaúcha e a região de Gramado, uma cidade linda que tem maravilhosas fábricas de chocolates lá no estado do Rio Grande do Sul.

Nossa! Quando vejo o ânimo da tia Jana falando de suas viagens, penso em duas coisas: Deus é realmente incrível e tia Jana bem que poderia me levar junto com ela no próximo passeio, hehe. Seria demais!

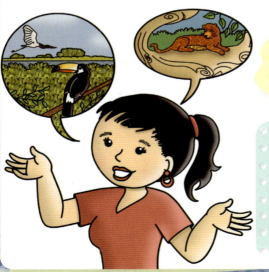

ORAÇÃO

Querido Deus, obrigado por ter criado tantas coisas incríveis!

ATIVIDADE

1) Cite pelo menos 3 coisas da natureza que você gosta muito.

2) Que lugares do Brasil você conhece ou deseja conhecer?

Finalmente, o parque

25 de janeiro

> Que a esperança que vocês têm os mantenham alegres; aguentem com paciência os sofrimentos...
> —Romanos 12:12

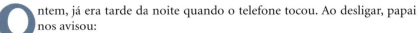

Ontem, já era tarde da noite quando o telefone tocou. Ao desligar, papai nos avisou:

—Amanhã vamos ao parque aquático!

Não sei o que aconteceu, mas a tal família não passou pela nossa cidade. Assim aprontamos as coisas e saímos hoje bem cedinho.

Quando chegamos lá, o sol brilhava forte. O dia prometia!

Mas parece que todo mundo teve a mesma ideia e as filas para os toboáguas estavam enormes. De repente, achei que a fila do toboágua mais radical era a menor. Chamei Ana e meus pais e corremos para lá. Mas, ao chegarmos na entrada do brinquedo, a fila lá dentro era gigantesca! Que decepção!

Fiquei logo emburrado e papai veio conversar comigo:

—Arthur, a vida é cheia de situações que nos decepcionam. Nesses momentos, a presença de Jesus nos ajuda a reagir com esperança e alegria por saber que Ele está conosco.

ORAÇÃO

Querido Jesus, obrigado por nos dar esperança quando nos decepcionamos.

ATIVIDADE

1) Você já ficou frustrado em alguma situação? Qual?

2) Como foi sua reação?

26 de janeiro

Santo, Santo, Santo

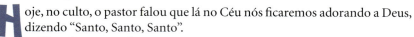

...Santo, santo, santo é o Senhor Deus, o Todo-Poderoso, que era, que é e que há de vir.
—Apocalipse 4:8

Hoje, no culto, o pastor falou que lá no Céu nós ficaremos adorando a Deus, dizendo "Santo, Santo, Santo".

Fiquei preocupado.

—Mãe, quanto tempo dura a eternidade?

—Para sempre. O eterno nunca acaba.

—Mãe, mas aí nós vamos ficar o tempo todo falando "Santo, Santo, Santo". Com todo o respeito, mas isso parece muito chato.

Ela riu e me abraçou:

—Sabe, filho, quando você nasceu, bem cabeludinho, eu ficava horas olhando tanta perfeição! E parecia que o tempo voava. Lá no Céu, nada será triste ou sem graça. A verdade, é que, quando contemplarmos a glória de Deus pessoalmente, não resistiremos e nos dobraremos diante dele adorando, adorando, adorando, sem nunca nos cansarmos. Vamos desfrutar de momentos incríveis por lá. Até casa teremos!

—Puxa a glória de Deus deve ser incrível mesmo, né?

—Com certeza!

ORAÇÃO

Deus querido, eu louvo o Senhor por todo o Seu poder, glória e bondade. Amém!

ATIVIDADE

1) Como você adora a Deus no seu dia a dia?

2) O que você mais admira no nosso Deus?

Cadê o tablet?

27 de janeiro

Pense bem antes de falar (...) Deus está no céu, e você, aqui na terra; portanto, fale pouco.
—Eclesiastes 5:2

—Arthur, cadê o *tablet* do papai?
—Deixei em cima do criado-mudo dele, Ana.
—Não está lá.
—Mas eu deixei.
—Você deve estar confundindo o lugar. Preciso dele. Estou com pressa.
—Eu deixei lá!
—Não deixou!
A esta altura, já estávamos gritando. Muito bravos um com o outro. Mamãe surgiu no corredor e perguntou:
—Que gritaria é essa!?
Ana respondeu gritando:
—O Arthur nunca sabe onde deixa as coisas!
—Mãe, ela está me chamando de mentiroso. Eu deixei o *tablet* no criado-mudo do papai!
Que raiva da Ana!
—Filhos, o que aconteceu aqui? Preocupados em ter razão, vocês estão se atacando. Se ambos tivessem acreditado um no outro, teriam perguntado e eu explicaria que hoje o papai precisou levar o *tablet* ao trabalho. Pessoas humildes não lutam para ter razão, mas por conviver bem.

ORAÇÃO

Querido Deus, por favor, perdoe-me pelos momentos em que não fui humilde e amoroso.

ATIVIDADE

1) Você gosta de ser sempre o dono da razão?

2) Quando você está certo, como trata as pessoas ao seu redor?

28 de janeiro

Alegria

> Ó Senhor Deus, os teus feitos poderosos me tornam feliz!
> Eu canto de alegria pelas coisas que fazes.
> —Salmo 92:4

Vovô e vovó apareceram de surpresa para o café da manhã. Ao terminar a oração, ele disse:

—Hoje é o dia que o Senhor fez! Vamos nos alegrar nele.

O vovô sempre diz isso e eu nunca entendo.

—Vovô, por que o senhor fala isso toda vez?

—Ah, Arthur, o povo anda meio triste e estressado ultimamente. As pessoas só ficam felizes por causa das circunstâncias: se acontece alguma coisa boa, elas ficam felizes, mas, se não acontece, elas já ficam tristes.

—Ué, mas isso não é normal?

—Pode ser normal, mas não é o certo.

—Não?!

—Não. Nós, cristãos, temos em nosso espírito a alegria da salvação. Então, mesmo que vivamos dias complicados, a certeza da salvação deve nos acalmar e devolver a nossa alegria de viver. Somos alegres porque temos Jesus!

—Que bom termos essa esperança!

—Sim, Deus é a nossa fonte de alegria.

ORAÇÃO

Deus, obrigado por ser a fonte de alegria em nossa vida!

ATIVIDADE

1) O que deixa você triste?

2) Como você faz para ficar alegre novamente?

Como uma criança pequena

29 de janeiro

> ...se vocês não mudarem de vida e não ficarem iguais às crianças, nunca entrarão no Reino do Céu.
> —Mateus 18:3

Hoje o Pedrinho veio dormir aqui em casa. Mamãe orou com ele e, depois que ela terminou, o Pedrinho perguntou:

—Tia Karina, onde está Jesus?

—Jesus está no Céu e Ele está em toda parte, e também está aqui conosco. E pode estar em seu coração se você lhe pedir para entrar.

—Eu quero que Jesus entre em meu coração.

E sozinho ele disse:

—Jesus, por favor, entre no meu coração e fique comigo.

Mamãe saiu feliz da vida do quarto e comentou:

—O Pedrinho começou sua jornada de fé com uma confiança inabalável em Deus. Quando Jesus nos convida a crer como uma criança, é isso: colocarmos toda nossa fé em Deus sem ressalvas.

—O que é ressalva?

—Espécie de restrição. Por exemplo, você acredita em Deus, pede ajuda para estudar, mas não acredita que Ele pode ajudá-lo no futebol. Entende? A fé que agrada a Deus não tem restrições, é total.

ORAÇÃO

Deus, desejo confiar completamente que o Senhor cuida de mim por inteiro.

ATIVIDADE

1) Você permite que Deus esteja em todas as áreas da sua vida? Por quê?

2) De que maneira Ele já cuidou de você? Compartilhe!

30 de janeiro

Com Deus o tempo todo

> Deus é o nosso refúgio e a nossa força, socorro que não falta em tempos de aflição.
> —Salmo 46:1

Passou do horário do papai chegar em casa, e ele não deu nenhum aviso. Depois de uma hora, mamãe ligou para o celular dele, mas só caía na caixa postal.

Ela pediu que aguardássemos e se trancou no quarto. Sabíamos que tinha ido orar.

Papai chegou só duas horas depois, de carona com o vovô.

—O que aconteceu?

Papai nos contou que foi assaltado e ficou em poder dos bandidos algum tempo. Eles o levaram para bem longe da cidade e roubaram o nosso carro e um pouco de dinheiro.

Mamãe chorava, mas papai a abraçou e disse:

—Naquele momento, eu não podia contar com a ajuda de ninguém, mas sabia que Deus estava comigo e eu podia falar com Ele. Permaneci em oração, e Ele me protegeu. Quando fui liberado, pedi ajuda em uma casa e liguei para o seu avô que foi me buscar. Vovô agradeceu a Deus por ter protegido o papai!

ORAÇÃO

Querido Jesus, obrigado por estar junto de nós em todas as situações!

ATIVIDADE

1) Você já precisou da ajuda de alguém e não conseguiu?

2) Em quais ocasiões podemos contar com a ajuda e a atenção de Deus?

Sujo de canetinha

31 de janeiro

...seus pecados os deixaram manchados de vermelho; mas eu os lavarei, e vocês ficarão brancos como a neve...
—Isaías 1:18

Fomos passar o dia na casa da vovó. Pedrinho também estava lá, com seu novo jogo de canetinhas coloridas.

Ele tinha três cadernos e muitas folhas para pintar, mas resolveu pintar toda a roupa também.

Eu avisei a vovó, e ela não se preocupou. Disse que essas canetinhas têm uma tinta especial que sai com água.

O problema é que o Pedro encontrou uma caneta do vovô e rabiscou toda a sua roupa com ela.

Ao ver a situação, vovó lamentou.

—Agora nada vai tirar essa tinta da roupa.

Ao ver isso, vovô comentou:

—Arthur, isso é igual ao pecado. Quando pecamos, o pecado mancha nossa vida e não há esforço humano capaz de limpar a sujeira. Só o poder do sangue de Jesus e o Seu perdão podem nos limpar de nossos pecados.

Ainda bem que temos essa esperança! Mas as roupas do Pedro ficaram condenadas mesmo, hehe!

ORAÇÃO

Querido Jesus, obrigado por nos perdoar de nossos pecados. Até dos piores!

ATIVIDADE

1) Você já fez uma oração pedindo perdão por seus pecados?

2) Agora aproveite para agradecer a Jesus por esse perdão maravilhoso!

1º de fevereiro

O que é expectativa?

> Hosana ao Filho de Davi! Que Deus abençoe aquele que vem em nome do Senhor! Hosana a Deus nas alturas do céu! —Mateus 21:9

—Pai!

—Fala, Arthur.

—Jesus é o Rei dos reis, certo?

—Sim.

—Então, por que as pessoas não gostaram dele e por que Ele deixou que elas o matassem?

—Sabe, Arthur, a verdade é que nós sempre tentamos encaixar Deus e Jesus nas nossas expectativas…

—Expec… Expec… o quê?

—Expectativa: é o que esperamos de alguma pessoa ou situação. Então, como eu ia dizendo, nós limitamos Jesus ao que gostaríamos que acontecesse, mas Ele é muito maior. Tanto que, às vezes, nem conseguimos entendê-lo. Foi por isso que aquelas pessoas não o aceitaram. Elas achavam que Jesus viria cheio de pompa e riquezas. Mas você conhece a história e sabe que não foi assim… Jesus foi humilde, simples e pregou a salvação e o amor de Deus a todos, sem discriminação, e condenou o abuso dos poderosos.

—Mas Ele precisava morrer?

—Era o plano de Deus para nos salvar, filho. Entendeu?

—Agora entendi.

ORAÇÃO

Querido Jesus, obrigado por ser bem maior do que eu penso e por cuidar de mim!

ATIVIDADE

1) Como você imagina que Jesus seja?

2) O que você mais admira na atitude dele?

Aproveitando a chance

2 de fevereiro

> Sejam sábios na sua maneira de agir com os que não creem e aproveitem bem o tempo que passarem com eles.
> —Colossenses 4:5

Todo mundo dá bom-dia e boa-tarde para as pessoas, mas mamãe não. Ela precisa dizer "Deus te abençoe" para todo mundo!

—Ah, mãe, a senhora precisa falar isso sempre para as pessoas?

—Sim, preciso.

—Por quê?

—Porque tenho a presença de Deus na minha vida e gosto de aproveitar todas as oportunidades para manifestar a graça, a misericórdia e o amor dele a todas as pessoas. Não importa quem sejam!

—Ai, mãe... Às vezes sinto vergonha.

—Querido, aproveitar todas as chances para mostrar o amor de Deus é um investimento. Sabe aqueles tesouros de que você tanto fala?

—Sei!

—No Céu tem um que chamamos "galardão", mas é aqui na Terra que investimos nele. Quanto mais mostrarmos o amor de Deus para as pessoas, mais galardão receberemos. Se eu fosse você, também investiria nisso.

—É... nesse caso, parece que todo mundo sai ganhando. Vou pensar nisso!

ORAÇÃO

Deus, ajude-me a perceber as oportunidades para mostrar o Seu amor ao meu próximo.

ATIVIDADE

1) Você tem vergonha de demonstrar o amor de Deus às pessoas?

2) Como você acredita que pode fazer isso na sua escola?

3 de fevereiro

A loira fantasma

> As palavras bondosas são como o mel:
> doces para o paladar e boas para a saúde.
> —Provérbios 16:24

Cheguei gargalhando em casa. Contei ao papai e à mamãe que hoje o Jeferson apavorou a galera do futebol. Ele disse que na noite passada a "loira do banheiro", um fantasma, estava na casa dele e havia lhe dado o maior susto.

Eu duvidei, mas o Jeferson garantiu que ela vai visitar todos os meninos do time. O resto da turma se pelou de medo!

O papai contou que fizeram isso com ele quando era criança e disse que eu não deveria achar graça nem apoiar esse tipo de coisa.

—Sabe, Arthur, meninos fazem traquinagens. É normal! Mas você queria estar apavorado hoje e não conseguir dormir? Precisamos usar as palavras para encorajar, acalmar e ajudar as pessoas, não para lhes fazer mal.

—Verdade, né, pai? O Jeferson bem que podia ter dito que era só uma brincadeira.

—Exatamente, filho.

ORAÇÃO

Senhor Jesus, ajude-me a ser uma criança que fala coisas boas e ajuda as pessoas a serem melhores.

ATIVIDADE

1) As palavras de alguém já assustaram você?
2) Como você pode ajudar outras pessoas com palavras?

Conhecendo o Jônatas da Bíblia

4 de fevereiro

Eu o abençoarei (...) e você será uma bênção para os outros.
—Gênesis 12:2

Primeiro dia de aula! Que ansiedade! Será que farei muitos amigos na minha nova turma?

No caminho para escola, para me acalmar, papai me contou uma parte da história do rei Davi que eu não conhecia. Ele disse que o rei Saul, quando soube que Davi havia sido ungido o próximo rei, ficou muito bravo e quis matá-lo. Mas, aí, o Saul tinha um filho chamado Jônatas, que, por ser muito obediente a Deus, logo percebeu que o plano de Deus era colocar Davi no trono.

Ao invés de ficar com raiva porque ia perder a chance de ser rei, o Jônatas se tornou o melhor amigo do Davi e o ajudou em muitos momentos.

O papai disse que o Jônatas foi sábio, porque aceitou a vontade de Deus para sua vida.

Papai me disse para eu seguir o exemplo de Jônatas: buscar sempre a vontade de Deus e ser uma bênção na escola e em qualquer lugar que eu estiver.

ORAÇÃO

Senhor Jesus, que eu seja uma bênção na escola esse ano, vivendo a Sua vontade! Amém!

ATIVIDADE

1) Como você se comporta na escola, longe dos seus pais?

2) Seus amigos veem a presença de Jesus no seu comportamento? Por quê?

5 de fevereiro

Ligação para a mamãe

Louvem para sempre o seu nome glorioso, e que a sua glória encha o mundo inteiro! Amém!
—Salmo 72:19

O telefone tocou. Como eu estava sozinho em casa, atendi e era uma tal de Glória querendo falar com minha mãe. Glória? Mas que Glória? Eu sempre ouvi falar na glória de Deus, mas não sabia que ela tinha telefone. Puxa, que situação engraçada!

Assim que mamãe, chegou, avisei.

—Mãe, a glória de Deus te ligou.

—O quê?

—Pois é, também fiquei impressionado.

—Arthur, não seria a dona Glória que me ligou?

—Quer dizer que essa Glória é uma pessoa normal?

Rindo, mamãe explicou que sim.

—Mãe, mas a glória de Deus poderia te ligar?

—Sabe, Arthur, a glória de Deus é o nome que damos para a manifestação visível do Senhor, já que não podemos vê-lo. Quando vemos as maravilhas da natureza, os livramentos e os milagres que Ele realiza, então conseguimos ter uma noção da Sua grandeza.

—Entendi, mamãe. Agora é melhor ligar para a dona Glória.

ORAÇÃO

Deus, obrigado por manifestar Sua glória e confirmar para nós o Seu amor e poder!

ATIVIDADE

1) Você já viu a glória de Deus? Como foi?

2) Pergunte à sua família e descreva todas as experiências que já tiveram com a glória de Deus.

Louvar pelos problemas

6 de fevereiro

> ...Se recebemos de Deus as coisas boas, por que não vamos aceitar também as desgraças?...
> —Jó 2:10

Vovó e mamãe chegaram juntas do médico. Já era hora do almoço, e mamãe trouxe comida pronta.

Já à mesa, vi que os olhos da mamãe estavam cheios d'água.

A vovó pediu para falar...

—Meus queridos, o médico confirmou que se trata de um câncer.

Vovô e papai ficaram mudos. Mamãe começou a chorar.

Percebi logo que aquilo era muito ruim. Mas, mesmo assim, a minha avó começou a cantar:

—Aleluia, Aleluia, Aleluia! Poderoso é o Senhor, nosso Deus!

No começo, ela estava cantando sozinha, mas logo nos juntamos a ela quando nos pediu:

—Por favor, louvem comigo!

Mesmo chorando, todos os adultos começaram a cantar.

Foi curioso... Parece que a música espantou toda aquela tristeza e todos sorriam... o almoço foi bem tranquilo.

Mais tarde, o papai me explicou que a vovó decidiu adorar a Deus mesmo naquele momento difícil.

Vovó é muito corajosa... além do mais, ela tem fé e ama Deus!

ORAÇÃO

Jesus, mesmo quando as notícias forem tristes, ajude-me a amar e adorar o Senhor!

ATIVIDADE

1) Sua família já enfrentou a doença de alguma pessoa querida?

2) Como foi esse período?

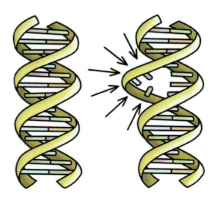

7 de fevereiro

Puxa... errei feio

> Acima de tudo, amem sinceramente uns aos outros, pois o amor perdoa muitos pecados.
> —1 Pedro 4:8

Quando entrei no quarto, minha coleção de heróis estava espalhada pela minha cama.

Minha irmã é fogo! Pega minhas coisas sem permissão e não guarda. Já saí gritando:

—Ana, sua folgada, vai já guardar todos os meus bonecos.

—Do que você está falando, Arthur?

—Da bagunça que você fez no meu quarto...

Eu ainda estava brigando quando mamãe apareceu:

—Arthur, fui eu! Peguei seus bonecos para distrair o Pedro hoje cedo.

Ai, que vergonha!

—Puxa, eu não podia imaginar. Você me desculpa, Ana?

Era a chance da Ana se vingar, mas, ao invés disso, ela me abraçou e disse:

—Tudo bem. No seu lugar eu também ficaria brava e colocaria a culpa em você.

Que alívio... o perdão da Ana demonstrou que ela me ama mesmo.

E mamãe acrescentou:

—Filho, não julgue tão prontamente. Viu como você estava enganado? Da próxima vez, pergunte antes de sair brigando.

ORAÇÃO

Jesus, obrigado por nos ensinar a amar e a perdoar as pessoas.

ATIVIDADE

1) Como você trata as pessoas quando elas erram com você?

2) Alguém já o desculpou quando você fez algo errado ou por engano? Como foi isso?

Ser o melhor de todos!

8 de fevereiro

> O orgulho leva a pessoa à destruição,
> e a vaidade faz cair na desgraça.
> —Provérbios 16:18

Ana e sua amiga Bebel entraram em casa irritadas depois da escola.
—O que aconteceu?
—Mãe, a Flora se acha!
—"Se acha", como assim?
—Ah, tia, — disse Bebel, ela pensa que tudo o que ela tem é melhor... os brinquedos, as roupas, o colégio, o cabelo... até os olhos ela acha que são mais bonitos do que os nossos.

Mamãe ouviu tudo e em seguida disse:
—Sabe, meninas, um dos maiores erros das pessoas é o orgulho. Quando são orgulhosas, acreditam que tudo o que são ou possuem é melhor do que os outros. Mas não é isso que Jesus nos ensina, muito pelo contrário. A vida dele nos mostra como é importante sermos humildes. Por isso, Ele nos faz este convite: "...aprendam comigo porque sou bondoso e tenho um coração humilde..." (Mateus 11:29). Quando aprendemos de Jesus, podemos ver com clareza as situações e jamais caímos nas armadilhas do orgulho.

—Sério, tia? Quero aprender de Jesus e não ser orgulhosa! — disse Bebel.

ORAÇÃO

Senhor Jesus, ensine-me a seguir o Seu exemplo de humildade.

ATIVIDADE

1) Você se considera mais importante ou melhor que outras crianças?

2) Que atitudes podemos esperar de uma pessoa verdadeiramente humilde?

9 de fevereiro

Amigos improváveis

> Lobos e ovelhas viverão em paz,
> leopardos e cabritinhos descansarão juntos...
> —Isaías 11:6

Fui com o papai até a panificadora. O Léo, aquele menino que não gosta de mim, estava lá com o pai dele. De repente, os dois adultos se abraçaram. Nossos pais foram grandes amigos na infância!

Que coisa! O que eu ia fazer naquela situação?

Então, o Léo me chamou:

—Arthur, quero pedir desculpas por não ter convidado você para o meu aniversário.

Tive vontade de brigar, mas papai ficaria triste, então apenas disse:

—Tudo bem, Léo, já passou.

—Sei que você ficou triste. Somos diferentes e pensei que não poderíamos ser amigos. Você me desculpa?

Eu queria socar o Léo, mas aí lembrei que, no dia do aniversário dele, eu estava triste e orei. Pedi a Deus para resolver esse meu problema. E era bem isso que estava acontecendo. Deus ouviu minha oração!

Então, abracei o Léo e disse:

—Claro! Podemos ser amigos, como nossos pais. Deus nos ajudará!

ORAÇÃO

Querido Deus, ajude-me a construir uma relação de amizade que eu achava ser impossível.

ATIVIDADE

1) Tem alguém que não gosta de você na sua escola ou entre os seus vizinhos? Por qual motivo?

2) Que tal começar a orar para Deus mudar essa situação?

Em perigo!

10 de fevereiro

> Aonde posso ir a fim de escapar do teu Espírito?
> Para onde posso fugir da tua presença?
> —Salmo 139:7

Hoje, quando o Sandro e eu voltávamos do futebol, resolvemos cortar caminho pela viela, mas lá é meio perigoso. Bem na hora que passamos, apareceram uns homens com cara de mau e com facas. Sentimos muito medo!

Lembrei que a mamãe falou para eu sempre orar quando sentir medo. Foi bem isso que eu fiz, em pensamento.

Quando eles já estavam bem perto de nós, apareceram dois policiais que chamaram os rapazes para ver os documentos.

Ufa! Aproveitamos e corremos pelo resto do caminho. Cheguei em casa sem fôlego!

Sabe, depois eu fiquei pensando que Deus realmente existe. Esses dias eu fiquei na dúvida, porque é complicado a gente não poder vê-lo. Mas hoje percebi que, mesmo Ele sendo invisível para mim, está cuidando de tudo. Mamãe sempre diz que o Espírito de Deus está comigo o tempo todo, me guardando, amando e livrando. Ainda bem!

ORAÇÃO

Deus, eu te adoro mesmo sem poder vê-lo, porque sinto Sua presença!

ATIVIDADE

1) De que maneira você já percebeu a presença de Deus juntinho de você?

2) Verifique com sua família se mais alguém teve essa experiência.

11 de fevereiro

Semana na praia

> Fiquem de pé na presença das pessoas idosas e as tratem com respeito; e honrem a mim, o Deus de vocês. Eu sou o Senhor. —Levítico 19:32

Sexta-feira, feriadão de Carnaval! Vamos aproveitar e ficar uma semana no litoral! Ficaremos todos esses dias na praia com toda a família.

Mamãe já fez uma série de recomendações sobre nos esforçarmos para manter a harmonia.

Mas, já na chegada, ela se estressou com a tia Jana. A tia quer escolher as acomodações de todos, mas a mamãe faz questão que o melhor quarto seja dos nossos avós. Tia Jana está negociando pelo fato de ter crianças pequenas. Mamãe considera que a honra aos mais velhos dá a eles o direito de receberem o melhor. Papai entrou na discussão, com cuidado:

—Jana, estamos levando em conta o modo como eu e Lúcio fomos ensinados, e por isso honramos nossos pais se lhes dermos o melhor espaço.

Tio Lúcio concordou na hora.

Vencida, tia Jana ficou bicuda.

Apesar de tudo, mamãe lembrou-se do compromisso com a harmonia, foi até a titia e a abraçou. Rapidamente o mal-estar passou e todos ficamos bem.

ORAÇÃO

Jesus, dá-nos graça para vivermos em comunhão, apesar das nossas diferenças.

ATIVIDADE

1) Você convive bem em grupos com muitas pessoas? Por quê?

2) Na sua opinião, qual o segredo para as pessoas conviverem bem?

Confiança!

12 de fevereiro

> Por isso, não fiquem preocupados com o dia de amanhã, pois o dia de amanhã trará as suas próprias preocupações...
> —Mateus 6:34

—Crianças, corram aqui!

Era cedinho quando o vovô nos chamou no jardim da casa de praia. Ele estava cuidando das plantas e nos mostrou um lírio! Enquanto olhávamos, o vovô disse:

—Sabe, crianças, lá no capítulo 6 do livro de Mateus, Jesus fala sobre confiarmos completamente em Deus e que Ele cuidará de todas as nossas necessidades. Ele usou o lírio do campo como exemplo, dizendo que, apesar de eles não trabalharem, nem costurarem as próprias roupas, nem Salomão, o homem mais rico, usou roupas mais bonitas que essas flores.

—Sério, vovô?

—Sério. Deus cuida de todos os detalhes da nossa vida, por isso não precisamos ficar preocupados.

Ana se empolgou:

—Verdade, vovô. No Natal, fiz uma oração pedindo a Deus que nós pudéssemos ir à praia, e finalmente estamos aqui!

É, Deus cuida de tudo, mesmo!

ORAÇÃO

Deus, quero confiar cada vez mais no Senhor, pois todas as coisas estão sob Seu controle.

ATIVIDADE

1) Você já ficou preocupado com alguma coisa? O quê?

2) Como você aprendeu a confiar em Deus?

13 de fevereiro

A oração do jantar

> Sempre que penso em vocês, eu agradeço ao meu Deus.
> —Filipenses 1:3

Que dia incrível! Toda a nossa família se divertiu na praia! Eu senti uma alegria, que não conseguia explicar.

Na hora do jantar, fiz um pedido:

—Vovô, posso fazer a oração hoje?

Todos se espantaram.

Vovô ficou curioso e perguntou:

—Por que você quer fazer isso hoje, Arthur?

—É que estou feliz de estar aqui com cada um de vocês. E eu preciso agradecer a Deus por esse momento. Não posso explicar a alegria que está dentro de mim.

Vi que os olhos de mamãe se encheram d'água. Papai me abraçou forte. Tio Lúcio puxou as palmas, e tia Jana virou o rosto porque estava chorando.

Vovó então lembrou das palavras de Paulo aos filipenses: "...sempre que penso em vocês, eu agradeço ao meu Deus".

Mais tarde, papai explicou que eles se emocionaram porque viram gratidão em minha atitude.

ORAÇÃO

Meu Deus, obrigado pelas pessoas da minha vida, tanto meus familiares, quanto meus amigos. Amo cada um deles!

ATIVIDADE

1) Quem são as pessoas mais importantes da sua vida?

2) Que tal tirar um tempinho de oração para agradecer a Deus pela vida delas?

Restaurante desconhecido

14 de fevereiro

> Na casa do meu Pai há muitos quartos, e eu vou preparar um lugar para vocês...
> —João 14:2

Hoje tia Jana convocou a família para um jantar especial em um dos melhores restaurantes da cidade.

Ao chegarmos, o lugar era muito bonito e a comida... deliciosa.

Já na saída, papai elogiou a escolha da titia:

—Puxa, Jana, esse lugar é realmente ótimo. Quando você o conheceu?

—Eu não o conhecia. Foi uma amiga quem sugeriu. Ela disse que não nos arrependeríamos.

No carro, falei ao papai que a tia Jana era maluca de confiar sem nem conhecer o lugar, mas ele me lembrou que é a convivência que gera a confiança:

—Por exemplo, filho... você acredita que Jesus está preparando uma linda casa para você no Céu?

—Claro!

—Viu? Você tem essa certeza porque já experimentou a fidelidade de Jesus em outras ocasiões e agora confia na promessa. Provavelmente por isso a Jana confiou na sugestão da amiga dela.

—É... ela é mesmo uma amiga de confiança, né?

ORAÇÃO

Amado Deus, confio que o Senhor me guiará em segurança em todas as situações, até nas mais difíceis.

ATIVIDADE

1) Você é uma pessoa confiável?

2) Quem são as pessoas em quem você mais confia?

15 de fevereiro

Desafio de ser missionário

> Então ele disse: "Vão pelo mundo inteiro e anunciem o evangelho a todas as pessoas".
> —Marcos 16:15

Sentei ao lado de tio Lúcio, na areia. Ele lia sobre as experiências de um missionário em um país que não aceita a fé cristã.

Fiquei imaginando tantas aventuras!

—Tio, eu não sei se teria coragem de ser missionário!

—Por quê?

—Ah, eles correm muito perigo, não é verdade? Sem contar que precisam deixar suas casas, suas famílias…

—Na verdade, Arthur, todos nós somos chamados a sermos missionários o tempo todo.

—Como assim?

—O missionário é aquele que fala de Jesus e do amor de Deus aos que ainda não o conhecem. E isso pode ser na sua rua, na sua escola, em todos os lugares.

—E não precisa correr riscos?

—Depende. Alguns têm esse chamado e são capacitados para irem para lugares perigosos. Mas onde estivermos, seja perigoso ou não, precisamos da salvação que Deus oferece.

Agora entendi que posso ser um missionário também.

ORAÇÃO

Jesus, prepare-me para levar a Sua Palavra por onde for. Ajude-me!

ATIVIDADE

1) Você já falou do amor de Deus para outras pessoas?

2) Como foi essa experiência?

Invasores

16 de fevereiro

> Eles devem ser tratados como se fossem israelitas; amem os estrangeiros, [...] devem amá-los como vocês amam a vocês mesmos... —Levítico 19:34

Na praia, todos os dias ficávamos no mesmo lugar na areia, mas hoje, ao chegarmos, uma outra família ocupava o nosso espaço.

Eu e as outras crianças ficamos indignados e resolvemos ir até eles, tirar satisfação. Pedrinho foi na frente e gritou:

—Ei, esse lugar é nosso!

Todos olharam espantados para ele e, em seguida, para a comitiva que vinha atrás.

Não houve tempo para resposta. Rapidamente papai surgiu e foi logo nos puxando, dizendo:

—Desculpem as crianças, eles não voltarão a incomodar.

Tentei retrucar, mas papai olhou bravo para nós:

—Crianças, não somos donos da praia e não admitimos que vocês tratem mal as pessoas. Nunca demos esse exemplo a vocês. Sejam amáveis com os outros exatamente como esperam que todos sejam com vocês!

Papai tem razão. Precisamos respeitar e amar o próximo.

Assim, voltamos e pedimos desculpas.

ORAÇÃO

Jesus querido, ajude-me a amar as pessoas da mesma forma que espero que me amem.

ATIVIDADE

1) Você consegue tratar todas as pessoas bem? Por quê?

2) Na sua opinião, quando é mais difícil tratar alguém com amor?

17 de fevereiro

O legal é obedecer

> Filhos, o dever cristão de vocês obedecer sempre ao seu pai e à sua mãe porque Deus gosta disso.
> —Colossenes 3:20

Minha mãe morre de medo do mar. Ela sempre entra com a gente na água e estabelece um limite para ficarmos. Se ela não entra com a gente, só podemos ficar na beirinha, ali onde a água bate no joelho. Hoje ela não foi à praia.

A água estava tão boa, a maré mansa. Ana e eu pensamos em ir um pouquinho mais para o fundo. Os adultos nem perceberiam! Eu já estava comemorando, mas aí a Ana lembrou:

—Ai, Arthur, desobediência é pecado.

—Mas a mamãe não vai ver!

—Não importa, continua sendo errado.

—Mas aqui está chato!

—Eu sei! Mas a mamãe sempre diz que precisamos fazer o que é certo, mesmo que não pareça legal.

—Que chatice!

—Se você quiser ir, eu não vou...

Pensei em ir, mas lembrei de que Jesus, no meu lugar, nunca faria isso. E que a mamãe só quer o meu bem.

Suspirei e fui ajudar o Pedro a fazer castelo de areia.

ORAÇÃO

Querido Jesus, ajude-me a aceitar as coisas certas mesmo quando elas não são divertidas.

ATIVIDADE

1) Compartilhe uma ocasião em que você desobedeceu seus pais para brincar.

2) Como eles reagiram ao seu comportamento?

Coragem para fazer o que é certo

18 de fevereiro

> ...se tiverem de sofrer por fazerem o que é certo! Não tenham medo de ninguém, nem fiquem preocupados.
> —1 Pedro 3:14

Os meninos da casa ao lado da minha resolveram andar pelo bairro e apertar a campainha da casa dos outros e sair correndo.

Eu estava brincando na frente de casa, quando um deles veio me chamar para participar da brincadeira.

—Não, obrigado. Está quase na hora de eu entrar.

—Ah, seu boboca, está com medo dos seus pais brigarem com você?

Ele me chamou de boboca! Que raiva!

—Não é isso. Eu realmente não quero brincar disso.

Mas ele continuou provocando:

—Tá com medinho, tá?

Não era medo. Aquilo era errado, e eu realmente não queria participar. Orei pedindo forças a Jesus para enfrentar aquele garoto:

—Não tenho medo... é que não é certo irritar as pessoas. Além do mais, medrosos são vocês, pois sabem que estão errados. Se não tivessem medo, não sairiam correndo para ninguém os ver.

Ele ficou desconsertado com minha reação e saiu sem graça.

ORAÇÃO

Deus, por favor, ajude-me a ter coragem de defender o que sei que é certo.

ATIVIDADE

1) Você já ficou com medo ou vergonha de fazer o certo perto dos seus amigos? Por quê?

2) Qual foi a sua decisão final?

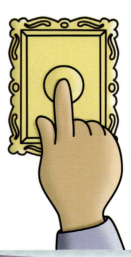

19 de fevereiro

Tem pouco!

> Não deixem de fazer o bem e de ajudar uns aos outros...
> —Hebreus 13:16

Pedrinho chegou à nossa casa com um pacotão de salgadinho e não ofereceu para ninguém. Tio Lúcio ordenou:

—Pedro, oferece salgadinho para os seus primos.

—Não!

—Como não?

—Tem pouco!

—Pedro, tem bastante, divida com seus primos.

Ele começou a resmungar. Tio Lúcio pegou o pacote da mão de Pedrinho e ofereceu salgadinho a mim e a Ana. Nós dois pegamos. Meu priminho abriu um berreiro.

—Pedro, é muito feio não compartilhar o que temos.

Finalmente ele se acalmou.

Mais tarde, papai comentou a história bíblica de um menino que ofereceu a Jesus cinco pães e dois peixes e que, por causa da generosidade dele, Jesus multiplicou a comida e alimentou uma multidão.

—Mas pai, será que o menino não ficou com medo de ficar sem comida?

—Não, ele entendeu que, ao dividir, Jesus abençoa e multiplica. Por isso quem tem Jesus no coração, não consegue ser egoísta.

ORAÇÃO

Deus, ensine-me a ser generoso, assim como o Senhor é comigo e com a minha família.

ATIVIDADE

1) Você costuma compartilhar brinquedos e guloseimas?

2) Como você se sente diante de crianças egoístas que não compartilham doces e brinquedos?

Além da cura física

20 de fevereiro

> Continuem unidos comigo,
> e eu continuarei unido com vocês...
> —João 15:4

—Ô pai, por que quando as pessoas pediam a cura para Jesus, Ele curava e depois dizia "vai, a tua fé te salvou!", sem que as pessoas pedissem?

—Boa pergunta, filho. Jesus nunca deu somente aquilo que as pessoas sabiam que necessitavam; Ele sempre ofereceu o que as pessoas de fato precisavam, mesmo que nem soubessem o que era.

—Como assim?

—Mais importante que a cura física que receberam, aquelas pessoas precisavam viver de forma plena, cheias de fé, de paz e de amor. Coisas que só a presença de Jesus pode proporcionar. Mas as pessoas não sabiam disso, e foi por esse motivo que, além do que as pessoas pediam, Jesus oferecia o que elas mais precisavam: a constante presença de Jesus na vida delas.

—Ah, agora sim… faz todo o sentido.

ORAÇÃO

Querido Jesus, obrigado por estar presente na minha vida!

ATIVIDADE

1) Você já aceitou a presença de Jesus em sua vida? Como foi?

2) Você se sente mais feliz por ter um amigo como Jesus sempre por perto?

21 de fevereiro

Correndo (muito!) e orando

> O Senhor está comigo, e eu não tenho medo; que mal pode alguém me fazer?
> —Salmo 118:6

Eu estava andando na rua de casa quando um cachorro gigante veio correndo na minha direção. Ele ia me morder!

Eu comecei a gritar, mas ninguém apareceu. Eu corria, mas o cachorro não desistia. Eu estava com muito medo! Aquele cachorro ia me estraçalhar.

Mesmo com tanto medo e correndo, pedi a Jesus que me desse uma ajuda, pois eu seria devorado.

No mesmo instante, vi um portão entreaberto. Entrei correndo e bati o portão. O cachorro deu com o focinho na grade!

Ufa! Foi por pouco!

A dona da casa apareceu assustada, mas, assim que me viu tremendo no quintal dela e o cachorro raivoso do lado de fora, ela entendeu tudo, e me levou para dentro de casa, e me deu um copo de água com açúcar. Dizem que acalma! Vai saber...

Ela ligou para a mamãe, que veio me buscar.

Esse foi um susto e tanto! Ainda bem que, mesmo na correria, pedi ajuda para Jesus!

ORAÇÃO

Querido Jesus, obrigado por me lembrar que o Senhor está comigo até nos momentos mais assustadores.

ATIVIDADE

1) Qual foi o maior susto que você já viveu?

2) Como conseguiu superá-lo?

Cinto de segurança

22 de fevereiro

> O Senhor guardará você;
> ele está sempre ao seu lado para protegê-lo.
> —Salmo 121:5

Um amigo do vovô chegou de viagem. Ele estava bem longe e veio de avião! Durante o almoço, Seu Genaro contou que o avião passou por uma turbulência terrível.

—O que é turbulência, vô?

—É uma área instável que faz a aeronave chacoalhar muito.

—Assusta?

—Muito. E pode machucar!

—Machucar?

—Sim. Quando isso acontece, precisamos permanecer sentados e com cinto de segurança.

Daí perguntei:

—Mas o piloto sempre avisa quando existe risco, não é mesmo?

—Sim. Para nos prepararmos.

Viu, Arthur? O cinto é uma segurança para passar por um momento complicado no voo. Sabia que para os problemas da vida também temos uma proteção que nos dá segurança?

—Lógico que eu sei, vovô. Se Deus estiver conosco, enfrentamos tudo com coragem, porque sabemos que Ele nos protege.

—Isso mesmo, Arthur!

ORAÇÃO

Querido Deus, obrigado por nos proteger quando enfrentamos problemas. Amém!

ATIVIDADE

1) Você já viajou de avião? Teve medo?

2) Escreva sobre algum problema que a sua família enfrentou e foi cuidada por Deus.

23 de fevereiro

Pior castigo

> Façam aos outros o que querem que eles façam a vocês...
> —Mateus 7:12

Eu e Ana brigamos por causa do computador.

Papai chegou, interrompeu a discussão e me perguntou que castigo ele deveria dar para a Ana.

Era minha chance!

—Papai, o senhor deve deixá-la 10 dias sem o computador.

Da mesma forma, ele perguntou para Ana que castigo eu deveria receber. Sabe o que ela disse?

Sugeriu ao papai que eu ficasse 15 dias sem usar o celular!

Folgada, né?

Sabe o que o papai fez?

Proibiu-me de usar o computador por 10 dias e avisou que a Ana não podia mexer em nenhum celular por 15 dias.

Ana protestou:

—Mas, pai, esse não deveria ser o castigo do Arthur?

—Quando tiveram a oportunidade de serem misericordiosos, vocês preferiram ser cruéis um com o outro. Agora vão experimentar como é ruim o castigo que pensaram.

Não acredito que vou ficar sem computador!

Mas papai tem razão... e a Ana não merecia o castigo que sugeri.

ORAÇÃO

Jesus, ajude-me a ser bom com as pessoas quando elas erram, pois o Senhor é bom comigo.

ATIVIDADE

1) Você é misericordioso ou vingativo quando alguém erra com você? Por quê?

2) Você já foi castigado por algum erro que cometeu? Como se sentiu?

Ouvindo a Sua voz

24 de fevereiro

> As minhas ovelhas escutam a minha voz; eu as conheço, e elas me seguem.
> —João 10:27

Papai avisou que ia para o quarto e pediu que ninguém o interrompesse na próxima hora.

—Mamãe, por que nunca podemos interromper o devocional de vocês? E se for importante?

—Arthur, mesmo as coisas importantes, na maioria das vezes, podem esperar uma hora para serem resolvidas, não é verdade?

—Isso é.

—Filho, se lembra daquela vez em que perdemos você e sua irmã no mercado? Eu gritava por vocês, mas o barulho do lugar não permitia que vocês identificassem minha voz?

—Ô, se lembro… foi assustador!

—Pois bem, o momento que ouvimos a voz de Deus, é quando separamos um tempo para estar com Ele. Se somos interrompidos, mesmo que Ele nos fale, podemos não ouvir. Ler a Bíblia é a melhor maneira de ouvir a voz de Deus, por isso precisamos investir tempo na leitura e não deixarmos que nenhuma distração nos atrapalhe.

—É mãe, agora faz sentido.

ORAÇÃO

Deus, agradeço por falar conosco e peço que me ensine a ouvir e a compreender a Sua voz.

ATIVIDADE

1) Você gosta de ler a Palavra de Deus?

2) Feche os olhos e tente escutar e identificar todos os sons a sua volta. Depois escreva todos eles num papel.

25 de fevereiro

Firme como a rocha

> Somente ele é a rocha que me salva [...] e eu não serei abalado.
> —Salmo 62:6

Minha irmã resolveu cantar uma canção que diz: "O homem construiu sua casa na areia, veio a chuva e a derrubou, mas o homem que construiu o seu lar sobre a rocha, pode dormir em paz, pois sua casa está firme".

—Ô mãe!

—Diga, Arthur!

—O que essa música tem a ver com Deus? Não entendo por que cantamos na igreja.

—Ah, filho, é uma comparação. Na vida espiritual, nós edificamos a nossa fé sobre uma base. A nossa base é firme como uma rocha; no caso, Jesus. Tem pessoas que firmam a sua fé em coisas tão inseguras como a areia. Por exemplo, quando vocês fazem um castelo de areia, na praia, e a onda do mar o alcança, ele não desmorona?

—Sim.

—Então, a fé firmada em coisas sem importância, ou que não são verdadeiras, também se desfaz facilmente. Jesus é a base da nossa fé. Nele estamos seguros!

—Ah, agora entendi por que dizem que Jesus é a nossa rocha.

ORAÇÃO

Deus, obrigado por Jesus ser a base firme e segura da nossa fé. Amém!

ATIVIDADE

1) Você confia fortemente em Jesus? Por quê?

2) Você já fez castelos na areia? Quanto tempo eles duraram?

Generosos e abençoados

26 de fevereiro

> ...tragam todos os seus dízimos aos depósitos do Templo...
> —Malaquias 3:10

Na hora do recreio, o Cícero pegou uma caixa de bombons enorme que estava na bolsa. Imediatamente todos fizeram uma roda a sua volta, pedindo um bombom. Ele ficou com dó de dividir com a turma e sabe o que ele fez? Escondeu-se num canto onde ninguém o via.

E ele comeu sozinho todo o chocolate!

Quase no final da aula, ele passou mal e correu para o banheiro.

Minha mãe já explicou que as pessoas generosas, que dividem o que tem com os outros, são as mais abençoadas. O Cícero teve uma dor de barriga porque exagerou na quantidade de chocolate. Se tivesse dividido, mais pessoas ficariam felizes, e ele estaria bem.

É por isso que papai e mamãe sempre ofertam com alegria lá na igreja, porque os valores abençoam pessoas, instituições e mantêm o templo. Deus fica feliz e nossa família sempre é muito abençoada.

ORAÇÃO

Amado Deus, ensine-me a ser generoso com as pessoas a minha volta.

ATIVIDADE

1) O que você menos gosta de dividir?

2) Já ficou com vontade de comer algo que a outra pessoa não dividiu com você? O quê?

27 de fevereiro

Com Jesus, não tenho medo!

> — Coragem, sou eu! Não tenham medo!
> —Marcos 6:50

Deve ter sido impressionante aquele dia que os discípulos viram Jesus no meio da tempestade, né? Sabe, aquela história que Jesus mandou os discípulos irem mais cedo para Betsaida, de barco, e aí, mais tarde, quando eles enfrentavam uma tempestade, Jesus apareceu andando sobre o mar?

Irado, né?

Só que os discípulos acharam que fosse um fantasma! E morreram de medo. Nada a ver.

Até eu já sei que fantasmas não existem e que Jesus é superpoderoso. Como que eles foram confundir?

Bom, um dia desses eu fiquei com medo por causa do escuro, e mamãe me lembrou dessa história. Naquele dia, Jesus disse aos Seus discípulos: "Não tenham medo! Coragem, sou eu!", e essa segurança Ele oferece para a gente hoje também.

Sempre que tenho medo, lembro que Jesus pediu para ter coragem e crer que Ele está comigo. Aí volto a ficar tranquilo!

ORAÇÃO

Jesus, obrigado por levar meu medo embora. Sei que posso contar com o Senhor.

ATIVIDADE

1) Qual é o seu maior medo?

2) O que você tem feito para se livrar dele? Já pediu para Jesus ajudá-lo com isso?

O sumiço do Bugildo

28 de fevereiro

> Alegrem-se comigo porque achei a minha ovelha perdida.
> —Lucas 15:6

Ana chegou em casa preocupada. Ela explicou que a Bebel está chorando porque seu cachorrinho, o Bugildo, desapareceu.

Ana perguntou ao papai se o Bugildo será encontrado, e então ele explicou que, quando um animal se perde, é difícil saber o que acontecerá. Ele pode ficar preso em outra casa, pode não achar o caminho de volta e, na situação mais triste, pode até morrer em algum acidente.

—Que triste, né, papai? Agora a Bebel vai ficar sem o cachorro dela.
—Depende!
—Como assim?
—Lembra da história das 100 ovelhas lá da Bíblia?
—Que uma sumiu e o pastor procurou até encontrar?
—Exatamente! Então, nesse caso, se a Bebel procurar sem se cansar, assim como Jesus faz incansavelmente com as Suas ovelhas, quer dizer, as pessoas que se perdem, com certeza o Bugildo será localizado.

Puxa, Jesus é mesmo um exemplo: não deixa ninguém perdido!

ORAÇÃO

Jesus, muito obrigado por não deixar a gente perdido!

ATIVIDADE

1) Você já ficou perdido em algum lugar? Como foi a sensação?

2) Como você ajudaria na busca por um animalzinho de estimação perdido?

29 de fevereiro

Mais velho e mais sábio

> ...e me sinto tão forte hoje [...] Ainda tenho bastante força para combater na guerra e para fazer o que for preciso.
> —Josué 14:11

Vovô foi escolhido para ajudar no grupo de ação social da igreja. Papai, tio Lúcio e tia Jana ficaram incomodados.

Hoje teve um café aqui em casa para convencê-lo a mudar de ideia. Tio Lúcio disse:

—Pai, você é um exemplo de dedicação, mas ficamos preocupados com esse desafio. Não seria o caso de descansar?

Vovô deu um sorriso e explicou aos filhos que ainda tem muita energia. Ele disse que é forte como o Calebe, um homem lá da Bíblia que já era idoso quando entrou na Terra Prometida, mas com a saúde e a força de um jovem de 20 anos.

Tia Jana disse que a saúde do vovô está boa, mas não como a de um garoto de 20 anos. Aí o vovô disse que o segredo da sua força é a presença do Espírito Santo em sua vida, que junto com o montão de anos que ele tem, lhe traz sabedoria e experiência para aconselhar os mais jovens.

ORAÇÃO

Jesus, quando eu for velhinho quero ter experiências incríveis com o Senhor para contar!

ATIVIDADE

1) Vá percebeu que os mais velhos sabem o que estão dizendo? Você costuma ouvi-los? Por quê?

2) Qual foi o conselho mais legal que recebeu de pessoas mais velhas?

Quase um acidente

1º de março

> Eu sei que é o Senhor Deus quem me ajuda,
> sei que é ele quem me defende.
> —Salmo 54:4

Fui até o escritório de papai pegar um livro.

Como o livro estava na última prateleira da estante, eu tentei subir nela para pegá-lo, mas não deu muito certo. A estante virou e quase caiu em cima de mim. Eu a segurei, mas era muito pesada e comecei a gritar.

Gritei! Gritei muito!

Papai e mamãe vieram correndo.

Assim que papai segurou a estante, senti o peso nos meus braços diminuir. Ufa! Que alívio.

Mamãe tremia. Por pouco não foi um acidente grave. Ela me aconselhou a nunca mais fazer o que fiz e a sempre pedir ajuda quando precisar.

Papai aproveitou para me explicar que, quando enfrentamos sozinhos as nossas preocupações, elas pesam muito e se tornam insuportáveis. Mas quando colocamos nossa fé em ação e entregamos nossos problemas para Deus, Ele faz como o papai: diminui o peso que estamos carregando.

ORAÇÃO

Querido Deus, obrigado por cuidar de nós quando temos problemas.

ATIVIDADE

1) Você já precisou segurar algo muito pesado? O que foi?

2) Por quanto tempo você aguentou o peso sozinho?

2 de março

Conversando com Deus o dia todo

> Orem sempre...
> —1 Tessalonicenses 5:17

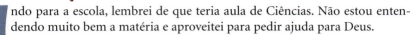

Indo para a escola, lembrei de que teria aula de Ciências. Não estou entendendo muito bem a matéria e aproveitei para pedir ajuda para Deus.

Ele me ajudou, e hoje a aula foi mais fácil entender.

Na volta para casa, aproveitei para agradecer a ajuda que Ele me deu.

Na hora do almoço, agradeci pela refeição.

Durante a tarde, ensaiei uma música que fala de oração. Quando percebi, estava falando para Deus como andam as coisas.

Enquanto lia a Bíblia, pouco antes do papai chegar, encontrei um versículo que fala para nunca deixarmos de orar. Mas como, se temos tantas coisas para fazer?

Bom, conversei com o papai, e ele me fez entender que existem várias maneiras de falar com Deus e que hoje eu usei algumas delas. Ou seja, eu não deixei de orar em nenhum momento.

Puxa, foi incrível passar o dia inteirinho conversando com Deus!

ORAÇÃO

Deus, é bom saber que posso conversar com o Senhor mesmo quando estou fazendo outras coisas.

ATIVIDADE

1) Você ora todos os dias? Por quê?

2) De que maneira é a sua oração?

O novo amigo do papai

3 de março

> Amigos, se foi assim que Deus nos amou, então nós devemos nos amar uns aos outros.
> —1 João 4:11

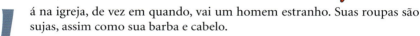

Lá na igreja, de vez em quando, vai um homem estranho. Suas roupas são sujas, assim como sua barba e cabelo.

No último domingo, assim que ele chegou, papai foi até ele e conversou um tempão.

Achei tão esquisito! O que papai tinha para falar com ele?

Hoje, na hora do jantar, perguntei ao papai por que ele foi falar com aquele homem estranho.

—Sabe, Arthur, aquele homem chama-se Eduardo.
—O senhor ficou amigo dele?
—Com certeza!
—O senhor vai trazê-lo aqui em casa?!
—Que boa ideia, filho!
—Não, pai, eu não estou falando para você fazer isso...
—Arthur, quem são as pessoas que Deus ama?
—Ué, todas.
—Todas?
—Sim.
—Inclusive o Eduardo?

O papai me pegou! Finalmente entendi que meu pai ama o Eduardo como Deus nos ama. Ele não liga para a aparência do Eduardo e vai ajudá-lo exatamente como Deus nos ensinou!

ORAÇÃO

Senhor, não quero desprezar as pessoas que acho estranhas... ensine-me a amá-las.

ATIVIDADE

1) Você já desprezou ou despreza alguém? Por quê?

2) Como você pode mudar esse comportamento?

4 de março

Visita ao asilo

Tu me mostras o caminho que leva à vida. A tua presença me enche de alegria e me traz felicidade para sempre.
—Salmo 16:5-11

Certo sábado, fomos visitar o asilo. Quando chegamos lá, os velhinhos fizeram a maior festa... ficamos até sem jeito.

Conheci Seu Norberto. Ele viu o Brasil ser campeão as 5 vezes! Falou sobre Pelé, Garrincha, Rivaldo, Romário e até sobre o Ronaldo, o fenômeno.

Seu Norberto parecia um livro de futebol, mas disse que entendia mais de ver do que de jogar.

Perguntei sobre a sua família, e ele me contou que já fazia anos que ninguém o visitava.

—Mas o senhor não fica triste?
—No começo eu sofria muito, mas algo aconteceu.
—O quê?
—A presença de Deus encheu meu coração de alegria. Em vez de ficar triste e magoado, pedi a Deus para me livrar desses sentimentos e ficar comigo. Agora não me sinto mais sozinho. Deus e eu somos bons amigos!
—Ainda bem que Deus não nos abandona, né?
—Com certeza, Ele está sempre conosco!

ORAÇÃO

Senhor Jesus, fique sempre comigo, para eu nunca me sentir sozinho.

ATIVIDADE

1) Você já se sentiu sozinho em algum momento? Como foi?

2) Quem são suas melhores companhias?

Brigar pra quê?

5 de março

> No que depender de vocês, façam todo o possível para viver em paz com todas as pessoas.
> —Romanos 12:18

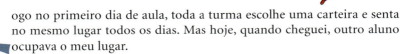

Logo no primeiro dia de aula, toda a turma escolhe uma carteira e senta no mesmo lugar todos os dias. Mas hoje, quando cheguei, outro aluno ocupava o meu lugar.

Sentei em outra carteira.

Os outros alunos ficaram incomodados e vieram conversar comigo.

—Você viu que folgado esse aluno novo?

—Só porque ele sentou no meu lugar?

—Você acha pouco?

—Gente, é só um lugar, não precisamos brigar por causa disso.

—Ah, Arthur, você é um "banana"!

—Não sou "banana". Só não quero brigar por causa de uma carteira.

No intervalo, o Mauro veio falar comigo. Ele agradeceu por eu não brigar e explicou que precisou sentar-se mais na frente porque não enxerga bem.

Foi aí que lembrei de uma explicação sobre a graça de Deus. Ele faz para nós o bem que não merecemos. Fiquei feliz de ser legal com o Mauro e entender o problema dele.

ORAÇÃO

Deus, obrigado por entender a nossa situação e nos ajudar.

ATIVIDADE

1) Você é brigão ou apaziguador? Por quê?

2) Já recebeu ajuda em vez de bronca? Como foi?

6 de março

Criancices

Amem uns aos outros com o amor de irmãos em Cristo e se esforcem para tratar uns aos outros com respeito.
—Romanos 12:10

Quando estamos no carro, gosto de provocar a Ana. Hoje encontrei uma pena e fiquei passando na orelha dela, no nariz e até nos cabelos.

Em certo momento, ela gritou:

—Arthur, para de criancice!

—Manhê, a Ana me xingou.

—Que é isso Arthur?

—A senhora não ouviu o que ela falou?

—Filho, ela só pediu para você respeitá-la. Você já está crescidinho e precisa parar com essas criancices. Não deve agir assim com a sua irmã nem com ninguém.

—Mãe, eu estava só brincando!

—Eu sei, Arthur, mas certas brincadeiras são inapropriadas. Lembre-se de que você é uma criança que ama a Jesus, e uma forma de demonstrar isso é respeitando e tratando as pessoas bem, inclusive as da própria família, viu?

—Entendi, mãe... Ana, você me perdoa? Vou procurar ser um irmão melhor!

ORAÇÃO

Querido Jesus, ajuda-me a me comportar melhor e a ser bondoso com as pessoas.

ATIVIDADE

1) Você ama a Jesus de todo o seu coração? Como tem demonstrado isso?

2) Você tem irmão(s)? De que maneira você o(s) trata?

Até logo

7 de março

> ...não fiquem tristes como ficam aqueles que não têm esperança.
> —1 Tessalonicenses 4:13

Mamãe precisou que o vovô nos buscasse hoje na escola. Ele foi, mas, antes de nos levar para casa, precisou passar em um velório.

Um grande amigo seu havia falecido.

O vovô não estava tão brincalhão como de costume, mas também não parecia desesperado.

—O senhor gostava muito ou pouco desse amigo?

Ele sorriu!

—Fomos amigos por mais de 50 anos. Ele era uma das pessoas que eu mais amava. Um grande amigo.

—Então por que o senhor não está chorando?

—Sabe, Arthur, a morte é muito triste. Ela nos separa definitivamente das pessoas que amamos, mas apenas nessa vida. Creio, com todas as forças, que meu amigo foi para o Céu. E sei que um dia o encontrarei lá. A certeza desse reencontro diminui a minha tristeza.

—Por isso o senhor disse "até logo!"?

—Exatamente, filho.

Vovô me beijou, e uma lágrima escorreu do seu olho.

ORAÇÃO

Deus, obrigado por preparar uma nova morada aí no Céu para mim e para os meus amigos. Amém!

ATIVIDADE

1) Quem você vai reencontrar no Céu?

2) A quem você precisa contar sobre o amor de Jesus para que essa pessoa também possa ir morar lá?

8 de março

Idosos sabem o que dizem

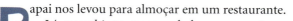

Os velhos são sábios, pois a idade traz a compreensão.
—Jó 12:12

Papai nos levou para almoçar em um restaurante.
   Lá, percebi, na mesa ao lado, uma menina que almoçava com seus pais e seus avós, e toda vez que a avó falava, a menina ficava irritada. Mamãe também notou e me perguntou:
—Você viu aquilo, Arthur?
—A menina brava com a avó?
—Sim! Ela não suporta escutar o que a avó está dizendo porque deve achar "careta".
—"Careta"?
—É… Quer dizer antigo, fora de moda.
—Ah! Mas ela está sendo mal-educada.
—Pior, filho… ela está desprezando a sabedoria de pessoas que já viveram o que ela está vivendo e sabem como resolver os dilemas que ela enfrenta agora.
—E por que ela não quer escutá-los?
—É que os jovens muitas vezes pensam que os idosos só querem "pegar no pé", e acabam sofrendo com problemas que poderiam evitar, se ouvissem os conselhos deles.
—Sério? Vou ouvir mais o vovô!

ORAÇÃO

Deus, Sua Palavra ensina que os idosos são sábios. Ajude-me a respeitá-los e a ouvi-los.

ATIVIDADE

1) Você acha que conselhos de adulto são para o seu bem? Como você reage a eles?

2) Costuma ouvir ou desprezar as orientações dos mais velhos? Por quê?

Resultado da desobediência!

9 de março

> Porque o Senhor Deus mandou...
> —I Reis 13:17

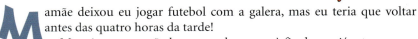

Mamãe deixou eu jogar futebol com a galera, mas eu teria que voltar antes das quatro horas da tarde!

Meu time estava tão bom que chegamos à final, mas já estava quase na hora de voltar.

—Puxa vida, não posso jogar a final. Preciso ir para casa.

—Mas você é nosso melhor jogador hoje!

O Anthony tinha razão; eu estava jogando muito.

Então, o Sandro falou:

—Arthur, sua mãe vai entender se você se atrasar um pouco. É por uma boa causa!

Concordei e cheguei em casa tarde.

Mamãe estava brava!

—Você me desobedeceu!

—Mas, mãe...

—Sem "mas"! Você desobedeceu e ficará uma semana sem jogar futebol.

Puxa, eu só queria ajudar meus amigos a vencer! Mas ela explicou que obediência a Deus e aos pais vem em primeiro lugar. Eu devia ter ouvido minha mãe ao invés de atender aos meus amigos.

Lição aprendida...

ORAÇÃO

Querido Deus, perdoe-me por desobedecer e me ajude a ouvir mais os meus pais.

ATIVIDADE

1) Você costuma ouvir mais seus pais ou seus amigos? Por quê?

2) Qual o segredo para ser uma criança obediente?

10 de março

Gente ou lugar?

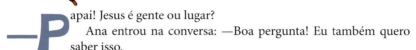

Põe-me em segurança numa rocha bem alta!
—Salmo 61:2

—Papai! Jesus é gente ou lugar?
Ana entrou na conversa: —Boa pergunta! Eu também quero saber isso.

E o papai decidiu resolver a questão:

—Como assim? Jesus é alguém que pensa, decide, sente etc. É lógico que Ele é uma pessoa, não um lugar!

—Por que cantamos que Ele é a "rocha ONDE nos sentimos seguros"?

Ana perguntou, e o papai esclareceu a nossa dúvida.

—Eu sou um lugar?

—Naaãooo!!!

—E onde vocês procuram ajuda quando querem saber mais sobre Jesus?

—Com você, ué!

—Viu só? Essa é uma expressão para explicar que em tempos de tristeza e dificuldade, devemos procurar auxílio em Jesus, pois Ele é firme como uma rocha. Não se abala com os problemas como nós, assim podemos nos sentir seguros quando buscamos Sua ajuda.

—Ah, agora faz sentido: Jesus é uma pessoa inabalável, assim como a rocha!

ORAÇÃO

Jesus, obrigado por ser meu amigo e uma "rocha" onde me escondo quando me sinto em perigo.

ATIVIDADE

1) Você já precisou de um amigo por estar triste ou se sentir em perigo? O que aconteceu?

2) De que maneira você pode sentir-se seguro em Jesus?

Lealdade a que ou a quem?

11 de março

> Anunciem comigo a sua grandeza; louvemos juntos o Senhor.
> —Salmo 34:3

—Manhê, a senhora me dá de presente a camisa nova do meu time?

—Mas uma camisa oficial é muito cara!

—Ah, mãe, por favor!

—Arthur, semana passada comprei um caderno e uma garrafa. Outro dia mesmo você ganhou uma toalha. Sua pantufa, sua mochila e até sua escova de dentes são das cores e têm o escudo do seu time. Não acha que está exagerando?

—Mãe, é o meu time do coração. Preciso mostrar minha torcida a ele!

—O seu time é a coisa mais importante da sua vida?

—Não!

—Quem é?

—Você, mãe?

—Arthuuur!

—Jesus, né?

—Mas você parece não acreditar nisso. O seu time às vezes ganha, às vezes perde, e você nem ganha e nem perde nada com isso, mas Jesus lhe deu tudo. Quando Ele morreu na cruz, provou que ama você e lhe concedeu a salvação.

—É, mãe, verdade... Jesus merece muito mais a minha lealdade do que o time pelo qual torço!

ORAÇÃO

Por ser tão bondoso comigo, quero sempre ser leal ao Senhor, querido Jesus!

ATIVIDADE

1) Quem é a pessoa mais importante da sua vida? Por quê?

2) Como podemos demonstrar nossa lealdade a Jesus?

12 de março

Habacookie

...mesmo assim eu darei graças ao Senhor
e louvarei a Deus, o meu Salvador.
—Habacuque 3:18

Sandro foi mal na primeira prova de Ciências.
—Já vi tudo, vou repetir de ano!
—Calma, ainda tem tempo para você se recuperar.
—Mas não entendo nada... vou me dar mal.
—Sabe, Sandro, a Bíblia fala da história do *Cookie*.
—Já existia *cookie* na época da Bíblia?!
—Dããã, eu *tô* falando de um homem... acho que esse era o apelido dele. Então, ele estava passando por uns problemas, mas ele se manteve fiel a Deus, aí Deus se alegrou com o jeito dele e o ajudou a vencer os problemas.
—Você quer que eu fique feliz por tirar nota vermelha?
—Não! Quero que você fique feliz por saber que, ao se esforçar, Deus o ajudará a passar de ano em todas as matérias.
Assim, ele ficou mais animado!
Mais tarde mamãe explicou que o nome desse homem era Habacuque e não *cookie*.
Xi, confundi o nome do homem, mas o importante é que o Sandro se animou.

ORAÇÃO

Querido Deus,
quero adorá-lo mesmo
em dias ruins.

ATIVIDADE

1) O que em sua vida o chateia mais? O que você faz quando algo dá errado?

2) Nesses momentos, você se lembra de louvar a Deus ou só reclama?

Prova em equipe

13 de março

Pensemos uns nos outros a fim de ajudarmos todos a terem mais amor e fazerem o bem.
—Hebreus 10:24

Hoje, na aula de Educação Física, o professor preparou um circuito com obstáculos e dividiu nossa turma em duas equipes.

Iríamos fazer a mesma prova duas vezes, e a equipe que somasse o menor tempo nas duas corridas, venceria o desafio.

Ah, e tinha um prêmio: chocolate!

O Sandro logo escolheu os meninos mais rápidos da turma.

Quando o professor deu a largada, eles correram na frente… alguns da minha equipe ficaram para trás, o que nos fez perder a primeira corrida.

Um deles ficou bem chateado e veio brigar com quem ficou por último, mas aí lembrei que a mamãe sempre nos ensinou a darmos forças uns pros outros para superarmos os desafios.

Então, expliquei para a galera que só teríamos chance se todos se ajudassem.

Dito e feito!

Na segunda rodada, ganhamos com folga.

E eu garanti meu chocolate, hehe.

ORAÇÃO

Querido Jesus, ajude-me a seguir Seu exemplo: ser bom e ajudar o meu próximo.

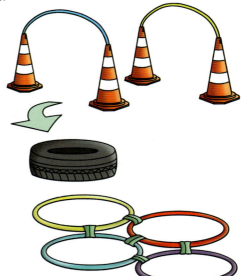

ATIVIDADE

1) Você gosta de fazer tudo sozinho ou costuma ajudar os amigos? Por quê?

2) Já precisou de ajuda para completar uma tarefa? Quem o ajudou?

14 de março

Oração ajuda?

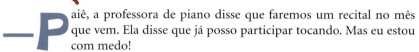

> Enquanto vocês nos ajudam, orando por nós...
> —2 Coríntios 1:11

—Paiê, a professora de piano disse que faremos um recital no mês que vem. Ela disse que já posso participar tocando. Mas eu estou com medo!

—Ó, meu filho, vou orar por você!

—Orar?! Pai, eu estou morrendo de medo, venho aqui pedir sua ajuda e o senhor *só* diz que vai orar?

—*Só?*

—É! Só!

Eu realmente fiquei chateado.

—Filho, eu vou poder tocar com você ou no seu lugar?

—Não!

—Então, o que você quer exatamente?

—Não sei, pai! Estou tão nervoso que tenho medo de não conseguir tocar.

—Arthur, eu acredito que Deus nos traz a paz verdadeira em situações complicadas. Então, a melhor coisa que eu posso fazer por você é pedir a Ele que encha seu coração de paz para você ficar tranquilo e tocar lindamente a sua canção naquele dia.

—Puxa, é verdade, né pai?

—Claro que é!

—Sabe? Já até fiquei mais calmo.

ORAÇÃO

Querido Deus, obrigado por ouvir nossas orações e nos ajudar sempre que pedimos.

ATIVIDADE

1) O que você já pediu em oração e foi atendido?

2) Você costuma orar pelas pessoas? Por quem?

Xô, sentimentos ruins...

15 de março

> Ó Senhor, ensina-me os teus caminhos!
> Faze com que eu os conheça bem.
> —Salmo 25:4

A Bebel chegou animada lá em casa para contar que vai passar as férias de julho na Disney!
—Disney?!
Puxa vida! Eu não sabia que ela era rica.
—Seus pais são ricos, Bebel?
—Não, é que meu pai vem guardando dinheiro há anos.
Essa notícia me deixou triste... corri para o quarto.
Mamãe veio logo atrás.
—Mãe! Pode me deixar sozinho?
—Arthur, você ficou chateado porque a Bebel vai fazer um passeio legal?
—Passeio legal?! Ela vai para a Disney!
—E qual o problema?
Pois é! Não tinha problema, mas aquilo tinha me chateado. Senti vergonha.
—Não tem problema nenhum, mãe.
—Isso é inveja, filho!
—Não sou invejoso, mãe.
—Sabe, Arthur, sentimentos ruins como esse vêm ao coração, mas não podemos permitir que permaneçam. Precisamos pedir ajuda de Deus para arrancá-los de nós.
Então orei e pedi a Ele que me ajudasse.

ORAÇÃO

Deus, sentimentos ruins como inveja tentam dominar meu coração. Por favor, livre-me deles.

ATIVIDADE

1) Você já sentiu inveja de alguém? Por quê?

2) Como podemos limpar o nosso coração de sentimentos ruins?

16 de março

Meio menino, meio robô

> Pois todas as coisas foram criadas por ele,
> e tudo existe por meio dele e para ele.
> —Romanos 11:36

Hoje entrou um aluno novo em nossa escola. O nome dele é Nicolas e ele é diferente. Ele é meio robô!

Ele tem pernas de aço inoxidável. Chique, né?

Ele pode tirar as pernas. Ele anda com as pernas de aço ou só com as mãos. Ele é muito fera!

Quando a professora entrou na sala e viu toda a turma admirando as pernas especiais do Nicolas, ela começou a chorar.

Ninguém entendeu nada!

—Qual o problema, professora?

—Sabe, pessoal, nós adultos temos a mania de ver o lado ruim das coisas. O Nicolas nasceu com má formação, e nós sempre pensamos que ele não tem as pernas. Mas, ao invés disso, vocês viram que ele tem pernas e poderes especiais, já que é o único entre nós que consegue andar com os próprios braços. Esse é o jeito que Deus deseja que vejamos a vida: pelo lado bom, que Ele coloca em todas as situações.

ORAÇÃO

Deus, eu acredito que tudo na vida tem o lado bom... ajude-me a enxergá-lo em tudo.

ATIVIDADE

1) Há alguma coisa na vida que você só acha ruim? O quê?

2) Que tal conversar com seus pais e descobrir o lado bom dessa situação?

Palavras bondosas

17 de março

> As palavras bondosas são como o mel:
> doces para o paladar e boas para a saúde.
> —Provérbios 16:24

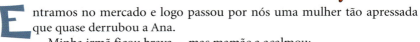

Entramos no mercado e logo passou por nós uma mulher tão apressada que quase derrubou a Ana.

Minha irmã ficou brava… mas mamãe a acalmou:

—Filha, ela deve estar com algum problema.

No corredor seguinte, a mulher deu um esbarrão numa pilha de ovos e se melecou toda.

Ela começou a xingar. Mamãe aproximou-se dela:

—Calma, moça, vai ficar tudo bem.

Com um lenço, mamãe ajudou a moça a limpar o casaco. E também avisou a equipe de limpeza do mercado sobre os ovos quebrados.

A moça ficou mais calma.

—Por que a senhora está sendo legal comigo? Eu dei um encontrão na sua filha e nem pedi desculpas.

Mamãe sorriu e disse:

—O seu dia começou difícil, e eu queria ajudá-la.

A moça abraçou a mamãe e a agradeceu por tanta bondade. Mamãe sempre diz que, quando somos bons, mostramos às pessoas que temos Deus em nossa vida.

ORAÇÃO

Querido Deus, obrigado pela minha mãe que me ensina, através do exemplo, a ser bom com as pessoas.

ATIVIDADE

1) Você já ficou com raiva por causa das palavras de alguém? O que a pessoa disse?

2) Como você resolveu isso?

18 de março

Leitura mais que legal

Eles iam lendo o livro da Lei e traduzindo; e davam explicações para que o povo entendesse o que era lido.
—Neemias 8:8

—Arthur, você lê a Bíblia todos os dias?, o Sandro perguntou.
—Sim! Às vezes eu esqueço, mas, na maioria dos dias, eu leio ou o meu pai lê com a gente.
—Eu achei difícil ler a Bíblia.
—Ué, por quê?
—Ah, eu não entendi nada. É cada palavra esquisita!
—Ah, Sandro, mas você precisa ler uma Bíblia infantil.
—Ué, é diferente?
—Ela fala exatamente as mesmas coisas, mas usa palavras que criança consegue entender.
—Ah… Mas, Arthur, o que eu preciso entender na Bíblia?
—Lendo a Bíblia, conhecemos a Jesus, a Deus e o quanto Ele nos ama!
—Isso parece legal.
—E é, eu também uso um devocional infantil para me ajudar a aprender a amar Jesus. Tudo o que está nele é baseado na Bíblia.
—Legal! Vou pedir para minha mãe comprar um *pra* mim. Quero aprender mais sobre Deus e Sua Palavra.

ORAÇÃO

Deus, aprendo todos os dias sobre o Seu amor, lendo Sua Palavra: a Bíblia!

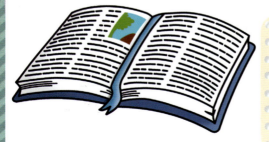

ATIVIDADE

1) O que você faz para aprender sobre o amor de Deus?

2) Qual a sua opinião sobre o seu devocional *Pão Diário Kids*?

Promessas de amor

19 de março

> Deem graças a Deus, o Senhor, porque ele é bom e porque o seu amor dura para sempre.
> —Salmo 118:1

Achei o vídeo de casamento dos meus pais. Tem uma hora que eles prometem que ficarão juntos até na pobreza, na tristeza e na doença… Eu, hein?

—Manhê! Por que vocês falaram isso?

—É uma promessa, filho.

—Ah, eu não vou prometer nada disso.

—Ué, você só ficará com sua esposa se estiver tudo bem?

—Acho que sim.

—Filho, sabe aquela vez que você ficou bem gripado e me acordou várias noites seguidas?

—Sei.

—Acho que devia tê-lo mandado para um orfanato.

—Credo, mãe!

—Ué, só devo gostar de você quando está de bom humor e com saúde, certo?

—Lógico que não!

—Arthur, quando Deus entregou Seu Filho Jesus por pessoas como eu e você, Ele nos deu o exemplo de amor incondicional. E deve ser assim no casamento, na criação de filhos e na nossa amizade com o Senhor: amar em todo tempo independentemente das circunstâncias.

ORAÇÃO

Deus, obrigado por Seu amor ser tão grande e não me abandonar nos momentos ruins.

ATIVIDADE

1) O que o amor de Jesus fez e faz por você?

2) Como você pode agradecer ao Senhor por isso?

20 de março

Estação favorita

> Tudo neste mundo tem o seu tempo;
> cada coisa tem a sua ocasião.
> —Eclesiastes 3:1

Na hora de ir para a escola, mamãe trouxe gorro e jaqueta.

—Está frio! Hoje é o primeiro dia do outono e daqui até o meio do ano vai esfriar ainda mais.

—Não gosto de frio. Devia ser verão e férias o ano todo!

Logo veio a Ana me irritar:

—Aí seria chato!

—Seria nada.

—Claro que seria, Arthur, a gente precisa das quatro estações no ano!

Lá vem a Ana me irritar!

—Ana, eu não gosto do frio e pronto!

Mamãe ajoelhou-se na minha frente, arrumou meu gorro e disse:

—Filho, tudo na vida tem o tempo certo de acontecer. Tem as frutas de época; por exemplo, aquela tangerina que você adora só é colhida no inverno.

—Verdade, mãe?

—Sim, filho. A única coisa que nunca pode mudar é a nossa certeza de que Deus está conosco em todos os momentos, em todas as estações.

Ufa! Que alívio! Passar frio é ruim, mas ficar sem a presença de Deus seria terrível!

ORAÇÃO

Pai querido, obrigado pela sua companhia em todas as épocas do ano.

ATIVIDADE

1) Você gosta mais do inverno ou do verão? Por quê?

2) Em que momento você precisa ter a companhia de Jesus?

Ajuda para ter coragem

21 de março

> Nesse instante Jesus disse:
> — Coragem! Sou eu! Não tenham medo!
> —Mateus 14:27

Papai, tentando me ajudar, convocou toda a nossa família para estar em casa hoje à noite, para eu tocar a música que devo apresentar no recital.

Eu senti uma vontade estranha de "socar" o papai! Acho que foi um pouquinho de raiva. Ele percebeu!

—Não gostou da surpresa, Arthur?

—Não!

Veio uma vontade enorme de chorar. Papai me levou ao quarto para conversarmos. Sentamos na cama, e ele me abraçou:

—Filho, você está em casa, e todas aquelas pessoas na sala o amam e torcem para que seja bem-sucedido.

—Mas eu estou com medo!

—Eu ficarei bem ao lado do piano. Se em algum momento ficar nervoso, olhe para mim, e eu estarei lá para te dar coragem.

Fui lá e toquei!

Eu sabia que podia confiar no papai, assim como me ensinam a confiar no Pai do Céu!

Tenho dois papais que me enchem de coragem: o daqui da Terra e o do Céu!

ORAÇÃO

Deus, eu confio que o Senhor está comigo nos momentos que fico com medo!

ATIVIDADE

1) Em quais momentos da sua vida você precisa de coragem?

2) Em quem ou no que você busca ajuda para ter coragem?

22 de março

Três gerações

Assim como os avós se orgulham dos netos, os filhos se orgulham dos pais.
—Provérbios 17:6

Na hora do almoço, vovô nos chamou para uma conversa:
—Arthur, qual é o nosso maior tesouro?
—A nossa salvação!
—Muito bem!
—Ana, qual a maior prova de amor que já recebemos?
—A morte de Jesus na cruz para pagar por nossos erros.
—Lucas, o que ele nos prometeu?
—Que vamos morar no Céu!
Então vovô sorriu e disse:
—Essa é a herança mais preciosa que quero deixar para todos os que vierem depois de mim: a certeza de que Jesus é o nosso Salvador! Estou orgulhoso de vocês, crianças. E dos pais de vocês também. Estamos fazendo um ótimo trabalho!
—Verdade, pai, (disse o meu pai!), as duas gerações depois da sua já conhecem o nosso maior tesouro e vão propagar às próximas que vierem.
—Papai, geração são os filhos dos filhos dos avós?
—Isso, Arthur. Aqui estamos em três gerações: a do vovô, a minha e a sua.

ORAÇÃO

Querido Deus, sou agradecido porque toda a minha família conhece a Sua salvação.

ATIVIDADE

1) De que maneira você conheceu Jesus?

2) Que tal iniciar uma campanha de oração por aqueles que ainda não conhecem o Salvador?

Vovó guerreira

23 de março

> Quando estiverem doentes, de cama, o Senhor os ajudará...
> —Salmo 41:3

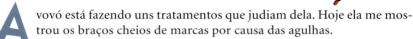

A vovó está fazendo uns tratamentos que judiam dela. Hoje ela me mostrou os braços cheios de marcas por causa das agulhas.

Ela disse também que sente muito cansaço e vontade de dormir. Mas, na hora da refeição, ela nos convidou para cantar uma canção:

"Agradeço, Senhor,
Por guiar-me na estrada rumo ao Céu,
Graças dou por não desistires de mim."

—Vovó, a senhora parece feliz!

—Estou feliz, sim, Arthur!

—Mas como a senhora consegue?

Então a vovó me abraçou e contou seu segredo:

—Sabe, meu amor, Deus prometeu cuidar de mim. Enquanto esse tratamento não termina, tenho certeza de que Ele está comigo todos os dias. Eu até acho que dói um pouquinho menos do que era *pra* doer, porque Ele me dá uma "anestesia" diferente.

—Anestesia diferente?

—Sim! Ele traz você aqui *pra* me alegrar, e eu esqueço um pouquinho as dores.

ORAÇÃO

Deus, cuide das pessoas que estão doentes. Diminua as dores delas e as envolva com o Seu amor.

ATIVIDADE

1) Há alguém doente em sua família ou em seu círculo de amigos? Quem?

2) Que tal começar uma semana de oração para Deus cuidar dessa pessoa?

24 de março

Demonstração que convence

> Pois toda a Escritura Sagrada é inspirada por Deus e é útil para ensinar a verdade, (...) a maneira certa de viver.
> —2 Timóteo 3:16

A vizinha chegou lá em casa com um catálogo na mão.
Ela vende perfume e maquiagem e disse para a mamãe que a marca lançou um perfume incrível!
A mamãe não acreditou:
—Ah, Fátima, não dá *pra* comprar perfume sem sentir o cheiro, né?
Dona Fátima pegou um frasco da bolsa e borrifou no braço da mamãe!
Minha mãe amou a fragrância e encomendou um. Durante o jantar, ela falou com papai sobre a compra e o que a vizinha fez para vender.
—Ah, o segredo é mesmo a demonstração. Lá na empresa já sabem disso. E a Bíblia fala disso desde que foi escrita!
—Bíblia, pai?
—É, filho. Paulo demonstrava com seu comportamento como a Palavra de Deus gerou mudanças nele. Aí as pessoas aceitavam a Jesus!
—Isso aí é testemunho, né?
—Exatamente. Testemunho é demonstrar com atitudes como a Palavra de Deus nos torna pessoas melhores.

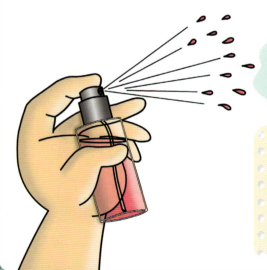

ORAÇÃO

Jesus amado, ajude-me a testemunhar da Sua presença em minha vida.

ATIVIDADE

1) Seus amigos de escola sabem que você ama a Jesus? O que eles dizem sobre você?

2) Como você demonstra a presença de Jesus em sua vida?

Jeito moderno de honrar Jesus

25 de março

> Que Deus abençoe o Rei que vem em nome do Senhor!...
> —Lucas 19:38

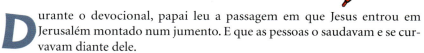

Durante o devocional, papai leu a passagem em que Jesus entrou em Jerusalém montado num jumento. E que as pessoas o saudavam e se curvavam diante dele.

Aí ele contou que, no exército, os soldados são obrigados a "bater continência" a todos os superiores.

—O que é isso?

—É uma saudação militar que demonstra respeito e submissão. Qual a diferença entre a passagem bíblica que li e a continência no exército?

—Eu sei!, Ana respondeu.

—Sabe?

—Sim. No caso do exército, eles são obrigados a honrar os maiorais. Mas, na história de Jesus, as pessoas o honravam porque queriam.

—Isso mesmo! E como podemos honrá-lo hoje?

—Ah, essa eu sei.

—Dê um exemplo, Arthur.

—Podemos demonstrar para as pessoas que a presença de Jesus em nossa vida nos torna como Ele: generosos, bondosos e amigos!

—Muito bem, filho! Você acertou.

ORAÇÃO

Querido Jesus, quero honrar o Senhor com a minha vida em todos os momentos.

ATIVIDADE

1) Você demonstra a presença de Jesus em sua vida? De que maneira?

2) Na sua opinião, qual a melhor maneira de honrar a Jesus?

26 de março

Riqueza e felicidade

Tenham cuidado com todo tipo de avareza porque a verdadeira vida de uma pessoa não depende das coisas que ela tem... —Lucas 12:15

Hoje encontrei um menino novo na escola.

Ele chegou em um carro enorme e importado. O tênis dele era de marca! O relógio supermoderno e o celular do último modelo!

Ele se chama Noah e já passou férias na Europa, nos Estados Unidos... Até o Japão ele conhece!

Todos os videogames irados, ele também tem.

Cheguei em casa pensando que o Noah é mais feliz que eu. Poxa, ele tem coisas tão legais e eu não.

Mamãe disse que estou errado em pensar assim:

—A felicidade não está nas coisas, mas nas pessoas. Ele tem riquezas, tudo bem! Mas você tem Jesus, amigos, família. Esses tesouros nenhum dinheiro pode comprar!

—Verdade, né, mãe?

—Claro! E tem mais alguém que você vai amar muito daqui para frente.

—Quem?

Ela abriu a porta do banheiro e... de lá saiu um cachorrinho!

Que felicidade! Entendi que tenho muito mais do que pensava!

ORAÇÃO

Deus, obrigado por me fazer entender que posso ser feliz com o que eu tenho.

ATIVIDADE

1) Você acha que é possível ser feliz com poucas coisas? Por quê?

2) Quais são as coisas que mais alegram você?

Quem faz a planta crescer?

27 de março

> Não importa nem o que planta nem o que rega, mas sim Deus, que dá o crescimento.
> —1 Coríntios 3:7

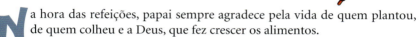

Na hora das refeições, papai sempre agradece pela vida de quem plantou, de quem colheu e a Deus, que fez crescer os alimentos.

—Pai, se a pessoa não tivesse plantado, aí Deus não teria como fazer crescer, não é verdade?

—Não, exatamente.

—Ué, e como que Deus ia fazer crescer sem plantar?

—Filho, Deus não faz o que nós podemos fazer. Podemos plantar e podemos colher, mas só Ele tem o poder de fazer crescer.

—Então!

—Acontece, Arthur, que isso é um princípio de Deus, não uma limitação.

—Não entendi.

—Se Deus quiser fazer surgir uma lasanha aqui na mesa, Ele pode, mas não faz porque podemos prepará-la.

—Ah. Então é igual aqui em casa: a mamãe sabe arrumar minha cama, mas como eu preciso ser responsável, eu arrumo. Mas é ela quem passa o lençol, pois, por ser pequeno, não posso mexer com ferro quente. Isso?

—Perfeito!

ORAÇÃO

Deus, eu louvo o Senhor pelo Seu poder de fazer todas as coisas!

ATIVIDADE

1) Sua família tem o hábito de agradecer antes das refeições? Você entende o porquê?

2) Que tal você se candidatar a fazer a oração hoje?

28 de março

Precisa mesmo perdoar?

> Ele levou a culpa dos pecados de muitos...
> —Isaías 53:12

Passou na televisão a história de uma mulher que perdoou o homem que tinha matado a filha dela.

Depois do telejornal, perguntei:

—Pai, aquela mulher não precisava perdoar aquele homem do mal, né?

—Você está falando da mulher que perdoou o assassino da filha?

—Essa mesmo.

—Filho, se ela fez isso é porque conhece o poder do perdão. Ela deve ter experimentado o perdão de Jesus.

—Mas ela não matou ninguém!

—Mesmo assim ela pecou, errou, pensou e sentiu coisas ruins. E para resgatá-la, Jesus precisou morrer na cruz, lembra?

—O senhor perdoaria esse homem?

—Não seria fácil, filho. Mas, com a ajuda de Deus, eu o perdoaria. Precisamos aprender com o exemplo do amor de Jesus.

Nessa hora a Ana passou e bagunçou meu cabelo. Pensei em me vingar, mas preciso aprender a perdoar isso e muito mais.

Sorte a dela, né? Hahaha...

ORAÇÃO

Jesus, obrigado por perdoar os meus pecados. O Senhor é muito bondoso e amoroso!

ATIVIDADE

1) Você costuma perdoar as pessoas que o chateiam? Por quê?

2) Quando é você quem chateia alguém, costuma pedir perdão? Por quê?

Lição de humildade

29 de março

> Em seguida pôs água numa bacia e começou a lavar os pés dos discípulos...
> —João 13:5

Hoje, na igreja, o pastor falou sobre o exemplo de humildade de Jesus: Ele lavou os pés dos discípulos, e até de Judas, o traidor!

Indo para a casa, perguntei:

—Pai, por que Jesus lavou os pés dos discípulos?

Papai explicou:

—Filho, naquela época eles andavam muito em estradas que eram de terra. Seus pés ficavam muito sujos. E como não era costume tomar banho diariamente, como fazemos aqui, eles só lavavam os pés mesmo!

—Eca! Que nojo!

—Arthur, era o costume da época. Só que, em algumas casas, eram os escravos que lavavam os pés das pessoas, e esse serviço era muito desprezado.

—Então, por que Jesus lavou os pés dos discípulos?

—Ele queria explicar, com Seu exemplo, que amor é serviço. Não adianta a gente dizer que ama as pessoas se não nos esforçamos para ajudá-las no que é necessário.

—Hum, acho que entendi.

ORAÇÃO

Deus me ensine a ser humilde, amar as pessoas e a ajudá-las no que eu puder.

ATIVIDADE

1) Como você costuma demonstrar seu amor pelas pessoas?

2) De que maneira as pessoas expressam amor por você?

30 de março

Jesus escuta tudo

Tudo é possível para quem tem fé.
—Marcos 9:23

Vovô chegou em casa com os olhos inchados.

—Você está chorando, vovô?

Ele baixou a cabeça e vi duas lágrimas caírem no chão igualzinho acontece com a chuva.

Abracei as pernas dele. Como o vovô podia estar assim tão triste? Vovôs não ficam tristes!

Papai chegou e, quando viu o vovô daquele jeito, o abraçou e começou a chorar junto.

Fiquei nervoso, corri na cozinha contar para a mamãe o que estava acontecendo.

Ela explicou que o vovô está sofrendo com a situação da saúde da vovó.

—Mas, mãe, Jesus não pode mudar isso?

—Claro que pode! Ele pode consolá-los. E o jeito que Jesus encontrou hoje de acalmar o coração do vovô foi trazendo-o até nós.

Espiei pela porta e ouvi o papai dizer, abraçado ao vovô:

—Jesus, Jesus, Jesus!

Apesar do papai não explicar nada, Jesus deve ter entendido, porque logo o vovô se acalmou e até sorriu.

ORAÇÃO

Querido Jesus, ouça a oração das pessoas doentes e cuide delas com carinho. Amém!

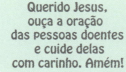

ATIVIDADE

1) O que você faz quando alguém da sua família está triste ou doente?

2) E quando é você quem está triste ou doente, o que sua família faz?

Por que Jesus não me ajudou?

31 de março

> Por que estou tão triste? Por que estou tão aflito?
> Eu porei a minha esperança em Deus e ainda o louvarei.
> —Salmo 42:5

Hoje cheguei em casa bravo!

—Mãe, Jesus não foi legal comigo!

—Como assim?

—Eu orei e estudei, e, mesmo assim, fui muito mal na prova de Matemática. Estou muito triste!

Corri pro quarto. Eu achei que a mamãe viria logo atrás de mim, mas ela não veio. Será que ela não se importa?

Saí do quarto e a escutei dizendo:

—Tudo bem, querida. Deus a abençoe!

Finalmente ela veio falar comigo.

Pegou-me no colo e disse:

—Filho, eu sei que você se esforçou e as coisas não foram como esperava. Isso acontece na vida de todo mundo!

—Mas, mãe, eu orei!

—Sim, meu amor, e saiba que Jesus estava lá. Ele sempre está. Essa é a nossa segurança! A professora estranhou seu desempenho e de outros alunos. Conversamos há pouco, e ela fará uma revisão da matéria e dará a todos outra chance. Viu? Jesus o ajudou sim, só que de outro jeito.

ORAÇÃO

Jesus, obrigado por estar comigo num momento tão triste. Perdoe-me por ter duvidado.

ATIVIDADE

1) Descreva uma ocasião em que recebeu a ajuda de Jesus.

2) O que você gostaria de dizer a Ele agora?

1º de abril

A missão da professora

> Tu fizeste com que o meu pai e a minha mãe me gerassem, que me dessem a vida.
> —Jó 10:10

A professora Mari, de Ciências, despediu-se da nossa turma hoje. Ela contou que o pai dela sofreu um AVC, pelo que entendi… é um acidente que acontece no cérebro e afeta os movimentos, e agora ele não consegue mais se cuidar sozinho e precisa de ajuda. Então, ela deixará a escola para cuidar dele.

—Mas, professora, a senhora não disse que ama dar aulas *pra* gente?

—Claro que sim, Arthur! Mas meu pai fez tanto por mim e agora precisa da minha ajuda. Eu jamais negaria ajuda a alguém, ainda mais aos meus pais.

Quando contei isso em casa, a mamãe me explicou que cuidar dos pais é a missão da minha professora agora.

—Sabe, filho… na vida, todos temos uma missão. Nesse momento, a missão da sua professora é ajudar o pai dela. Deus está contente porque ela compreendeu isso e vai fazê-lo com carinho e excelência.

ORAÇÃO

Deus, também quero abençoar as pessoas à minha volta e mostrar o Seu amor a elas.

ATIVIDADE

1) Você costuma ajudar as pessoas? Por quê?

2) Quais os tipos de ajuda que as pessoas geralmente pedem a você?

Doação anônima

2 de abril

> ...quando ajudar alguma pessoa necessitada, faça isso de tal modo que nem seu amigo mais íntimo fique sabendo...
> —Mateus 6:3

Hoje fomos a um orfanato. Ontem mamãe pediu que déssemos uma olhada em nossos brinquedos e roupas e separássemos tudo o que não usávamos mais. Então, hoje fomos doá-los.

Quando chegamos lá, a diretora do orfanato nos agradeceu bastante e disse que estava preocupada, pois havia poucas doações de roupas mais quentes para as crianças.

Bem nessa hora, parou um caminhão na porta, e um homem entregou um montão de roupas de inverno e cobertores para as crianças.

A diretora ficou tão feliz e perguntou quem tinha mandado aqueles presentes, mas o rapaz disse que a pessoa não quis se identificar. Então a diretora agradeceu a Deus por aquelas doações.

Aí que eu entendi que a gente não precisa ficar falando *pra* todo mundo quando fazemos o bem, pois Deus sabe disso e se alegra ao ver a bondade dele em nosso coração.

ORAÇÃO

Deus, ensine-me a abençoar as pessoas que precisam com o que eu tenho!

ATIVIDADE

1) Você separa brinquedos e roupas para doar? Por quê?

2) Que tal fazer isso hoje para ajudar outras crianças? O inverno já está chegando!

3 de abril

Horrível, mas bom

> Ó Deus, tu és bom e fazes o bem;
> ensina-me os teus mandamentos.
> —Salmo 119:68

—Arthuuur, corre aqui, está na hora do seu remédio! Hoje cheguei da escola com dor de cabeça e o nariz escorrendo. Fomos ao médico e ele receitou um xarope. Quando tomei…
—Ecaaaaaaaaaaaaaaaa! Que remédio horrível, mãe!
—Esse remédio é bom.
—É nada, é horrível.
—É bom, sim, senhor.
—A senhora experimentou?
—Não, é você quem precisa tomá-lo. O gosto pode ser horrível, mas o tratamento que ele fará no seu corpo, mandando os vírus embora, é muito bom.
—Mas precisava ser tão ruim?
—A gente não sabe. Mas pode ser o ingrediente que age contra o vírus que tem esse gosto. Arthur, a vida tem momentos bons e momentos ruins, e todos são importantes para nós. Entenda que tudo o que Deus permite ou faz por nós, ainda que não pareça, é bom.
—Tudo bem, mãe. Entendi. E então? Posso tomar água agora?
—Pode sim, filho.

ORAÇÃO

Deus, por favor, ajude-me a lembrar de que todas as coisas que o Senhor faz são boas para mim. Amém!

ATIVIDADE

1) Você dá muito trabalho para tomar remédio? Por quê?
2) Dê outro exemplo de coisa que parece ruim, mas é boa!

Menino generoso

4 de abril

> Portanto, sempre que pudermos, devemos fazer o bem a todos...
> —Gálatas 6:10

Vovó começou a ler para nós uma história:

"Era um dia quente, e Manoel, de 8 anos, quis ter certeza de que o carteiro ficasse bem e hidratado. Ele deixou um isopor com energéticos e garrafas de água na entrada de casa. A câmera de segurança registrou a reação do carteiro: 'Água e energéticos! Obrigado, Senhor, obrigado!'".

—Vovó, por que o carteiro agradeceu a Deus, se foi o Manoel quem deixou as bebidas?

—Justamente, Arthur. Deus tem inúmeras formas de prover para nós tudo o que precisamos.

—Sim, mas foi o menino que deixou.

—Verdade! E quem você acha que fez brotar um sentimento generoso no coração do menino?

—Deus?

—Isso mesmo. Ele usa inúmeras formas para nos abençoar, e as outras pessoas são uma delas.

—Ah, é verdade, vovó. O papai sempre fala que Deus cuida de tudo de que precisamos; só devemos confiar!

ORAÇÃO

Jesus, ensine-me a crer que o Senhor cuida de mim e me ajude a fazer o bem a outras pessoas.

ATIVIDADE

1) Você já foi abençoado de uma maneira que não esperava? Como?

2) Você agradece por tudo o que Jesus faz por você? Por quê?

5 de abril

Mãe sabe das coisas

> ...filho, escute o que o seu pai ensina
> e preste atenção no que a sua mãe diz.
> —Provérbios 1:8

—Arthur, pega o casaco que vai esfriar!
—Mas, mãe, tá o maior sol lá fora!
—Escuta, filho… o tempo vai virar…

Ah, não tem jeito. Se a mamãe falar que vai acontecer, pode esperar que vai mesmo, porque escutei uma mulher dizer que "mãe sempre tem razão".

Mas, no carro, reclamei:
—Ô, mãe, a senhora não pode ficar sempre falando que tal e tal coisa chata vai acontecer!

Papai e mamãe caíram na risada, mas, em seguida, ela disse:
—Filho, eu sou sua mãe, não uma vidente!
—Mas tudo de ruim que a senhora fala acontece.
—Mas eu não disse nada ruim, só estou cuidando de você. Hoje escutei no jornal a moça do tempo explicando que o clima vai mudar no fim da tarde.
—Ah, que pena!
—Pena? Você preferia que eu não soubesse disso e você ficasse com frio mais tarde?

Mamãe tinha razão. Preciso entender que tudo o que ela diz é para o meu bem!

ORAÇÃO

Deus, ensine-me a entender que os Seus conselhos e os dos meus pais são sempre para o meu bem.

14h

15h

16h

17h

ATIVIDADE

1) Você já desobedeceu a sua mãe mesmo ela estando certa? O que aconteceu?

2) Quando se arrepende por desobedecer a seus pais, o que costuma fazer?

Conforto compartilhado

6 de abril

> ...Que a paz esteja com vocês! Assim como o Pai me enviou, eu também envio vocês.
> —João 20:21

A Yasmin sempre nos atende com alegria lá na padaria, mas hoje ela estava estranha. O papai precisou repetir três vezes o pedido. Na hora de pagar, ele falou com a gerente:

—Dona Fátima, sua funcionária não está bem hoje. Ela não nos atendeu com a mesma alegria de sempre. Aconteceu alguma coisa?

—Ah, é que hoje ela soube que o pai dela tem uma doença muito grave.

—A senhora me permite conversar um minuto com ela?

—Claro!

Ela chamou a moça.

—Yasmim, a dona Fátima acabou de me contar que seu pai está doente.

Ela começou a chorar.

—Querida, sei o quão difícil é essa situação. Minha mãe também está doente. Você me permite fazer uma oração?

Ela deixou, e o papai orou pelo pai e pela família. Finalmente a Yasmim abriu um sorriso e disse:

—Muito obrigada! Foi Deus quem mandou o senhor aqui hoje. Sinto-me bem melhor!

ORAÇÃO

Deus, quero ser igual ao papai e falar do Seu amor consolador para quem precisa.

ATIVIDADE

1) Você já ajudou alguém que estava triste a ficar alegre? Quem foi?

2) O que você fez?

7 de abril

Exercícios difíceis

> Você mesmo deve ser, em tudo,
> um exemplo de boa conduta.
> —Tito 2:7

Hoje a professora de Matemática explicou um assunto muito complicado. Eu já aprendi sobre isso com o tio Lúcio, mas o pessoal está quebrando a cabeça para entender.

Quando a professora passou os exercícios, eu terminei bem rápido, mas os outros alunos não conseguiram.

Quase no final da aula, uma das meninas confessou para a professora que não conseguia fazer o trabalho. Com a atitude dela, outros alunos tiveram coragem e disseram a mesma coisa.

Eu pensei em mostrar o meu trabalho pronto, mas aí lembrei do que a mamãe me disse uma vez: precisamos pensar na necessidade do próximo. Se eu mostrasse, a professora entenderia que todos poderiam terminar o tal exercício.

Permaneci em silêncio e a professora decidiu que explicará o assunto novamente na próxima aula. Fiquei contente por meus colegas.

ORAÇÃO

Jesus, ajude-me a considerar as pessoas para que elas sintam a Sua presença na minha vida!

ATIVIDADE

1) Você costuma pensar nos seus amigos ou só em você quando toma uma decisão?

2) Conte um exemplo!

Força no sofrimento

8 de abril

> O próprio Cristo sofreu por vocês e deixou o exemplo, para que sigam os seus passos.
> —1 Pedro 2:21

Papai chegou em casa preocupado.
Mamãe percebeu e perguntou:
—O que aconteceu, amor?
—Meu chefe... Ele chamou minha atenção hoje porque percebeu que eu, em um determinado momento, estava orando na minha mesa.
—Ué, mas você demorou?
—Não, menos de um minuto, mas ele disse que não gosta que se misture o trabalho com religião. Eu expliquei que estava pedindo direção de Deus para um projeto que estou desenvolvendo, mas ele ficou ainda mais bravo.
—E o que você vai fazer?
—Bem, eu vou cuidar para não o irritar e interceder pelo que preciso aqui em casa ou de forma mais discreta.
—Sim, isso é prudente.
—Vou orar para que Deus transforme o seu coração e ele conheça o amor do Senhor.

Aí eu perguntei:
—Pai, o senhor não ficou bravo com ele?!
—Na hora fiquei chateado, mas aprendi com Jesus que devo amá-lo.

ORAÇÃO

Querido Jesus, que eu aprenda com o exemplo do papai e consiga amar aqueles que desprezam o Senhor.

ATIVIDADE

1) Alguém já maltratou você por você amar a Jesus? O que a pessoa fez a você?

2) Qual foi a sua reação?

9 de abril

O maior legado

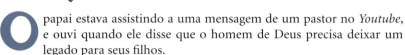

...foram escritos num livro os nomes dos que respeitavam a Deus e o adoravam.
—Malaquias 3:16

O papai estava assistindo a uma mensagem de um pastor no *Youtube*, e ouvi quando ele disse que o homem de Deus precisa deixar um legado para seus filhos.

—Pai, o que é legado?

—Legado é a herança de valores que uma pessoa deixa para seus descendentes ou para seus sucessores, dependendo do ambiente. Por exemplo, um pastor amoroso inspira os fiéis da sua igreja a amarem o próximo. Veja a minha história: eu conheci Jesus por causa da vida do seu avô e espero que você conheça o Senhor pelo meu exemplo.

—Conheço sim, papai!

—Então, se ao morrer eu deixar uma herança em dinheiro, ficarei feliz, mas, se eu deixar um legado de amor e fidelidade a Deus, ou seja, se você e a Ana amarem a Deus sobre todas as coisas por aprenderem isso comigo, então eu serei mais feliz ainda.

—Papai, esse é o maior legado de todos, né?

—Sim, Arthur.

ORAÇÃO

Deus, obrigado por ser o valor mais importante na vida de todas as pessoas da minha família!

ATIVIDADE

1) Qual o maior legado que sua família deixará para você?

2) Explique o significado de "legado" com suas próprias palavras.

Via Dolorosa

10 de abril

> E, porque Jesus Cristo fez o que Deus quis, nós somos purificados do pecado [...] uma vez por todas...
> —Hebreus 10:10

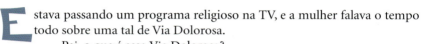

Estava passando um programa religioso na TV, e a mulher falava o tempo todo sobre uma tal de Via Dolorosa.

—Pai, o que é essa Via Dolorosa?

—É como chamam o caminho que Cristo percorreu carregando a própria cruz até o Calvário. Além do peso da cruz, ele sofreu agressões e muita humilhação.

—Que horror!

—Pois é. A morte de Jesus foi horrível.

—Mas Ele tinha poder para se livrar de tudo aquilo, não tinha?

—Claro que sim, mas, se Ele fizesse isso, não teríamos a salvação. Ele não pensou em si próprio, mas em nós. Ele se ofereceu como sacrifício para nos redimir dos nossos erros.

—Será que Ele sentiu medo?

—Com certeza!

—Que dó de Jesus, papai.

—Não precisamos sentir dó hoje. Ele venceu a morte, ressuscitou! O melhor sentimento que podemos ter é o de gratidão, porque Ele nos provou Seu amor e nos aproximou de Deus.

ORAÇÃO

Deus, eu adoro o Senhor mesmo sem poder vê-lo, porque sinto Sua presença!

ATIVIDADE

1) Você sabia o que era Via Dolorosa? Por que Jesus passou por ela?

2) Você agradece a Jesus todos os dias pela salvação?

11 de abril

A coroa do Rei

> Tiraram a roupa de Jesus (...) e fizeram uma coroa de ramos cheios de espinhos, e a puseram na sua cabeça...
> —Mateus 27:28,29

Papai resolveu fazer seu devocional sentado na cadeira da varanda.

Teve um momento que ouvi uma música bem bonita que vinha lá da varanda, do celular do papai. Dizia assim:

"A coroa que Jesus usou na cruz
Fora feita para mim
Ele a trocou pela minha salvação
E jamais terá de usá-la outra vez!"

Fui até lá e vi que papai estava de olhos fechados e uma lágrima escorria pelo seu rosto.

—Por que o senhor está chorando?!

Papai deu um pulo da cadeira! Ele não tinha me visto chegar.

Demos muita risada dele, mas aí ele me disse:

—Sabe, filho, Jesus é o Rei dos reis, Todo-poderoso, mas com humildade aceitou sofrer aquela morte tão terrível na cruz. Além das dores, Ele foi muito ridicularizado. Colocaram uma coroa de espinhos nele! Eu me emociono muito quando penso no tamanho do amor de Jesus.

—É mesmo, né, pai? Preciso pensar mais nisso!

ORAÇÃO

Querido Jesus, obrigado por ser tão amoroso e suportar tanta dor para nos garantir a vida eterna.

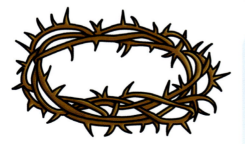

ATIVIDADE

1) Qual a parte da história de Jesus que você mais gosta?

2) Escreva uma declaração do seu amor por Jesus!

A dor maior

12 de abril

> Olhem para mim! Será que existe uma dor igual à minha?...
> —Lamentações 1:12

Hoje é dia de tomar o café da manhã lá na casa do vovô. É Páscoa!

A vovó fez o melhor bolo de chocolate, e a mamãe levou a torta de presunto e tomate que só ela sabe fazer.

Assim que terminou o café, a família inteira se reuniu na sala para um momento de louvor.

O vovô se emocionou! Ele pediu que lembrássemos a maior dor que nós já sentimos.

Uma vez eu tive uma dor de ouvido horrível! Fiquei dois dias sem ir para a escola.

Então o vovô falou que as nossas maiores dores não são nada perto do sofrimento de Jesus na cruz para nos salvar. Mas a nossa grande alegria é que Ele ressuscitou e por isso temos a esperança da salvação!

Que emocionante, né? Saber que alguém ama tanto a gente que até sofreu em nosso lugar. Ah! Como eu amo o Senhor Jesus!

Feliz Páscoa a todos!

ORAÇÃO

Jesus, obrigado por Seu amor e por ter sofrido por mim e pelas outras pessoas também.

ATIVIDADE

1) Qual foi a maior dor que você já sentiu?

2) O que você pode fazer hoje como forma de agradecer a Jesus pelo que Ele fez?

13 de abril

Aprendendo sobre solidariedade

Se uma parte do corpo sofre, todas as outras sofrem com ela. Se uma é elogiada, todas as outras se alegram com ela.
—1 Coríntios 12:26

Hoje, na aula de Educação Física, o Alex torceu o pé. Alguns meninos ficaram bravos porque o jogo parou, mas o Alex precisava da nossa ajuda. Fizemos compressa no pé dele, até sua mãe chegar.

Quando voltamos a jogar, o Eduardo, um dos meninos que ficou bravo, também caiu e ralou a perna. Pelo visto, doeu muito, porque ele gritava enquanto o professor limpava o machucado.

Depois da aula, o Eduardo pediu desculpas a todos. Ele disse que, só quando se machucou, percebeu o quanto o Alex sofreu, e que a ajuda dos amigos é muito importante nessas horas.

Nesse momento lembrei da explicação que o papai me deu sobre o pastor chamar todas as pessoas da igreja de corpo quando estamos juntos lá. Ele explicou que é porque todos sentem as dificuldades uns dos outros e se ajudam. O papai disse que isso é solidariedade.

ORAÇÃO

Senhor Jesus, ajude-me a sempre me importar com os problemas dos meus amigos.

ATIVIDADE

1) Você se importa com a necessidade das pessoas a sua volta? Por quê?

2) Conte sobre de que maneira você já ajudou alguém.

Proteção divina

14 de abril

Guarda-me, ó Deus, pois em ti eu tenho segurança!
—Salmo 16:1

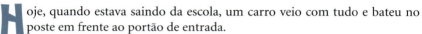

Hoje, quando estava saindo da escola, um carro veio com tudo e bateu no poste em frente ao portão de entrada.

Meu coração disparou e comecei a tremer. É que o carro parou a dois passos de mim!

Quando olhei para a mamãe, que tinha ido nos buscar, ela estava paralisada. Apesar do alvoroço, nem o motorista do carro se machucou.

Já no caminho de casa, falei:

—Que sorte, né, mamãe? Não aconteceu nada pior com a gente!

Mamãe me abraçou e disse:

—Não foi sorte, foi a mão de Deus!

Então me lembrei que, todos os dias, quando vamos para a escola, papai ou mamãe ora por nós pedindo a Deus que nos proteja.

—A senhora acha que foi por causa da oração que não nos aconteceu nada?

—Eu tenho certeza. Deus responde às nossas orações e hoje Ele nos livrou porque pedimos a Sua proteção.

—Verdade! Muito obrigado, Deus!

ORAÇÃO

Querido Deus, obrigado porque o Senhor ouve a minha oração e me protege!

ATIVIDADE

1) Você já vivenciou alguma situação de perigo? Qual?

2) Você sente que Deus o protegeu? Por quê?

15 de abril

Razão para cantar

> Cantem uma nova canção a Deus, o Senhor, pois ele tem feito coisas maravilhosas.
> —Salmo 98:1

Papai chegou em casa rindo. Ele disse que hoje a dona Joana estava impossível no ensaio do coral.

—Ué, por quê?, a mamãe perguntou.

—Ah, meu amor, ela é bastante desafinada e gosta de cantar bem alto. Hoje faltaram alguns componentes e a voz dela se sobressaía a todas. O maestro bem que tentou, mas desistiu do ensaio e terminou mais cedo.

Mamãe sorriu e comentou:

—Que engraçado! Da plateia da igreja, não conseguimos perceber a voz dela, mas com certeza, de todos os componentes, ela é a que canta mais feliz. É maravilhoso observá-la cantando sorridente e agradecida.

Papai se surpreendeu!

—É sério?

Então eu disse:

—Verdade, papai, a dona Joana é a mais animada de todo o coral! Mas eu já sei o porquê.

—Ué, por quê?

—Porque ela sabe o quanto Jesus é maravilhoso e aí ela agradece cantando. Claro que, aí, ela capricha, né?

ORAÇÃO

Jesus, muito obrigado por todas as bênçãos que concede a minha família e também pelo Seu amor.

ATIVIDADE

1) Você acha que louvar é uma forma de agradecer a Deus? Por quê?

2) Qual é a sua música de louvor preferida?

Frio e sono

16 de abril

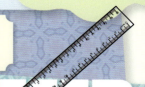

...nesta vida tudo o que a pessoa pode fazer é procurar ser feliz e viver o melhor que puder. [...] Isso é um presente de Deus. —Eclesiastes 3:12,13

Hoje estava tão frio, mas tão frio, que tentei convencer a mamãe a não me levar para a escola.

—Mãe, me deixa ficar em casa. Estou com muito frio!

—Realmente está frio, filho, mas você tem casacos. É só se agasalhar bem!

—E se eu ficar doente?

—Bem agasalhado, você não ficará doente.

—Mas, mãe, estou bem nas notas e com muito sono.

—Filho, no Brasil existem crianças que andam quilômetros a pé para chegar à escola. Em estradas de barro, com muito perigo. Não seja ingrato e não desperdice o seu tempo dormindo. A vida é curta! Tenha coragem! Vamos lá… levante-se e vá para a escola com alegria.

—Ai, mãe. Tá bom!

—E para você ficar bem animado, vou preparar um super chocolate quente.

Ah, aí eu fiquei mais animado mesmo. O chocolate quente da mamãe é o melhor do mundo!

ORAÇÃO

Querido Jesus, ajude-me a não ter preguiça de aproveitar as bênçãos da vida. Amém!

ATIVIDADE

1) De que maneira você pode aproveitar bem todos os seus dias?

2) Quais são as suas atividades favoritas?

17 de abril

Aprender a conhecer Deus

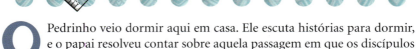

> Mas Jesus disse:
> — Não tenham medo, sou eu!
> —João 6:20

O Pedrinho veio dormir aqui em casa. Ele escuta histórias para dormir, e o papai resolveu contar sobre aquela passagem em que os discípulos enfrentavam uma grande tempestade quando avistaram um homem andando sobre as águas. Era Jesus, mas eles pensaram que fosse um fantasma.

Enquanto contava, o papai fazia os barulhos do mar agitado, e o Pedro morria de medo. Quando chegou na parte do fantasma, ele gritou e me abraçou!

Mas, quando o papai disse: "Não tenham medo! Sou eu!", Pedrinho entendeu que era Jesus e abriu um sorriso.

—Você sabe quem estava falando, Pedro?

—Sim, era Jesus, meu herói! O mais poderoso de todos!

—Isso mesmo, Pedro, era Jesus. Então, os discípulos se acalmaram, porque, onde Jesus chega, Ele nos protege até dos maiores perigos!

—Verdade, titio, por isso que gosto tanto dele.

ORAÇÃO

Querido Jesus, obrigado por estar conosco em dias bons e em dias em que coisas ruins acontecem.

ATIVIDADE

1) Como você conheceu a Jesus?

2) Cite três características de Jesus que você mais ama.

Valorizando os outros

18 de abril

> ...sejam humildes e considerem os outros superiores a vocês mesmos.
> —Filipenses 2:3

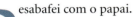

Desabafei com o papai.

—Pai, fiquei irritado na escola hoje.

—Por quê?

—Ah, é que a professora de Português dividiu a turma em grupos e escolheu um líder para cada um.

—E qual o problema?

—O senhor acredita que ela escolheu o Sandro para liderar o meu grupo?

—Acredito!

—Mas, pai, o Sandro não é tão bom aluno quanto eu!

—Mas ele merece ter a chance de liderar igual a você. Já pensou se Deus só escolhesse as pessoas mais fortes e mais inteligentes? O que seria das outras? Você já deveria saber que Deus não faz diferença entre as pessoas. Ele ama a todas igualmente.

—Mas na escola não deveria ser diferente, pai?

—Ué, a gente sempre fala que a Bíblia nos orienta como devemos ser em todos os lugares, não é mesmo?

—É, verdade. Não tinha pensado nisso. Pior que o Sandro foi super bem!

—Você quer dizer *melhor*, né, Arthur?

—Ah, é...

ORAÇÃO

Deus, eu lhe agradeço por dar a todas as pessoas as mesmas chances.

ATIVIDADE

1) Deus trata todas as pessoas da mesma maneira?

2) Na sua opinião, isso é bom ou ruim? Por quê?

19 de abril

Ana apressada

> Tu, ó Senhor, dás paz e prosperidade às pessoas que têm uma fé firme, às pessoas que confiam em ti.
> —Isaías 26:3

Na hora de ir à igreja, minha irmã, por causa do teatro que ela vai participar, apressou a todos porque precisava chegar cedo.

Já estávamos no carro e mamãe fechava a porta quando mudou de ideia e entrou em casa de novo. Ana ficou brava:

—A mamãe não sabe que estou atrasada?

Papai disse:

—Ana, chega!

Ela ficou quieta, mas emburrada.

Quando chegamos, ela desceu correndo, mas, em menos de dois minutos, voltou chorando:

—Manhê, eu esqueci a minha coroa!

Ela passou a semana fazendo uma coroa para usar durante a apresentação. Calmamente, mamãe abriu a bolsa e tirou a coroa.

—Filha, foi por isso que voltei em casa. Eu percebi que você tinha esquecido.

Ana enxugou as lágrimas e se desculpou com a mamãe.

—Da próxima vez, filha, fique calma e em paz, confie que Deus cuida e direciona todas as coisas para o seu bem.

ORAÇÃO

Querido Deus, ajude-me a sentir a Sua paz e a ter calma para fazer as coisas.

ATIVIDADE

1) Qual é a sua reação quando você, ou outras pessoas, se atrasam?

2) Você já se atrapalhou porque estava com pressa? O que aconteceu?

Demonstração de amor

20 de abril

> ...Quando o rapaz ainda estava longe de casa, o pai o avistou. E [...] correu, e o abraçou, e beijou.
> —Lucas 15:20

No caminho entre a escola e a minha casa, existe uma fábrica abandonada. Os meninos da rua vivem inventando histórias assustadoras sobre o lugar. Papai me proibiu de entrar lá. Ele disse que homens maus podem estar escondidos naquele prédio.

Mas hoje o Sandro e os outros meninos me provocaram muito dizendo que não sou corajoso. Foi aí que decidi provar minha coragem!

Enquanto atravessávamos por dentro da fábrica, dois homens vieram em nossa direção e pegaram nossos celulares. Foi assustador!

Saímos correndo daquele lugar. Quando cheguei em casa e confessei o que aconteceu, papai me abraçou forte, agradecendo a Deus por eu estar bem, apesar do susto.

Eu sei que entristeci o papai com a minha atitude, mas hoje entendi que o amor dele por mim é ainda maior que a decepção que causei pela minha desobediência.

ORAÇÃO

Deus, obrigado por me amar tanto, mesmo eu desobedecendo ao Senhor muitas vezes!

ATIVIDADE

1) Seus pais demonstram o amor deles por você, mesmo quando lhes desobedece? Como?

2) O que a atitude de seus pais revela sobre o amor de Deus?

21 de abril

Casamento que dura

> ...Viva uma vida correta, de dedicação a Deus, de fé, de amor, de perseverança e de respeito pelos outros.
> —1 Timóteo 6:11

Hoje o vovô e a vovó completaram 40 anos de casados!

No jantar, perguntei:

—Vovô, o senhor não enjoa de ficar junto com a vovó tanto tempo? Porque eu moro com a Ana só há 8 anos e já não aguento mais!

Todo mundo riu. Menos a Ana!

Sorrindo, vovô disse que não saberia mais viver sem a vovó. Disse até que, se pudesse, faria tudo de novo, do mesmo jeito.

Então, Ana perguntou:

—Mas foi tudo divertido? Não teve nada ruim?

E a vovó respondeu:

—Claro que teve! Mas o segredo da felicidade foi que decidimos viver todas as coisas juntos. Os dias bons e os dias ruins.

Então papai disse:

—Arthur, lembra que expliquei a você que andar com Jesus e manter-se fiel a Ele é uma escolha diária?

—Lembro!

—Então, esse é o segredo do casamento do vovô e da vovó. Perseverança!

—Per… per…, o quê?

—Perseverança, quer dizer: permanecer.

—Humm, entendi!

ORAÇÃO

Deus, quero ser Seu amigo todos os dias da minha vida, sem desanimar!

ATIVIDADE

1) Você desiste fácil das coisas? Por quê?

2) Qual o segredo para manter uma amizade verdadeira com Deus?

Engrenagem perfeita

22 de abril

> ...Tudo o que fazes é maravilhoso,
> e eu sei disso muito bem.
> —Salmo 139:14

Hoje, na aula de Ciências, a professora explicou sobre o corpo humano. Ela disse que é como uma "engrenagem perfeita".

Temos o aparelho respiratório, o aparelho reprodutor, o aparelho digestivo. E tudo funciona ao mesmo tempo!

Fiquei pensando: como Deus é genial, né? Minha mãe falou que Ele sabe quantos fios de cabelo existem na minha cabeça e conhece todos os meus pensamentos. Os meus e dos outros bilhões de pessoas que vivem na Terra. Todos os detalhes, de todo o mundo!

Nem o melhor computador do mundo seria capaz de guardar tantas informações. Deus não é incrível?

Acho que é por isso que eu amo tanto a Deus, porque, mesmo Ele sendo tão poderoso, ainda cuida de mim e às vezes atende até os meus pedidos mais bobos; como no dia em que eu queria muito um chocolate especial e o vovô, sem saber de nada, trouxe um *pra* mim.

ORAÇÃO

Senhor, obrigado por me criar de um jeito tão maravilhoso e se importar comigo.

ATIVIDADE

1) Deus já atendeu algum pedido seu? Qual?

2) Você tem o hábito de orar por todas as coisas, até as que acha meio "bobas"? Por quê?

23 de abril

Pior castigo

Que o Senhor da paz dê a vocês a paz, sempre e de todas as maneiras!
—2 Tessalonicenses 3:16

No fim da tarde, quando o papai estava quase chegando, o telefone tocou. Mamãe atendeu e ficou nervosa.

Assim que papai chegou, ela contou:

—Querido, seu pai foi assaltado quando saía do banco, levaram todo o dinheiro, mas ele não sofreu nada e já está em casa.

Papai também ficou nervoso.

Fomos imediatamente para a casa do vovô.

Quando chegamos, papai abraçou o vovô com força. O vovô fez um carinho na cabeça dele e disse:

—Calma, está tudo bem.

Vovô estava calmo demais. E a vovó estava preparando uma mesa cheia de quitutes.

—Ô, vovô, por que o senhor está tão calmo? Parece até que vai ter festa!

—Mas claro que vai! Estou calmo porque sabia que Jesus estava comigo o tempo todo. Isso me deu paz! E como nada de pior aconteceu, agora nós vamos celebrar o livramento e agradecer a bondade de Deus.

ORAÇÃO

Jesus, quero sempre ter certeza de que o Senhor está comigo, assim viverei em paz.

ATIVIDADE

1) Em situações de tristeza ou perigo, como você se sente?

2) O que a certeza de que Jesus está com você lhe traz?

A paciência de Madalena

24 de abril

*...Tenha paciência,
pois o Senhor Deus cuidará disso.
—Salmo 37:7*

Hoje teve uma festinha na escola. Cada aluno levou um prato para ajudar. Eu levei um bolo Nega Maluca.

Ofereci um pedaço para a Madalena, uma aluna da minha escola que também ama a Jesus:

—Quer um pedaço?
—Não posso!
—Por quê?
—Tenho alergia a leite.
—Mas isso é bolo.
—Mas foi feito com leite.
—Ah, verdade. E por que você não ora e pede para Jesus te curar?
—Ah, eu oro, sim, mas Ele ainda não me curou.
—Faz tempo?
—Desde que eu nasci!
—Puxa, é tempo… você está brava com Jesus?

—Não, minha mãe me explicou que Jesus tem sempre bons motivos para as coisas que acontecem com a gente e Ele nunca se atrasa. Enquanto não sou curada, aprendo a ter paciência e experimento muitas receitas sem leite.

Aí ela me deu um pedaço de um bolo especial que a mãe dela fez. Não é que estava uma delícia?

ORAÇÃO

Querido Jesus, ensine-me a ser paciente e a lembrar que o Senhor cuida de mim.

ATIVIDADE

1) Como você reage quando as coisas demoram para acontecer?

2) Quais as situações que mais testam a sua paciência?

25 de abril

O vendedor esquecido

> ...O meu juízo voltou. Aí agradeci ao Deus Altíssimo e dei louvor e glória àquele que vive para sempre...
> —Daniel 4:34

Um amigo do papai veio almoçar com a gente hoje. Durante o almoço, ele contou para o papai que os negócios, finalmente, estavam indo bem:

—Olha, eu perdi meu emprego e orei muito pedindo a Deus que me desse outro trabalho. Depois de alguns meses, consegui uma vaga como corretor de imóveis, mas eu não sabia vender! Fiquei tão preocupado, aí orei mais ainda, e Deus me ajudou a fechar bons negócios.

—Que bênção, Marcelo!

—Só que fiquei tão envaidecido que esqueci que era Deus quem me ajudava nas vendas. Resultado: não consegui vender. Os meses foram passando, o dinheiro acabando, aí me lembrei de orar. Então, o Espírito Santo me fez lembrar que o vendedor mesmo era o nosso Deus. Pedi perdão, e agora eu não saio mais de casa sem pedir a ajuda dele. Então, as coisas voltaram a ir bem. Graças a Deus!

ORAÇÃO

Querido Pai, não me deixe esquecer nunca que é o Senhor quem nos ajuda sempre.

ATIVIDADE

1) Você consegue ver Deus como um Pai amoroso e cuidadoso? Por quê?

2) Você pede ajuda ao Senhor para enfrentar seus problemas?

Providência divina

26 de abril

...O Pai de vocês, que está no céu, sabe que vocês precisam de tudo isso.
—Mateus 6:32

—Mãe, por que a senhora está colocando essas comidas de volta na sacola?
—É para atender as viúvas.
—Que viúvas?
—As que a Ação Social da igreja ajuda. Algumas delas ficam sem nenhum dinheiro quando seus maridos morrem.
—Ué, e por que Deus não faz um milagre igual fez com a mulher da botija de azeite?
—Aquela que o profeta falou para juntar potes e baldes, o azeite se multiplicou, aí ela vendeu e pôde cuidar dos filhos até crescerem?
—É, essa aí!
—Mas Deus faz o milagre, sim! Só que, ao invés do azeite, ele derrama generosidade em nosso coração para dividirmos o que temos, assim essas mulheres são amparadas.
—Mas será que elas acham que isso é milagre?
—Com certeza! Nesse momento, uma delas está pedindo algo em oração, certa de que Deus a atenderá. E outra deve estar agradecendo pela providência recebida.

ORAÇÃO

Amado Deus, ensine-me a ser generoso com as pessoas a minha volta.

ATIVIDADE

1) Você ora a Deus quando precisa de alguma coisa? O que costuma fazer quando recebe a resposta?

2) O que você entende que é a FÉ?

27 de abril

Sabedoria x tecnologia

> Eu sou a sabedoria;
> sou mais preciosa do que as joias...
> —Provérbios 8:11

Hoje precisamos apresentar um trabalho de Ciências. Um dos meninos da sala tem um computador muito moderno e fez a apresentação com um projetor multimídia que ele trouxe de casa. Mas o Alex, outro menino da sala, não tem nada de tecnologia em casa e apresentou o trabalho com desenhos em cartolinas.

No final, a nota do Alex foi bem mais alta. O outro menino ficou bravo, mas o professor explicou que o conteúdo era o mais importante. E o trabalho do Alex foi mais completo.

Quando contei para o papai, ele se lembrou de uma passagem bíblica que diz que a sabedoria vale mais do que o dinheiro. É verdade. Um menino tinha a melhor tecnologia, mas o outro tinha mais sabedoria e conhecimento... No final, isso contou muito mais para a apresentação do trabalho.

ORAÇÃO

Jesus, ensine-me a desejar a sabedoria mais do que qualquer outra coisa de valor.

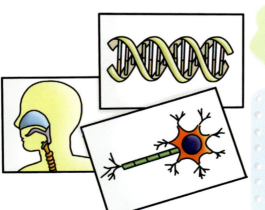

ATIVIDADE

1) Você prefere ter dinheiro ou ter sabedoria? Por quê?

2) Converse com seus pais e descubra com eles por que Deus valoriza tanto a sabedoria.

Melhorando aos poucos

28 de abril

> Uma pessoa correta traz bênçãos para a vida dos outros; quem aumenta o número de amigos é sábio.
> —Provérbios 11:30

—Mãe, acho que não posso mais ser amigo de Jesus!

—Ué, Arthur, por que você está falando isso?

—Mãe, eu tenho um problema. Não tenho paciência com os meus amigos de sala que nunca prestam atenção na aula e ficam "pedindo cola". Aí eu fico bravo e brigo com eles. Hoje mesmo, briguei com uns três, aí o menino lá da sala falou que nem parece que eu sou amigo de Jesus como digo que sou. E acho que ele tem razão!

—Filho, é errado ofender as pessoas e devemos pedir desculpas! Mas saiba que todos nós temos defeitos, e Jesus, à medida que está na nossa vida, nos transforma na melhor pessoa que podemos ser, enquanto usa a nossa vida para mostrar o Seu amor a outras pessoas.

—Quer dizer que eu continuo amigo de Jesus e Ele vai me ajudar a vencer minha irritação?

—Exatamente!

—Ufa! Vou me desculpar com eles, mãe!

ORAÇÃO

Querido Deus, obrigado por não desistir de mim e me ajudar a ser um menino melhor.

ATIVIDADE

1) Tem algo na sua vida em que você precisa melhorar? O quê?

2) Como você acredita que pode fazer isso?

29 de abril

Leal como Jesus

> Não abandone a lealdade e a fidelidade;
> guarde-as sempre bem gravadas no coração.
> —Provérbios 3:3

O sinal do fim do recreio tocou, e eu ainda estava no banheiro. Quando saí, só eu e o Sandro ainda estávamos no pátio e corremos para chegar antes da professora na sala.

No meio da corrida, Sandro se atrapalhou e levou o maior tombo. Foi muito engraçado!

Eu o ajudei, mas não consegui segurar a risada. Ele também riu, mas me fez prometer que não contaria a ninguém o que aconteceu.

Eu prometi.

Quando chegamos na sala, os meninos viram que eu estava rindo e quiseram saber o motivo.

Tive muita vontade de contar para eles rirem também. Mas então pensei que, se estivesse no meu lugar, Jesus seria leal ao Seu amigo, e eu também quero ser.

Então, disse aos meninos que não era nada demais e mudamos o assunto. O Sandro respirou aliviado! Depois da aula, ele me agradeceu e eu fiquei contente por ter sido leal a ele.

ORAÇÃO

Jesus, desejo sempre seguir Seu exemplo e ser leal ao Senhor e às pessoas.

ATIVIDADE

1) Você é leal aos seus amigos?

2) Alguém já contou um segredo seu? Como você se sentiu?

Livres da escravidão

30 de abril

> Pois, pela morte de Cristo na cruz, nós somos libertados, isto é, os nossos pecados são perdoados...
> —Efésios 1:7

Ana chegou da escola e pediu ajuda ao papai para um trabalho sobre a abolição da escravidão no Brasil.

Ele prometeu ajudá-la.

—Ô, pai, o que é esse negócio de abolição da escravidão?, perguntei.

—Ah, filho, é que, no Brasil colonial, os senhores de engenho compravam negros que eram trazidos do continente africano para serem usados como escravos.

—Que maldade!

—Muita maldade. São histórias tristes de abuso e espancamento. Eles eram considerados nada, mas aí, em 1888, a princesa Isabel assinou um documento que cancelou, oficialmente, a escravidão no Brasil. Desde aquele dia, os negros ficaram livres, mas ainda lutam para serem respeitados.

—Essa princesa fez como Jesus, né? Ela assinou um documento e libertou os escravos; Jesus morreu na cruz e nos libertou do pecado, não é isso?

—Exatamente, filho. Excelente comparação.

ORAÇÃO

Querido Jesus, obrigado por pagar o preço pelos meus pecados e me dar a liberdade.

ATIVIDADE

1) Sem Jesus na nossa vida, somos como escravos! Pergunte aos seus pais por quê.

2) Como você acredita que pode ser livre da escravidão do pecado?

1º de maio

Expectativa

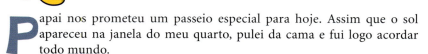

Eu espero pelo Senhor
mais do que os vigias esperam o amanhecer...
—Salmo 130:6

Papai nos prometeu um passeio especial para hoje. Assim que o sol apareceu na janela do meu quarto, pulei da cama e fui logo acordar todo mundo.

Quando mamãe me viu ao lado da cama dela, perguntou:

—Arthur, você não dormiu não?

—Dormi, mas já acordei. Já está de dia, olha...

Abri a janela e o sol clareou o quarto deles. Papai olhou o relógio:

—Filho, ainda é cedo. Podemos dormir mais um pouco.

—Mas, pai... vamos nos atrasar!

Ana chegou e me ajudou.

—Vamos, pai e mãe!

Quando nos viram juntos, eles riram.

—Isso é que é expectativa!

Papai concordou:

—Até parece eu quando espero uma resposta de oração.

—Resposta de oração?

—Sim! Quando preciso que Deus atenda algum pedido, fico como vocês, com muita expectativa.

—Então o senhor não está bravo?

—Claro que não. Vamos nos arrumar e sair para aproveitar o feriado.

—Iupi!

ORAÇÃO

Deus, obrigado por responder nossas orações e jamais nos decepcionar.

ATIVIDADE

1) Que tipo de coisa o deixa mais ansioso? Por quê?

2) Descreva o melhor passeio que você já fez.

Corrigido pela mamãe

2 de maio

> Porque o Senhor corrige quem ele ama,
> assim como um pai corrige o filho a quem ele quer bem.
> —Provérbios 3:12

Fomos ao mercado, e, na seção dos doces, tinha um menininho fazendo a maior pirraça!

A mãe dele tentou acalmá-lo várias vezes, mas só piorava. Ele se jogava no chão, gritava e mostrava a língua.

De repente, a mulher olhou para o menino e disse:

—Tchau! Não vou ficar aqui vendo essa malcriação. Vou embora!

E a mulher saiu.

O menino parou na hora e saiu correndo, gritando pela mãe. Então ela voltou, abraçou e beijou o filho com bastante carinho. Depois deu uma bronca nele pelo mal comportamento.

—Ufa, que susto! Achei que ela ia mesmo deixar o filho lá!

Mamãe riu e disse:

—Mães aprendem com Deus a amar os filhos mesmo que eles entristeçam o seu coração.

—Elas amam mesmo quando os filhos deixam elas tristes?

—Sim, é como Deus. Ele nos ama, mas Ele também nos corrige. Pois é assim que o Senhor nos ensina a sermos melhores.

ORAÇÃO

Deus, muito obrigado por amar a gente e nos corrigir quando necessário.

ATIVIDADE

1) Como você reage quando seu pai ou sua mãe o corrige? Você entende que é para o seu bem?

2) O que você costuma fazer que alegra os seus pais?

3 de maio

Reconhecendo o erro

O filho sábio aceita os ensinamentos do pai, mas o que zomba de tudo nunca reconhece que está errado.
—Provérbios 13:1

Hoje o jogo de futebol foi especial, pois jogamos contra o time de outro bairro.

Quando o time se reuniu, todo mundo notou a careca do Alex. Parece que o cabeleireiro errou o corte, e o Alex precisou raspar a cabeça.

Foi aí que o Sandro soltou:

—Alex, você está parecendo uma laranja, com essa "cabeça-bola" e as bochechas vermelhas.

Os meninos caíram na risada. Então, logo lembrei do papai dizendo que a Bíblia nos ensina que não devemos zombar dos outros.

No caminho de volta para casa, passei pelo Alex, e ele estava chorando.

—Por que você está chorando?

—Estou triste, Arthur. Todos riram de mim!

Na hora entendi o que o papai sempre diz e percebi que, na verdade, zombar dos outros não tem graça nenhuma. Dei um abraço no Arthur e disse que ele é meu amigo careca ou com cabelo!

O papai diz que Deus nos ama e deseja que façamos o que é bom, por isso devemos reconhecer quando agimos mal.

ORAÇÃO

Deus, ajude-me a entender que tudo o que o Senhor me ensina é para o meu bem!

ATIVIDADE

1) Outras crianças já zombaram de você? Por quê?

2) Como você se sentiu?

Antes de eu existir

4 de maio

...pois me amaste antes da criação do mundo.
—João 17:24

—Mãe, tem uma coisa que eu não entendo.
—O quê, filho?
—Como Deus pode amar a gente desde antes do mundo existir?
—Ah, eu também não entendia isso, mas agora entendo perfeitamente.
—Então me explica!
—Claro! Sabe, quando eu era jovenzinha, sonhava em me casar e queria muito ter dois filhos, um menino e uma menina. Eu já tinha até escolhido os nomes: Ana e Arthur. Eu já amava você e sua irmã antes mesmo de nascerem. Depois que conheci e me casei com seu pai, os dias em que descobri as minhas duas gravidezes foram muito felizes. Então, eu sei que Deus pode amar sem nem a gente existir, porque Ele é amor. Se eu que sou cheia de falhas consigo, imagina Ele!
—Ah, entendi. Sabia que eu também já pensei nisso?
—No quê?
—Nos meus filhos, ué. Quando eu for pai, quero ser tão bondoso e legal como a senhora e o papai são!

ORAÇÃO

Deus, obrigado por me amar tanto, até antes mesmo de eu nascer!

ATIVIDADE

1) Na sua opinião, como sabemos que Deus nos ama?

2) Você se sente amado por Deus? Por quê?

5 de maio

Meditando

Amarrem essas leis nos braços e na testa, para não as esquecerem...
—Deuteronômio 6:8

—Mãe, por que a gente precisa ler a Bíblia todos os dias?
—Porque só lendo e meditando na Palavra de Deus diariamente, recebemos sabedoria e consolo para nossa vida.
—O que é "meditando"?
—É pensar sobre algo. Por exemplo, quando você fica de castigo por alguma coisa errada que faz, naquele momento, você não fica pensando sobre o que fez?
—Fico!
—Então, isso é meditar. Só que no caso da Bíblia, fazemos isso para aprender mais de Deus, para ter esperanças sobre situações difíceis e praticar o que é bom.
—Ah, isso é como estudar inglês? Tem que praticar, para não esquecer?
—É praticamente isso, filho. Quanto mais você lê a Bíblia, mais aprende sobre Deus e como se relacionar com Ele.

ORAÇÃO

Deus, por favor, ajude-me a entender as palavras da Bíblia para eu praticá-las.

ATIVIDADE

1) Você tem lido a Bíblia e feito o seu devocional diariamente? Por quê?

2) Qual a coisa mais importante que aprendeu com essas leituras?

A força da fé

6 de maio

> Se vocês ficarem unidos comigo (...) receberão tudo o que pedirem.
> —João 15:7

Tio Lúcio chegou com Pedrinho em casa. Meu priminho está com o braço engessado.

—O que aconteceu?, mamãe perguntou.

—Pedro achou que era super-herói e tentou voar de cima do sofá!

Todos riram, mas pensei: *Se a Bíblia diz que pela fé a gente consegue tudo o que pedir, então podemos até voar, não é mesmo?*

—Ô, mãe!

—Fala, Arthur!

—Se tivermos fé, será que a gente consegue voar?

—Não, filho! Na verdade, quando a Bíblia diz que, se acreditarmos, receberemos tudo o que pedimos, significa que tudo que pedimos e recebemos está de acordo com o propósito de Deus. É assim: você conhece a Deus, a Sua palavra e pede, com fé, coisas que agradam o coração do Senhor. Não é qualquer maluquice que Deus atende, viu?

Eita! Ainda bem que perguntei, pois já estava pensando em testar minha fé de uma maneira bem interessante, hehehe.

ORAÇÃO

Jesus, amo a Sua palavra e só vou pedir coisas que agradam o Seu coração!

ATIVIDADE

1) O que você entende ser a fé?

2) Você já recebeu algo muito legal pela sua fé? O quê?

7 de maio

Deus fez, Deus ama

> Pois foi Deus quem nos fez (...); em nossa união com Cristo Jesus, (...) para que fizéssemos as boas obras que ele já havia preparado para nós. —Efésios 2:10

—Pai!
—Diga, Ana!
—Deus criou todas as pessoas e as ama igual?
—Com certeza, filha!
—Mas por que umas são felizes e outras tristes? Umas são legais e outras tão chatas?
—Igual você, né, Ana! Chaaata!
—Arthuur!
—Desculpa, pai.
—Filha, Deus ama todas as pessoas da mesma forma e por isso mesmo mandou Jesus, para que, por meio dele, nós possamos viver a vontade de Deus, que é boa e agradável, para nossa vida. O que acontece é que algumas pessoas não conhecem esse segredo e vivem tristes, sem saber do verdadeiro motivo de sua existência.
—Que triste, pai!
—Verdade, Ana. E é nossa missão contar essa boa notícia para essas pessoas.
—Ah, então, a partir de hoje, vou me esforçar para contar isso para o maior número de pessoas que encontrar!
—Essa é uma excelente ideia, Ana!
—Também vou, pai.
—Isso mesmo, Arthur!

ORAÇÃO

Deus, quero dizer que o Senhor pode contar comigo para falar do Seu amor às pessoas.

ATIVIDADE

1) Você se considera uma obra perfeita criada por Deus? Por quê?

2) Você costuma falar de Jesus para as pessoas?

Missionária corajosa

8 de maio

> Então eles largaram logo as redes e foram com Jesus.
> —Mateus 4:20

Ana e a Bebel estavam assistindo a um vídeo no *Youtube*. Mamãe sempre confere o que assistimos, mas hoje, quando ela foi ver o que as meninas estavam vendo, ficou lá assistindo junto.
Aí eu que fiquei curioso:
—O que vocês estão vendo?
—O testemunho de uma menina que virou missionária aos 15 anos.
—Como assim?
—Os pais dela a deixaram ir para um país da África, junto com um casal de pastores que eles conheciam, e desde então ela atende pessoas como missionária lá.
—Eita! Mas ela não teve medo?
—Ah, ela teve medo sim, mas aí lembrou que, quando Jesus chamou os discípulos, eles largaram tudo o que estavam fazendo e o seguiram. E ela decidiu que sempre seguirá a Jesus, mesmo que tenha saudades dos pais ou de outras pessoas e coisas que ela gostaria de fazer.
—Ela é muito corajosa!
—Muito mesmo!

ORAÇÃO

Jesus, quero ser corajoso e ir aonde o Senhor me direcionar!

ATIVIDADE

1) O que é ser um missionário?

2) Você teria coragem de morar longe de sua família ou do seu país como missionário? Por quê?

9 de maio

Cuidado com as palavras

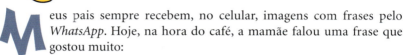

> Ó Senhor, controla a minha boca
> e não me deixes falar o que não devo!
> —Salmo 141:3

Meus pais sempre recebem, no celular, imagens com frases pelo *WhatsApp*. Hoje, na hora do café, a mamãe falou uma frase que gostou muito:

—Recebi uma frase interessante hoje: "Pedir perdão é lindo, mas evitar machucar as pessoas é ainda mais bonito!".

Papai concordou:

—Verdade isso, hein!

Mas aí, eu lembrei uma coisa:

—Ué, vocês sempre falam que preciso reconhecer meus erros e pedir perdão...

—Exatamente, Arthur, mas ainda mais prudente é não errar, principalmente quando ofendemos alguém com palavras que usamos. Sabe... precisamos pensar no que falamos e cuidar para não magoar as pessoas. A ideia da frase que sua mãe recebeu é a prudência.

—O que é prudência?

—É "pensar nas consequências antes de fazer alguma coisa".

—Ah, é que nem não colar na prova para não receber um zero, né?

—Isso mesmo.

ORAÇÃO

Jesus, dê-me sabedoria para não entristecer ninguém falando coisas ruins.

ATIVIDADE

1) Alguém já falou alguma coisa que o deixou triste? O quê?

2) Explique o significado de "legado" com suas próprias palavras.

Dia das mães

10 de maio

> Tu fizeste com que o meu pai e a minha mãe me gerassem, que me dessem a vida.
> —Jó 10:10

Hoje acordamos mamãe com um café especial, afinal, é o "Dia das mães". Ela ficou muito feliz.

—Obrigada, meus lindos. Vocês são o meu maior presente!

—A gente, mãe? Mas a gente dá um montão de trabalho!

—É verdade, mas, quando penso que serão pessoas de bem, tementes a Deus, esqueço todo o cansaço e todo o trabalho e celebro o fato de ser a mãe de vocês.

—Ah, a senhora pensa em nosso futuro?

—Claro que sim! Amo todos os momentos com vocês: nossas descobertas, aventuras, brincadeiras. No entanto alguns são difíceis, como quando ficam doentes. Esses momentos são preocupantes. Mas, ao invés de pensar no lado ruim, eu me lembro de que estou trabalhando para que sejam bons adultos. É como na caminhada com Deus: quando as coisas ficam difíceis, eu foco nele e confio que no final tudo ficará bem. Entenderam?

—Sim, mamãe!

ORAÇÃO

Querido Jesus, obrigado por me dar a certeza de que o meu futuro está em Suas mãos.

ATIVIDADE

1) O que geralmente você faz quando tem um problema?

2) Compartilhe uma situação que Jesus o ajudou a resolver!

11 de maio

Fazendo a coisa certa

> Procurem fazer o que é certo
> e não o que é errado, para que vocês vivam...
> —Amós 5:14

Durante o jogo de futebol hoje, o time adversário teve uma falta marcada contra o nosso gol. Fui para a linha de defesa.

O jogador mais forte deles chutou a bola, e ela bateu direto na minha barriga.

Que dor!

Bem nessa hora, me deu uma vontade de falar um baita palavrão.

Meus amigos sempre dizem que falar um palavrão ajuda a passar a raiva, o medo e até a dor. Mas na mesma hora lembrei da mamãe dizendo que isso não é verdade, que o verdadeiro consolo e alívio vem de Deus e, se eu falar palavrão, vou deixá-lo triste.

Então, soltei um grito de dor:

—Meu Deus, me ajuda!

Os meninos não entenderam nada, mas eu fiquei feliz de não entristecer a Deus naquele momento, e parece que a dor até diminuiu!

Bom, quando cheguei a casa e contei o que aconteceu, mamãe me elogiou e me deu um remédio *pra* dor... assim fiquei bem.

ORAÇÃO

Deus, obrigado por me ajudar a fazer a coisa certa em momentos difíceis.

ATIVIDADE

1) Você já falou algum palavrão sem querer? Como se sentiu depois disso?

2) Que tal pedir perdão agora e procurar não fazer mais isso?

"Passadinha"

12 de maio

> Espero vê-lo em breve,
> e então conversaremos pessoalmente.
> —3 João 1:14

Estávamos no carro indo para a casa do vovô, e a mamãe pediu ao papai:

—Querido, por favor, pode ser só uma "passadinha"?

—Ué, mas por quê?

—É que hoje tenho muita coisa para fazer… além do mais, quando voltarmos preciso pendurar a roupa no varal e preparar as coisas das crianças para irem amanhã para a escola.

—Querida, não podemos ir à casa dos meus pais apenas para dizer que fomos. Precisamos curtir a companhia uns dos outros. Se for para darmos só uma "passadinha" lá, é melhor nem irmos. Faz assim: nós vamos e ficaremos um bom tempo. Quando voltarmos, eu ajudo você com tudo o que precisar.

—Tudo bem, meu amor, combinado.

Ufa! Que bom! Eu amo ir à casa do vovô e gosto de ficar por lá um tempão. O papai sempre diz que amizades e família são presentes de Deus que precisamos aproveitar ao máximo!

ORAÇÃO

Deus, obrigado pela família e pelos amigos que o Senhor me deu.

ATIVIDADE

1) Quem são os seus melhores amigos?

2) O que vocês mais gostam de fazer juntos?

13 de maio

Tesouros eternos

Pois onde estiverem as suas riquezas, aí estará o coração de vocês.
—Mateus 6:21

—Ah, não! Enfim encontrei, largado no jardim, o carrinho que emprestei para o Pedrinho meses atrás.

Depois de tanto tempo, o carrinho estava enferrujado e foi para o lixo.

—Nunca mais empresto nada *pro* Pedro. Ele estraga tudo!

—Entendo sua tristeza, mas é só um carrinho. Sua amizade com seu primo é mais importante.

—Mas a senhora sempre fala *pra* eu cuidar das minhas coisas!

—Sim, mas precisa entender a diferença entre o valor das coisas.

—Como assim?

—Seus pertences custam dinheiro e precisam ser bem cuidados, mas os seus tesouros eternos são mais importantes.

—Que tesouros eternos?!

—Sua amizade com Deus, por exemplo. Seu bom relacionamento com amigos e família, que contam como testemunho de amor. Por isso, perdoe o Pedro, ame-o e, da próxima vez, empreste um brinquedo que não estrague fácil.

—Combinado!

ORAÇÃO

Senhor, que eu valorize mais aqueles que são meus tesouros eternos.

ATIVIDADE

1) Você costuma compartilhar seus brinquedos? Por quê?

2) Como você cuida daqueles que são seus tesouros eternos?

Não é o que parece

14 de maio

> Para o malvado, fazer o mal é divertimento, mas a pessoa sensata encontra prazer na sabedoria.
> —Provérbios 10:23

Hoje o professor de Educação Física contou que, na Copa do Mundo de 1990, o Brasil jogou contra a Argentina nas oitavas de final. Aí, teve um momento que o massagista da seleção argentina entrou em campo para atender um jogador e distribuiu água para os jogadores. Um dos nossos jogadores, o Branco, também ganhou uma garrafa de água e depois disso, passou mal. E a Argentina ganhou o jogo. Depois de muitos anos, o Maradona contou que a água tinha um sonífero que fez o Branco passar mal.

Que maldade, né?

Aí o professor disse para não aceitarmos nada de estranhos sem o conhecimento dos nossos pais. Nem bala, nem chocolate, nada! Essas coisas parecem boas, mas podem ser perigosas.

O papai e a mamãe sempre falam para tomarmos cuidado. Vai que alguém quer fazer mal para a gente, né?

Melhor obedecer!

ORAÇÃO

Deus, por favor, proteja todas as crianças de pessoas que querem fazer mal a elas!

ATIVIDADE

1) Algum estranho já lhe ofereceu alguma coisa? O quê?

2) Você contou ao seus pais? O que eles disseram?

15 de maio

Deus em tudo

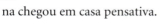

Os que te obedecem certamente te louvarão e os que são corretos viverão na tua presença.
—Salmo 140:13

Ana chegou em casa pensativa.

—Mãe, a Mariana lá da escola disse que eu sou meio chata.

—Ué, filha, por quê?

—Ela falou que sempre coloco Deus em tudo. Se vamos comer, eu agradeço; se consigo ir bem na prova, eu me empolgo e agradeço a Ele. Se fico preocupada, oro pedindo ajuda. Quando vamos embora, sempre falo "Deus te abençoe!".

—E isso irritou sua amiga?!

—É. Ela disse que eu só falo "Deus! Deus! Deus!".

Mamãe sorriu:

—Ana, isso, na verdade, é um bom sinal, pois significa que você é tão amiga de Deus que as pessoas o veem onde você está.

—Mas se isso é um bom sinal, por que ela ficou brava?

—Ela ainda está descobrindo, por meio do seu exemplo, como viver com Deus é maravilhoso. Tenha paciência! No tempo certo, e graças ao seu comportamento, ela também se apaixonará por Deus e conversará sobre Ele.

—Obrigada pela ajuda, mãe!

ORAÇÃO

Querido Deus,
Sua presença na minha vida faz toda a diferença!

ATIVIDADE

1) Você acha importante falar sempre de Deus? Por quê?

2) De que maneira você demonstra aos seus amigos que tem Deus em sua vida?

Livre para seguir

16 de maio

> Sejam meus seguidores [...];
> e vocês encontrarão descanso.
> —Mateus 11:29

Hoje passou na TV os melhores momentos da Maratona Internacional de São Paulo. Logo no começo, um competidor saiu bem na frente e eu disse:

—Puxa, papai, esse aí vai ganhar, né?

—Na verdade, filho, não é bem assim. Quase nunca quem lidera no começo ganha a competição.

—Ué, por quê?

—Porque liderar cansa muito. Ir entre corredores e em blocos, como aqueles que estão atrás, ajuda a manter o fôlego.

O papai estava certo. Foi outro corredor que ganhou!

—Engraçado, eu sempre achei que liderar fosse muito bom.

—Liderança é uma coisa boa, sim, filho. Mas nas situações certas. Por exemplo, o que é mais fácil: liderar a própria vida ou entregar a liderança para Deus?

—Para Deus, eu acho.

—Sim, porque Ele nos dá sabedoria e também descanso em momentos difíceis.

—Que bom é ter um líder como Jesus em nossa vida, né, pai?

ORAÇÃO

Jesus, seja o líder da minha vida.

ATIVIDADE

1) Do que você gosta mais: liderar ou ser liderado? Por quê?

2) Jesus já é o líder da sua vida? Caso não, o que você pode fazer para torná-lo seu líder?

17 de maio

Louvando a bondade de Deus

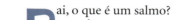

Deem graças a Deus, o Senhor, porque ele é bom;
o seu amor dura para sempre!
—Salmo 136:1

—Pai, o que é um salmo?
—É um dos 150 cânticos bíblicos registrados na Bíblia. Boa parte deles foi escrita pelo rei Davi.
—E do que eles falam?
—Ah, falam sobre o relacionamento com Deus. Em alguns o autor está com medo e pede ajuda, em outros ele está feliz e agradece por ter sido salvo, em outros ele está chateado e pede de volta a alegria.
—Os salmos são bonitos, né, pai?
—Sim, filho. São poesias inspiradas por Deus.
—Pai, vou escrever o meu próprio salmo.
—Sério? Que legal, Arthur! E como será?
—*"Eu amo a Deus!*
Ele protege a minha família.
Ele ama todo mundo.
E perdoa a gente.
Deus é muito legal!"
—Gostou?
—Muito!
—É bonito igual aos da Bíblia?
—Então, filho, digamos que ele tem a mesma coisa dos da Bíblia.
—O quê?
—A confiança no amor de Deus! Parabéns!

ORAÇÃO

Deus, obrigado por ser o meu Deus! Eu amo o Senhor!

ATIVIDADE

1) O que você acha da poesia nos salmos bíblicos?

2) Que tal inventar uma poesia bem bonita para homenagear a Deus?

Pouca cobertura

18 de maio

Que Deus, que nos dá essa esperança, encha vocês de alegria e de paz, por meio da fé que vocês têm nele...
—Romanos 15:13

—Ah, mãe!
—O que foi, Arthur?
—Esse bolo está ruim.
—Você nem provou!
—Mas já sei, porque tem pouca calda.
—Mas o bolo está todo coberto.
—Ah, mas eu gosto quando a calda quase cai do prato.
—Mas aí faz muita bagunça.
—Só que é mais gostoso.
—É. Concordo.
—Então por que a senhora não fez bastante?
—Vamos combinar assim: se eu perceber que você está tão cheio da bondade de Deus que chega a transbordar, farei um bolo com bastante cobertura da próxima vez.
—E como faço isso?!
—Ah, é fácil; quando damos espaço para Deus preencher nosso coração, nos tornamos pessoas calmas e agradáveis. Ficamos tão cheios de alegria que abençoamos as pessoas à nossa volta.
—Mas eu já sou legal assim. Pelo menos é o que os meus amigos da escola dizem.
Mamãe riu.
—E sabe o porquê disso?
—Porque eu tenho Jesus!

ORAÇÃO

Deus, encha a minha vida de tal maneira que os outros vejam o Senhor em mim.

ATIVIDADE

1) Você gosta de bolo com muita cobertura? Qual o seu sabor preferido?

2) Que tal buscar o mesmo tanto de Deus dentro do seu coração?

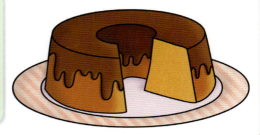

19 de maio

Deus pode

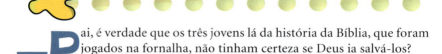

...mesmo que o nosso Deus não nos salve, (...) não prestaremos culto ao seu deus...
—Daniel 3:18

—Pai, é verdade que os três jovens lá da história da Bíblia, que foram jogados na fornalha, não tinham certeza se Deus ia salvá-los?
—O Sadraque, o Mesaque e o Abede-nego? Sim, é verdade!
—Ah, como eles não conheciam o poder de Deus?
—Mas eles conheciam!
—E por que eles não tinham certeza de que seriam salvos?
—Ah, aí é que está a diferença. Eles conheciam Deus e sabiam que Ele tem poder para fazer o impossível, só não tinham certeza se Ele ia querer livrá-los.
—Mas por que Deus não iria querer?
—Então, filho, existem momentos que Deus faz o milagre do jeito que nós esperamos, mas em outras situações, Ele realiza o milagre de uma maneira que nós não entendemos. Assim, o que nos dá segurança é a certeza de que tudo o que Deus faz ou permite é para o nosso bem.
—Ah, tá, agora entendi.

ORAÇÃO

Deus, eu sei que o Senhor pode tudo. Ajude-me a crer que sempre cuida da gente.

ATIVIDADE

1) Qual foi a maior coisa que Deus já realizou por você e sua família?

2) Você já recebeu alguma coisa diferente do que pediu a Deus? O quê?

A igreja do Pedrinho

20 de maio

...Quando o rapaz ainda estava longe de casa, o pai o avistou. E [...] correu, e o abraçou, e beijou.
—Lucas 15:20

Chegamos à casa do Pedrinho e ele estava brincando de igreja. O tio Lúcio explicou que ele junta todos os brinquedos num canto da sala e canta as músicas para eles.

Estavam lá os bichos de pelúcia, os heróis e até os carrinhos.

—Ai, Pedrinho, não dá para acreditar que carrinhos são "gente".

Aí o chorão do Pedrinho saiu correndo para chamar o pai dele.

Eu tinha certeza que o tio Lúcio ia brigar comigo, mas na verdade, ele explicou o seguinte:

—Arthur, isso aqui é só uma brincadeira, viu? A primeira vez que eu vi o Pedro brincando disso, também estranhei, mas aí ele explicou que é igual lá na igreja: um monte de gente diferente que consegue adorar a Deus juntas. E nesse momento, o Espírito Santo me fez lembrar que é isso mesmo; Ele faz com que crianças e adultos, pobre e ricos, se unam no mesmo propósito.

ORAÇÃO

Deus, é tão bom saber que todas as pessoas podem participar da Sua Igreja!

ATIVIDADE

1) O que você mais gosta de fazer junto com pessoas que amam a Jesus?

2) Você tem dificuldades de brincar com crianças diferentes de você? Por quê?

21 de maio

Oração pelos inimigos

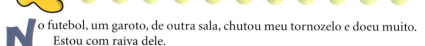

...amem os seus inimigos [...] orem em favor daqueles que maltratam vocês.
—Lucas 6:27,28

No futebol, um garoto, de outra sala, chutou meu tornozelo e doeu muito. Estou com raiva dele.

—Pai, no próximo jogo, vou acertar ele!

—Não vai, não.

—Ah, pai, não tenho sangue de barata!

—Arthur, deixe-me contar algo. Em 1960, lá no Estados Unidos, uma menina de 6 anos, Ruby Bridges, foi a primeira criança negra a frequentar uma escola pública de brancos. Só uma professora aceitou dar aulas para ela. Os pais proibiam os filhos de estarem na mesma sala com ela e policiais a escoltavam todos os dias para evitar agressão física.

—Pai, isso é racismo!

—Verdade, filho. Mas o psicólogo que a acompanhava contou que Ruby sempre orava: "Pai, perdoa-os, pois eles não sabem o que fazem". Ela conseguiu perdoar inspirada no amor de Jesus. Acho que seu problema é bem menor e você também conseguirá perdoar, não é mesmo?

ORAÇÃO

Deus, ajude-me a perdoar aqueles que me maltratam, assim como o Senhor me perdoa!

ATIVIDADE

1) Você já se vingou de alguém? O que essa pessoa fez a você?

2) Por que devemos evitar a vingança?

Escondido

22 de maio

> A nossa vontade é fazer aquilo que tanto o Senhor como as pessoas acham certo.
> —2 Coríntios 8:21

Pedrinho passou o dia aqui em casa. Ele gosta de assistir desenhos no *tablet*, mas, depois de um tempo, mamãe pegou o dispositivo e o colocou na estante.

Ele ficou bravo.

Quase na hora do almoço, mamãe voltou à sala e encontrou o *tablet* quebrado em cima do sofá e o Pedro tinha sumido.

Procuramos por ele em todo canto.

Mamãe, assustada, ligou para o papai, e logo ele e o tio Lúcio estavam em casa.

Depois de um tempão, quando todos estavam desesperados, ouvimos um barulho vindo de um armário da sala.

Papai abriu a porta e o Pedro estava lá, espremido com os livros.

Ficamos aliviados.

Tio Lúcio o abraçou e disse:

—Pedro, você nos deixou muito assustados ao se esconder desse jeito. Da próxima vez, seja sincero, assuma seu erro e busque o perdão, está bem?

Ele acenou que "sim" com a cabeça, abraçou o pai e chorou baixinho.

ORAÇÃO

Deus, que eu nunca me afaste do Senhor e sempre me lembre do Seu perdão.

ATIVIDADE

1) Quando você faz alguma coisa errada, qual é a sua reação?

2) Qual foi o maior apuro que você já passou por não assumir sua responsabilidade?

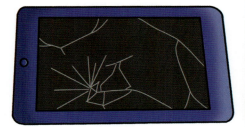

23 de maio

Mensagem ao vivo

> Tudo de bom que recebemos e tudo o que é perfeito vêm do céu, vêm de Deus, o Criador...
> —Tiago 1:17

Bem cedinho, começou um barulhão aqui na rua.

Vi da janela um carro daqueles de mensagem ao vivo na casa da frente. Um homem soltou fogos, entregou flores para a filha da vizinha e leu uma declaração de amor.

No final o rapaz falou: "Quem te mandou esse presente foi um ADMIRADOR SECRETO!".

Olhei para a mamãe e perguntei:

—Ué, ela não vai saber quem mandou tudo isso?

—Pelo jeito, não.

—De que adianta, então?

—Verdade, né? Por isso que eu sempre falo para as pessoas que o responsável por todo o sucesso da minha vida é Jesus.

—Eita, mãe, o que uma coisa tem a ver com a outra?

—Filho, adiantou todo esse agito na casa da moça se ela não sabe quem a presenteou?

—Não!

—Adianta as pessoas saberem que tenho uma família abençoada se eu não explicar que tudo isso é pela presença de Deus na nossa vida?

—É... a senhora tem razão.

ORAÇÃO

Jesus, ajude-me a demonstrar a Sua presença na minha vida e a ser agradecido.

ATIVIDADE

1) Você costuma atribuir a Jesus as coisas boas que acontecem na sua vida?

2) Como seus amigos reagem quando você fala de Jesus?

Noite de insônia

24 de maio

> Entreguem todas as suas preocupações a Deus, pois ele cuida de vocês. —1 Pedro 5:7

Papai chegou na cozinha para o café da manhã com cara de "acabado".
—Nossa, parece que um trator passou por cima de você!
—Ai, Karina, não preguei o olho a noite toda.
—Por quê?
—Estou preocupado com a ministração de hoje.

Papai foi convidado pelo pastor para levar uma mensagem no culto de hoje.

A mamãe abraçou o papai e fez uma oração. Depois eles se sentaram e todos comemos. No final do café, ela disse:

—Querido, você precisa aprender a descansar em Deus. Você já se preparou para a palavra, não é verdade?
—Sim!
—Então, lembre-se de que Deus está no controle de tudo, que Ele o guardará e derramará da Sua graça sobre você. Simplesmente descanse. Volte para a cama agora e só levante para o almoço.

Papai sorriu e concordou.

Acho que ele conseguiu dormir, pois ouvi até um certo ronquinho vindo do quarto, hahahaha.

ORAÇÃO

Deus, eu confio tanto no Senhor, que nem vou perder o sono por causa de preocupação.

ATIVIDADE

1) Você costuma ficar ansioso ou preocupado? Com o quê?
2) O que você faz para se acalmar?

25 de maio

Jogos violentos

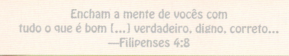

> Encham a mente de vocês com tudo o que é bom [...] verdadeiro, digno, correto...
> —Filipenses 4:8

—Mãe, posso ir à casa do Alex jogar videogame?
—Que tipo de jogo?
—Ah, vamos jogar futebol.
—Só isso?
—Não sei.
—Arthur, eu sei que existem muitos jogos violentos, de atirar, de bater etc. Não gosto disso. Você acaba gastando tempo com coisas que não fazem bem.
—Mas, mãe, será que eu não posso fazer nada só por diversão?
—Pode, desde que isso não desperte coisas ruins em você, como violência, por exemplo.
—Mas e se for só de brincadeira?
—Filho, é melhor cuidar, pois certas brincadeiras podem influenciar o pensamento e o comportamento para o mal. A Bíblia nos ensina a buscar somente o que é bom, correto, amável e admirável. Um bom esporte faz bem ao corpo e desenvolve a disciplina, mas um jogo ou um desenho violento não acrescenta nada de bom.
—Combinado, mãe. Vou evitar os jogos violentos.

ORAÇÃO

Deus, ajude-me a querer sempre as coisas boas e a fazer o que é bom.

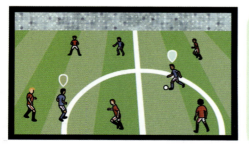

ATIVIDADE

1) O que você acha de jogos e desenhos violentos?

2) Faça uma lista de três atividades divertidas e que despertam coisas boas em você!

26 de maio

Ninguém gosta de mim

Como Deus é poderoso! Ele não despreza ninguém. Deus sabe todas as coisas.
—Jó 36:5

Hoje, no recreio, percebi que a Ana e a Bebel estavam evitando uma menina. Toda vez que a garota se aproximava, elas saiam rindo.
Que feio!
Fui falar com elas:
—Ei, por que vocês estão evitando aquela menina?
—Ai, Arthur, deixa a gente em paz.
—Vou contar para a mamãe.
—Não vai, não.
—Vou, sim.
—A gente só não quer ser amiga dela.
—Mas por quê?
Bem nessa hora a menina chegou e ouviu a conversa. Os olhos dela ficaram cheios de lágrimas.
—Não fique triste!
—Ah, Arthur, ninguém gosta de mim.
—Jesus gosta! Quando seu coração estiver muito triste e sem ninguém para conversar, fale com Jesus. Ele é amigo de verdade, sem *bullying* ou preconceitos.
A Ana e a Bebel abraçaram a menina e pediram desculpas. Agora elas vão explicar melhor para ela sobre o amor de Deus através de Jesus.

ORAÇÃO

Jesus, obrigado por ser o amigo que nunca me despreza nem me deixa sozinho.

ATIVIDADE

1) Você já sofreu algum tipo de preconceito? Qual?

2) O que você acha de ter Jesus como seu amigo?

27 de maio

Unidos no amor de Deus

> Que ninguém procure somente os seus próprios interesses, mas também os dos outros.
> —Filipenses 2:4

A mãe do meu amigo Cícero, em agradecimento, ofereceu um jantar para várias pessoas da nossa igreja.

—Quando meu marido saiu para uma viagem de um mês, me vi sobrecarregada por causa do trabalho, da casa, dos filhos, do cortador de grama quebrado e de várias outras coisas. Então, questionei: *Como vou cuidar de tudo sozinha?*

Mas eu não estava sozinha. Vocês vieram me ajudar. Agradeço ao Josué, que consertou o cortador de grama. Ao João, por ter trazido o almoço. À Karina, que me ajudou com as roupas e levou meus filhos para brincar com os dela para que eu pudesse trabalhar. Deus agiu por meio de cada um vocês, que nos amaram e pensaram sinceramente nas nossas necessidades.

Todos aplaudiram e mamãe cochichou comigo:

—É isso que eu chamo de comunhão e de "ser" Corpo de Cristo. É se importar com o irmão!

ORAÇÃO

Senhor, obrigado por permitir que sejamos unidos no Seu amor.

ATIVIDADE

1) O que você mais gosta nas pessoas da sua igreja?

2) Como você costuma ajudar os seus irmãos de fé?

Mortos falam?

28 de maio

Assim também a luz de vocês deve brilhar para que os outros vejam as coisas boas que vocês fazem...
—Mateus 5:16

Num noticiário na TV, o repórter falou sobre a morte de um missionário bem famoso.

Teve um monte de homenagens, do mundo inteiro, para aquele homem! Depois da reportagem, papai falou emocionado:

—Que linda história de vida, não é mesmo? Milhares de vidas conheceram Jesus por meio desse homem e agora, na hora da sua morte, outras milhares de pessoas vão saber sobre a salvação.

—Como assim, pai? Mortos não falam!

—Falam sim, filho!

Ana arregalou os olhos:

—O senhor está bem, papai?

—Vejam só vocês dois, já conheciam esse homem e o seu trabalho?

—Não.

—Mas agora que ele morreu, por causa dos noticiários, o seu testemunho está sendo divulgado no mundo inteiro. E está mostrando para vocês que vale a pena servir a Deus! Ou seja, esse missionário ainda está falando, só que agora por meio da sua história de vida.

ORAÇÃO

Querido Deus, quero imitar a Sua bondade e, assim, falar do Seu amor às pessoas.

ATIVIDADE

1) Você já percebeu a presença de Deus em alguém só pelo comportamento?

2) Como podemos falar de Jesus sem usar palavras?

29 de maio

Caminho para casa

> Não abandone a lealdade e a fidelidade; guarde-as sempre bem gravadas no coração.
> —Provérbios 3:3

Mamãe e eu pegamos uma carona com a vizinha até o mercado. Na hora de voltar, mamãe avisou que iríamos a pé.

—Mas, mãe, é muito longe!
—Não é não, filho.
—As compras estão muito pesadas!
—Mas eu trouxe um carrinho e cabe tudo aqui.

Fiquei bravo, mas não tinha o que fazer. Andamos, andamos, andamos.

—Mãe, estou cansado.
—Calma, Arthur, falta pouco.

Andamos mais um montão e não chegávamos nunca.

—Mãe! Não aguento mais. Vamos parar, por favor.

Mamãe riu.

—Filho, você já olhou para a frente?

Quando levantei a cabeça, faltavam apenas três casas para chegar na nossa. Demos risada e a mamãe explicou:

—Deus já nos disse em Sua Palavra para não desanimarmos durante a espera. Você ficou tão bravo em ter que andar que não percebeu que estávamos praticamente em casa.

—Tem razão, mamãe.

ORAÇÃO

Deus, ensine-me a fazer as coisas com mais alegria. Mesmo as mais demoradas.

ATIVIDADE

1) Você gosta de uma boa caminhada? Por quê?

2) Qual a sua reação quando tem que esperar por algo?

Orando engraçado

30 de maio

> Não se preocupem com nada, mas em todas as orações peçam a Deus o que vocês precisam...
> —Filipenses 4:6

Na hora de orar para dormir, papai estava comigo.
Comecei:
—Senhor Deus, obrigado por esse dia e pela saúde da minha família. Agradeço pelo sol bonito que fez hoje e por conseguirmos jogar bola até tarde. Ah, já ia esquecendo: esta semana tenho prova de Ciências e não entendi muito bem a matéria, me ajude a aprender e a não ficar "burro". Agora faça a gente dormir bem. Guarde o nosso sono. Amém!
Papai disse amém e começou a rir.
—Por que o senhor está rindo?
—Ah, filho, você ouviu o que disse?
—O quê?
—Você se chamou de "burro"!
—Não, eu pedi *pra* Jesus não me deixar ficar "burro".
—Sim, eu sei, e Ele entendeu seu pedido, mas "burro" é um termo depreciativo que você...
—Deprê... o quê?
—Um termo que diminui o valor das pessoas!
—Ah...
—Então, evite usá-lo. Mas fique tranquilo: Deus ouviu sua oração e vai ajudá-lo.

ORAÇÃO

Deus, obrigado por entender tudo o que falamos quando oramos!

ATIVIDADE

1) Você já pediu alguma coisa engraçada para Deus? O quê?
2) E qual foi a resposta dele?

31 de maio

Elo de ligação

—Eu (Jesus) sou o caminho, a verdade e a vida; ninguém pode chegar até o Pai a não ser por mim.
—João 14:6

Hoje no culto, o pastor disse que a salvação é individual. Não entendi o que isso quer dizer.

—Pai, o que é "salvação individual"?

—Individual é aquilo que é para apenas uma pessoa. No caso da salvação, não é possível uma salvação coletiva, porque receber Jesus como Salvador é feito exclusivamente pela pessoa, ou seja, eu não posso crer em Jesus no seu lugar. É você quem tem que crer em Jesus para ser salvo. Entende?

—Ué, mas as pessoas não nos ajudam a conhecer a Deus?

—Sim, e também nos ajudam a crescer em fé, mas não na salvação. Por isso, não adianta tentarmos depender do pastor, dos pais, dos amigos, dos cantores famosos. Pois Jesus é o único caminho para se ter comunhão com Deus. Ele morreu na cruz em nosso lugar para nos salvar, livrando-nos do pecado. Jesus é o nosso elo de ligação com Deus!

ORAÇÃO

Jesus, obrigado por me amar e morrer na cruz, em meu lugar, para me salvar.

ATIVIDADE

1) Que tipos de sentimentos o amor de Deus desperta em seu coração?

2) Você entende que a salvação é individual? O que fará a respeito?

Meu coração não para!

1º de junho

> O meu coração está agitado e não descansa...
> —Jó 30:27

—Mãe! Mãe!
—O que foi, filho?
—Meu coração está batendo forte e rápido!
—Isso é ótimo!
—Lógico que não, mãe.
—Lógico que sim. Você só está vivo porque seu coração está batendo. O dia que ele parar, você morre!
—Ah, é?
—Sim!

Depois que a mamãe falou isso, fico tentando sentir meu coração o tempo todo. Já pensou se ele para e eu morro?
—Arthur, já fez o dever de casa?
—Não deu tempo, estou cuidando do meu coração...
—Filho, quando temos um problema que não podemos resolver, o que fazemos?
—Entregamos o problema para Deus e descansamos.
—Pois bem... Deixe seu coração aos cuidados de Deus, confie que ele continuará batendo firme e forte e vá estudar.
—Ué, não era *pra* descansar?
—Sim, descanse da ansiedade do seu coração, deixe que Deus cuide dele. Mas o dever de casa é outra história. Pode tratar de fazê-lo!

ORAÇÃO

Deus, obrigado por cuidar da minha vida, principalmente do meu coração.

ATIVIDADE

1) O que você pensa quando sente o seu coração bater?

2) Qual a importância dele para continuarmos vivos?

2 de junho

Alimentos nada saudáveis

> O meu coração estava
> cheio de amargura, e eu fiquei revoltado.
> —Salmo 73:21

Hoje a professora de Matemática me deu a maior bronca.
   Ela explicava sobre multiplicação, e eu me distraí. Aí ela fez uma pergunta, e eu errei a resposta.
O Sandro fez uma piada, e a turma riu da minha cara.
Fui para casa pensando nisso… que raiva!
   Depois do almoço, não consegui fazer nada… nem brinquei com o videogame, pensando em como me vingar do Sandro.
   Na hora do jantar, papai perguntou se estava tudo bem, e eu falei um monte.
   Aí ele me disse que eu me alimentei de raiva e acabei estragando o meu dia. Se eu tivesse lido o meu devocional, orado a Deus e conversado com a mamãe, estaria mais calmo.
   Papai disse que nosso coração se alimenta de sentimentos bons ou ruins. Se eu sinto coisas ruins, fico mal, mas se procuro seguir o exemplo de Jesus, eu me concentro nas coisas boas e passo o dia muito mais feliz!

$7 \times 8 = ?$

ORAÇÃO

Jesus, quero ser alguém cheio de bons sentimentos em meu coração. Ajude-me!

ATIVIDADE

1) Você já ficou bravo com alguém? Por quê?

2) Qual foi sua atitude? Você perdoou ou se vingou?

Vencendo a guerra

3 de junho

> O sábio pensa antes de agir...
> —Provérbios 13:16 NVT

Na aula de Educação Física, o professor encheu um monte de bexigas com tintas coloridas para fazermos uma "guerra". Ele dividiu a turma em dois grupos e entregou cinco bexigas para cada aluno.

O jogo era acertar o outro time com as bexigas. A equipe que ficasse com mais jogadores limpos venceria.

Quando essa "guerra" começou, foi a maior gritaria. Os jogadores tentavam acertar uns aos outros com a tinta ao mesmo tempo em que tentavam não serem atingidos.

Quando a "munição" da minha equipe acabou, pensamos: *Vencemos!*, pois tínhamos dois meninos limpos. Mas aí o Marcelo, que estava no outro time, apareceu não sei de onde com suas bexigas e atingiu em cheio esses nossos jogadores. Assim, a equipe dele venceu a "guerra".

Marcelo foi sábio; pensou primeiro e esperou o momento certo para agir, assim ninguém mais pôde derrotá-lo.

ORAÇÃO

Deus, é muito fácil agir por impulso. Ajude-me a pensar antes de agir para ser sábio.

ATIVIDADE

1) Para ser sábio, é preciso primeiro conhecer Jesus. Como esse conhecimento pode ajudá-lo?

2) De que forma ser sábio o torna um vencedor?

4 de junho

Ajudante

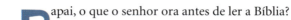

> Mas o auxiliador, o Espírito Santo (...), ensinará a vocês todas as coisas...
> —João 14:26

—Papai, o que o senhor ora antes de ler a Bíblia?
—Eu peço ajuda ao Espírito Santo para entender o que leio.
—Ué, mas a sua Bíblia não é "em português"?
—É!
—O senhor não sabe ler português?
—Sei, filho, mas é mais do que isso. Sabe quando você precisa entender um problema de Matemática?
—Sim.
—Você até consegue ler as palavras, mas não entende bem o que elas dizem, não é verdade?
—É, sim. A professora disse que o nome disso é interpretação de texto. Mas às vezes é complicado. Ainda bem que o senhor me ajuda a entender!
—Filho, a Bíblia tem orientações muito preciosas para a nossa vida, mas às vezes é difícil entendê-las. Então, assim como eu ajudo você com os problemas de Matemática, o Espírito Santo me ajuda a entender os ensinamentos da Palavra de Deus.
—Ah, entendi! Ainda bem que temos ajudantes, né, pai?

ORAÇÃO

Espírito Santo, ajude-me a entender as coisas que estão escritas na Bíblia.

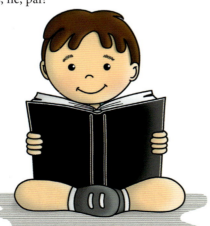

ATIVIDADE

1) Você gosta de ler a Bíblia? Por quê?

2) Qual é a sua história favorita? Por quê?

Raio-X

5 de junho

> ...Elas (as pessoas) olham para a aparência, mas eu (Deus) vejo o coração.
> —1 Samuel 16:7

Estava correndo no pátio quando dei um encontrão em outro menino, caí e torci o pé.

Mamãe me levou ao médico.

—Está bem inchado, vamos fazer um raio-x.

—O que é um raio-x?

—É uma fotografia de dentro do seu pé para vermos se quebrou algum osso.

—Mãe, isso é o que a professora da Escola Bíblica explicou sobre enxergar o coração.

—Como assim?

—Ela contou que, quando Samuel foi ungir um novo rei para Israel, ele só olhava para o físico e a força dos irmãos de Davi. Samuel jamais pensou que Davi poderia ser o novo rei. Então, Deus disse a Samuel que Ele não vê como as pessoas veem, porque elas só olham para a aparência, mas Deus vê dentro do coração.

—Essa é uma excelente ilustração. Somente Deus pode nos enxergar por dentro. Ele vê se Jesus habita em nosso coração ou se outras coisas ocupam o lugar que deveria ser dele.

ORAÇÃO

Querido Jesus, quero que o Senhor habite em meu coração para sempre.

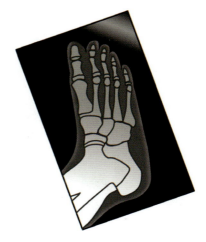

ATIVIDADE

1) Qual a sua opinião sobre julgar as pessoas pela aparência?

2) Você sabe que Deus vê dentro do seu coração? O que Ele está vendo agora?

6 de junho

Mutirão na praça

> É melhor haver dois do que um, porque duas pessoas trabalhando juntas podem ganhar muito mais.
> —Eclesiastes 4:9

A praça onde jogamos futebol estava muito feia. As telas do gol estavam rasgadas. Os muros e os bancos pichados. A grama alta.

Aí, a mãe de um dos garotos resolveu chamar todos os vizinhos para ajudarem a arrumar a praça.

Hoje, bem cedinho, algumas mulheres prepararam um mega café da manhã e todo mundo foi comer junto na praça. Depois, os grupos se dividiram e começaram a trabalhar.

Eu e o papai ajudamos na pintura dos muros. A Ana e a Bebel ajudaram a varrer e a tirar o lixo. Mamãe fez um bolo para o café e a mãe da Bebel doou tintas para a pintura dos bancos.

No final do dia, a nossa praça se transformou no lugar mais bonito do bairro! Todo mundo ficou orgulhoso.

O papai disse que o segredo desse sucesso foi o trabalho em equipe, pois as pessoas se uniram para fazer algo bom!

Foi um dia muito especial.

ORAÇÃO

Querido Jesus, que o Senhor nos ajude a sermos sempre unidos e a fazer o que é bom!

ATIVIDADE

1) Você já participou de algum mutirão? Como foi essa experiência?

2) O que você mais gosta de fazer para ajudar as pessoas?

Em quem buscar ajuda

7 de junho

> O Senhor está comigo; é ele quem me ajuda...
> —Salmo 118:7

—**M**ãe, a senhora viu meu livro de História?
Ana precisava do livro, mas não achava. Depois de um bom tempo procurando, ela parou no meio da sala e cantou:
—São Longuinho, São Longuinho, se você me ajudar a achar o livro, dou três pulinhos!
—Anaaaa! Você acredita no São Longuinho?
Mamãe estava assustada.
—É uma brincadeira! Eu nem sei o que é São Longuinho, mas a Marcela disse que funciona.
—Filha, isso é um tipo de simpatia. Quando fazemos isso, entristecemos o Espírito Santo.
—Desculpe, mãe, eu não sabia.
—Precisamos acreditar em Jesus e em mais nada. Podemos pedir a Ele que nos ajude a encontrar o seu livro, que tal? "Espírito Santo, ajude, por favor, a Ana a lembrar onde deixou o livro! Amém".
—Amém!
—Ah...
Ana saiu correndo... ela esqueceu, mas tinha deixado o livro no revisteiro do banheiro, hehehe.

ORAÇÃO

Deus, o Senhor é o único em quem confio! Obrigado por sempre me ajudar.

ATIVIDADE

1) Para quais coisas você pede mais ajuda a Deus?

2) Você sabe o que são simpatias? Por que não devemos acreditar nelas?

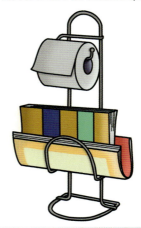

8 de junho

Jesus é feio?

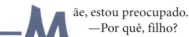

...refletimos a glória que vem do Senhor. Essa glória [...] vai nos tornando cada vez mais parecidos com o Senhor...
—2 Coríntios 3:18

—Mãe, estou preocupado.
—Por quê, filho?
—Hoje na escola vi uma obra de arte que representava Jesus e os discípulos.
—Que legal!
—Mas, mãe, eu achei Jesus feio.
—Oi?
—Será que ele vai ficar bravo comigo?
—Filho, a primeira coisa que você precisa saber é que essas obras representam apenas a imaginação do artista. Não existe nenhum retrato fiel de Jesus. Mas eu acho que Jesus não era assim tão bonito.
—Não? E como as pessoas gostavam dele?
—Aí é que está o segredo: Jesus era muito bonito por dentro, o Seu olhar era gentil, Suas palavras eram bondosas e Ele tratava os outros com respeito. Era isso que cativava as pessoas.
—Jesus era mesmo lindo, mãe!
—Ele era a pessoa mais amorosa de todas. E quando a Bíblia nos encoraja a sermos parecidos com Jesus, é dessa maneira, entendeu?
—Entendi, sim..

ORAÇÃO

Deus, ajude-me a ser cada vez mais parecido com Jesus!

ATIVIDADE

1) Em quais atitudes você se parece com Jesus?

2) Quais características de Jesus você ainda precisa aprender?

O Pai perfeito

9 de junho

Ainda que o meu pai e a minha mãe me abandonem, o Senhor cuidará de mim.
—Salmo 27:10

—Papai!
—Agora não, Arthur. Estou muito cansado!
—Mas, pai, é que...
—Filho, já disse que agora não.
Ele tomou banho e veio jantar. Tentei de novo:
—Ô, pai!
—Arthur, não estou com cabeça para conversar.
Meu olho encheu de lágrima e corri para o quarto. Fiquei muito triste.
De repente a porta abriu, era o papai.
Comecei a chorar mais forte.
Ele me abraçou e me pediu perdão. Disse que tinha acontecido uma coisa muito chata com ele e que não estava querendo conversar com ninguém, mas que eu não merecia que ele fosse grosseiro comigo. Eu disse que o perdoava.
—Obrigado, filho. Sabe, os pais também erram. Só existe um pai que é perfeito.
—Deus, né?
—Isso mesmo, você é muito esperto.
Ele me beijou e saiu. Mais tarde, mamãe veio conversar comigo e disse que hoje quem precisava de compreensão era o papai. Eu concordei com ela.

ORAÇÃO

Deus, obrigado por ser o Pai perfeito e me ouvir sempre.

ATIVIDADE

1) Quando ora, você costuma chamar Deus de pai? Por quê?

2) Na sua opinião, como é um pai perfeito?

10 de junho

Os amigos legais do vovô

> Sejam amáveis com todos.
> —Filipenses 4:5

Saímos da escola e a vovó, o vovô e o Pedrinho nos esperavam.

A Ana também estranhou:

—Por que vocês vieram buscar a gente hoje?

—Lembram do Mário e da Janete?

—Ah! Aqueles seus amigos?

—Isso! Eles nos convidaram para ir à casa deles, mas só poderemos entrar se vocês forem juntos.

—Eles não deixam o senhor entrar sem a gente?!

—Isso mesmo! O Mário disse que sou chato e o que me salva são meus lindos e agradáveis netos.

—Agradáveis?

—É o jeito de pessoas da minha idade dizer que alguém é legal.

—Ah, entendi. Vô, eu gosto muito de ir à casa deles porque eles abraçam a gente! E também sempre tem coisas gostosas, presentes… E ele sempre inventa alguma brincadeira divertida.

—É, eles são muito hospitaleiros.

—O quê?

—Quer dizer que eles recebem muito bem as pessoas em sua casa.

—Ah! O senhor fala cada coisa…

Rimos… e enfim chegamos.

ORAÇÃO

Senhor Jesus, obrigado pelas pessoas que são legais com quem vai à casa delas.

ATIVIDADE

1) Na casa de quem você mais gosta de ir? Por quê?

2) De que forma podemos ser amáveis com os outros?

O problema do papai

11 de junho

> Deus é o nosso refúgio e a nossa força,
> socorro que não falta em tempos de aflição.
> —Salmo 46:1

Sabe aquele dia que o papai foi grosseiro comigo?

Então, hoje de manhã a mamãe me contou o que aconteceu.

Ela disse que o papai foi acusado de roubar o dinheiro de um dos pagamentos da empresa.

Meu pai fez o pagamento, mas quem devia receber o dinheiro não recebeu.

Aí o chefe dele ficou bravo e disse que descontaria o valor do salário do papai.

Sem saber como resolver, o papai e a mamãe decidiram orar e jejuar.

Fiquei triste, pois o papai não fez nada de errado. Eu também orei para Deus ajudá-lo.

Bom, hoje à noite o papai chegou bem feliz em casa. Parece que o homem do banco ligou para a empresa, avisando que houve uma falha no sistema e vários pagamentos não foram confirmados, mas que eles resolveriam até o fim do dia.

O chefe do papai pediu desculpas. E o papai agradeceu a Deus por ajudá-lo a resolver um problema tão grande.

ORAÇÃO

Deus, obrigado por nos socorrer e resolver os problemas que a gente não consegue.

ATIVIDADE

1) Você já precisou da ajuda de Deus para resolver algum problema? Qual?

2) Escreva uma lista de coisas pelas quais devemos ser gratos a Deus.

12 de junho

Ele me conhece muito bem

> Ó Senhor Deus, tu me examinas e me conheces.
> Sabes tudo o que eu faço...
> —Salmo 139:1,2

—Arthur Silva!

Ixi, a mamãe deve estar brava comigo! Toda vez que ela fala meu nome inteiro é porque eu aprontei alguma coisa.

O pior é que dessa vez eu nem sei o que foi que eu fiz de errado.

Fui para a sala esperando o pior... uma bronca daquelas...

—Filho, tem um "D" no seu boletim!

—Não tem não, mãe.

—Tem sim, Arthur. Olha aqui.

Eu olhei e entendi.

—Não, mamãe, isso aí é um "D" de aluno disciplinado. Para os alunos que bagunçam ou desobedecem, a professora colocou um "I" de indisciplinado no boletim deles.

A mamãe olhou melhor e viu que eu estava falando a verdade. Ufa!

Fiquei pensando: *Será que Deus me chama pelo meu nome inteiro quando eu apronto?*

Acho que sim, afinal, Ele conhece a gente muito bem. Mas eu tenho certeza de que Ele não me chamaria assim só *pra* dar bronca. Pois Deus é muito amoroso!

ORAÇÃO

Deus, obrigado por me conhecer tão bem e ser muito amoroso comigo!

ATIVIDADE

1) Como sua mãe o chama quando você apronta?

2) Deus nos conhece muito bem, mas você o conhece bem? Como Ele é, em sua opinião?

O homem humilde

13 de junho

*Entre vocês, o mais importante
é aquele que serve aos outros*
—Mateus 23:11

O papai e eu fomos com um grupo de homens da igreja até uma escola num bairro carente de nossa cidade.

Nós fomos ajudar na reforma da escola. Eu e o papai ajudamos a pintar os muros, outras pessoas consertaram portas, janelas e cadeiras.

Tem um eletricista no nosso grupo trabalhando para deixar todas as luzes funcionando!

Agora há pouco, percebi que o Seu Darlan, um homem rico e importante de nossa igreja, está lavando os banheiros. Ele também ajudou a limpar os entulhos que tinha nos fundos da escola.

No começo eu fiquei impressionado de ver o Seu Darlan fazendo essas coisas, mas aí lembrei que ele deve ter aprendido isso com Jesus, pois Cristo, mesmo sendo o mais importante de todos, foi um exemplo de humildade. Jesus até lavou os pés dos discípulos…!

É, a gente precisa ser humilde igual a Jesus e o Seu Darlan!

ORAÇÃO

Querido Deus, ensine-me a ser humilde como Jesus e a ajudar os outros com alegria.

ATIVIDADE

1) Como você pode demonstrar amor e humildade em sua casa?

2) De que forma você pode ajudar alguém hoje?

14 de junho

Fizeram *bullying* com Noé?

> O Senhor Deus recompensa aqueles que são fiéis e corretos...
> —1 Samuel 26:23

Gosto bastante da história do Noé, mas hoje o pastor falou algo na mensagem que me deixou pensativo.

Ele perguntou:

—Alguém aqui teria coragem de ser o Noé?

Ninguém levantou a mão.

Aí, o pastor disse:

—Realmente! Vocês têm razão. Não deve ter sido fácil ser o Noé. Sabem que ele passou muito tempo construindo uma arca para se proteger de uma chuva intensa, certo? Só que nunca tinha chovido antes, ou seja, aquilo parecia maluquice. E por isso todos caçoavam dele.

Pensei: *Por que será que o Noé continuou fazendo a arca se o pessoal fazia bullying com ele?*

Parece que o pastor ouviu meu pensamento! Ele explicou:

—Não foi um tempo fácil, mas Noé não desistiu porque sabia que Deus recompensaria sua fidelidade. E, como sabemos, depois disso veio o dilúvio e somente Noé, sua família e os animais que estavam na arca sobreviveram!

ORAÇÃO

Deus, ajude-me a continuar a obedecê-lo mesmo quando pessoas rirem de mim.

ATIVIDADE

1) Você já deixou de fazer alguma coisa para Deus por vergonha? O quê?

2) Por que não devemos ligar quando caçoam de nós por servirmos a Deus?

Amor eterno

15 de junho

> ...Eu sempre os amei e continuo a mostrar que o meu amor por vocês é eterno.
> —Jeremias 31:3

Durante a aula de Português, a professora pediu para nos reunirmos em grupos de três. Eu e o Ênio estávamos perto e o Alessandro pediu para ficar com a gente.

Bem nesse momento o Sandro veio e pediu para entrar no grupo, mas a professora não deixou.

O Sandro ficou bravo comigo, pois achou que eu deveria tê-lo escolhido primeiro.

Fui para casa bem chateado. O Sandro não pode ser meu amigo só quando eu faço o que ele quer!

A Ana me disse que as amigas dela fazem a mesma coisa.

Aí, para me animar, ela me lembrou de uma coisa muito importante:

—Sabe, Arthur, Deus nos ama com amor eterno e incondicional.

—Como assim?

—Deus nos ama e vai amar sempre, não importa quanto tempo passe e nem se a gente vai ser legal ou chato, fazer o que é certo ou errado. Ele nos ama o tempo todo.

—Puxa, isso é que é amor, né?

ORAÇÃO

Obrigado, Deus, por não me abandonar e me amar sempre!

ATIVIDADE

1) Você já brigou com algum amigo por motivos bobos? O que ele fez?

2) Já conversaram a respeito e se perdoaram?

16 de junho

Aniversário de casamento

> O Senhor Deus encheu o meu coração de alegria; por causa do que ele fez...
> —1 Samuel 2:1

Ninguém tinha acordado ainda, e a campainha tocou.

Mamãe levantou assustada e apressada para atender. Quando abriu a porta, um moço com uma cesta enorme de café da manhã avisou:

—Este é um presente para a Dona Karina!

A mamãe fechou a porta, colocou a cesta na mesa e pegou o cartão. Ela leu e já começou a chorar.

Papai apareceu, eles se beijaram e se abraçaram. O papai rodopiou com a mamãe pela sala.

Ah tá... entendi... hoje é o aniversário de casamento deles.

Na oração para o café, o papai agradeceu a Deus pelos 15 anos que eles estão juntos. Ele disse que foram muito mais difíceis do que eles podiam imaginar, mas mesmo assim, graças à presença de Jesus no nosso lar, foram os melhores anos da vida dele.

Mamãe só chora, mas é de alegria.

Fiquei pensando que nossa família é a melhor família do mundo!

ORAÇÃO

Jesus, obrigado pela minha família e por cuidar da gente nos momentos difíceis.

ATIVIDADE

1) Sua família enfrenta dificuldades? Quais?

2) Escreva uma oração pedindo a ajuda de Deus para resolver cada uma delas.

O suspeito

17 de junho

> Ó Senhor Deus, tu és o meu defensor e o meu protetor.
> Tu és o meu Deus; eu confio em ti.
> —Salmo 91:2

Estávamos jogando futebol no campinho da praça. Eu e o Sandro tínhamos feito as pazes, aí ele me chamou e falou:

—Você viu aquele homem estranho ali do outro lado? Ele não para de olhar *pra* gente. Eu nunca vi ele por aqui.

Eu também nunca o tinha visto.

Continuamos jogando, e o homem não ia embora.

Quando o jogo acabou, todos estávamos com medo.

Então lembrei que a mamãe sempre pede para a gente cuidar por onde passamos e com quem está à nossa volta.

Liguei para ela, e mamãe pediu para que nenhum de nós saísse do campo. Nós obedecemos.

Rapidinho, vários pais e mães chegaram na praça para nos buscar.

Assim que viu os adultos chegando, o homem foi embora.

Fiquei aliviado. Sei que posso contar com meus pais para me proteger. E posso contar ainda mais com o meu Pai perfeito, Deus, que cuida de mim em momentos de perigo.

ORAÇÃO

Querido Deus, é um alívio saber que o Senhor está comigo e me protege!

ATIVIDADE

1) Você já ficou com medo de alguém? O que essa pessoa fez?

2) Quem o protegeu?

18 de junho

Esqueci da prova

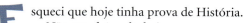

Você sabe o que Deus quer que você faça e aprende na lei a escolher o que é certo.
—Romanos 2:18

Esqueci que hoje tinha prova de História.
Não estudei nadinha!
Fiquei super nervoso.

A mamãe sempre diz que Deus nos abençoa, mas a gente precisa fazer a nossa parte.

E dessa vez eu não tinha feito a minha.

Orei e pedi a Jesus para me perdoar. Só que eu precisava ir bem na prova, mas, como não tinha estudado, era meio impossível disso acontecer.

Bem que Deus podia fazer um milagre!

A professora já entrou na sala falando da prova, mas adivinha só… ela disse que a prova seria com consulta.

Ufa! Vou poder olhar o caderno e o livro. Assim, ficará mais fácil.

Que bom que Deus é misericordioso e ama a gente, né? Hoje Ele me livrou de um baita problemão, mas não dá para deixar de estudar para a prova e fazer disso um hábito… por isso, é melhor se preparar.

ORAÇÃO

Deus, agradeço por me ajudar em meio às trapalhadas que eu mesmo crio para mim.

ATIVIDADE

1) Você já deixou de estudar para alguma prova? Como você se saiu nessa avaliação?

2) O que você tem feito para melhorar em seus estudos?

Não julgue!

19 de junho

> Não julguem para não serem julgados, pois vocês serão julgados pelo modo como julgam os outros.
> —Mateus 7:1,2 NVT

Ana chegou em casa aborrecida.

Ela foi com a Bebel na festa de aniversário de uma amiga.

—Ai, mãe, a Bebel demorou muito para se arrumar e chegamos atrasadas na festa.

—Ela atrasou muito, é?

—Ai, muito! Faz dias que a gente sabia da festa. Por que ela não se arrumou mais cedo?

—Filha, será que não está exagerando?

—Ah, é? A senhora diz isso porque não foi a senhora quem ficou esperando!

—Realmente, *a Bebel* eu não espero, mas você sabe que vamos aos cultos todos os domingos e, mesmo assim, sempre temos que esperar você.

Ana ficou vermelha.

—A senhora quer me deixar ainda mais chateada?

—Não, filha. Quero que você tenha misericórdia da sua amiga, exatamente como nós temos com você sempre que nos atrasa.

Ana pensou um pouco e disse:

—Puxa, mamãe, é verdade. Eu não tenho o direito de julgar a Bebel.

ORAÇÃO

Deus, ensine-nos a sermos bondosos com quem erra e a não ficar julgando as pessoas.

ATIVIDADE

1) Você costuma atrasar sua família quando vão sair? Por qual motivo?

2) Quando alguém erra com você, você julga ou perdoa? Por quê?

20 de junho

Quem quer morrer?

...Deus nos dará (...) uma casa no céu. Essa casa não foi feita por mãos humanas; foi Deus quem a fez...
—2 Coríntios 5:1

—Mãe, quem ama a Jesus tem vontade de morrer?
—De onde você tirou essa ideia, Arthur?
—Ah, mamãe, lá na igreja sempre tem uns pregadores que dizem que têm saudades do Céu. De vez em quando a gente também canta umas músicas pedindo *pra* Jesus voltar logo. E quando Ele voltar, a gente vai para o Céu, não é mesmo?
—É, sim, filho, o Céu é a nossa última parada.
—Então a gente tem que querer morrer?
—Lógico que não. Aqui na Terra devemos aproveitar todos os anos e dias que Deus nos dá para glorificá-lo e falar do Seu amor para as pessoas. Um dia, a gente vai partir e, nesse dia, será uma bênção ter a certeza de que vamos morar no Céu. Mas até lá, podemos viver aqui e obedecer a Deus sem nenhuma pressa, tá bom?
—Ufa, mamãe! Ainda bem que a senhora explicou, porque eu gosto bastante de viver e ter vocês comigo, hehe.

ORAÇÃO

Jesus, quero louvá-lo e obedecê-lo enquanto eu viver aqui na Terra.

ATIVIDADE

1) Como você imagina o Céu?

2) O que você tem feito, enquanto mora aqui na Terra, em obediência a Deus?

Pouco tempo

21 de junho

Ajuda-nos a entender como a vida é breve, para que vivamos com sabedoria.
—Salmo 90:12

Lembram daquele homem rico da minha igreja? O Seu Darlan?

Então, ele é um empresário muito bem-sucedido e tem negócios fora do Brasil. Ele passa dias viajando pelo mundo todo.

Hoje ele estava na igreja, e o seu filho, o Leandro, estava bastante feliz.

O Leandro me explicou que o pai dele é muito ocupado, mas não fica um dia sem ligar para ele e a mãe. E sempre que está na cidade, Seu Darlan desliga o celular para dar atenção à família e aos amigos.

Ele também contou que o pai dele sabe falar várias línguas, aí, o Seu Darlan sempre fala de Jesus às pessoas que estão sentadas do lado dele no avião e ora por elas.

Contei essas coisas para o papai e ele me explicou que o Seu Darlan é um homem muito sábio.

—Mas por que ele é sábio, pai?

—Porque ele ama a Deus e sabe administrar o tempo e aproveitar as oportunidades, filho.

ORAÇÃO

Deus, obrigado pelo tempo e conversas que posso ter com a minha família!

ATIVIDADE

1) Faça uma lista de suas atividades durante a semana. Qual delas mais o alegra?

2) Quando passa tempo com sua família, o que geralmente fazem?

22 de junho

O amigo mais importante

> Vocês são meus amigos se fazem o que eu mando.
> —João 15:14

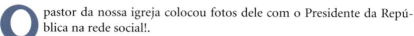

O pastor da nossa igreja colocou fotos dele com o Presidente da República na rede social!.

—Papai, o senhor viu quem está na foto com o pastor?

—Vi, sim! O Presidente.

—O pastor deve conhecer muita gente importante, não é verdade?

—É sim, filho.

—Por isso que deve ser legal ser pastor.

—Na verdade, filho, uma vez ele me contou que é muito bom mesmo ser pastor, mas por outro motivo.

—Ué, por qual?

—O pastor me contou que, sempre que ele precisa de direção, Deus fala com ele. Sempre que está preocupado, o Espírito Santo o consola. E assim ele vai conhecendo e se aproximando de Deus todos os dias. Outra coisa que é muito legal é quando ele ora por pessoas doentes e Deus as cura!

—Puxa, papai, o mais legal mesmo é ser amigo de Deus! Ele é o amigo mais importante que podemos ter, né?

ORAÇÃO

Querido Deus, ajude-me a obedecê-lo, pois quero muito ser Seu amigo.

ATIVIDADE

1) Você gostaria de ter algum amigo famoso? Quem?

2) Por que ser amigo de Deus é muito mais legal?

Pai é pai

23 de junho

> ...Como um pai trata com bondade os seus filhos, assim o Senhor é bondoso para aqueles que o temem.
> —Salmo 103:13

Vovô está na varanda conversando com um amigo.

O Seu Alceu está triste porque o filho dele é desobediente, nunca chega em casa no horário combinado, já pegou o carro do pai escondido e bateu, e até reprovou de ano na faculdade.

Eles estavam conversando e o celular do Seu Alceu tocou. Era o filho precisando de ajuda.

O amigo do vovô saiu rapidinho para ajudá-lo.

Aí eu falei:

—Se esse rapaz fosse meu filho, eu não o ajudaria, não.

—Por quê, Arthur?

—Ah, vovô, ele é muito desobediente!

O vovô riu.

—Arthur, o comportamento dele, bom ou mau, não muda o fato do Alceu amar o filho. Por exemplo, quando você faz algo errado, Deus deixa de ajudá-lo?

—Não! Mas Ele é Deus, né?

—Sim, Ele é o exemplo de Pai perfeito. O Alceu só está fazendo o que Deus faz... Ele nos ajuda.

—Ainda bem que Deus não desiste de nós, né, vovô?

ORAÇÃO

Deus, obrigado por me amar e não desistir de mim quando faço coisas erradas.

ATIVIDADE

1) O que você faz quando sabe que fez algo errado?

2) O que você sente ao saber que é tão amado por Deus?

24 de junho

Consolo de amigo

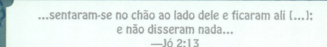

...sentaram-se no chão ao lado dele e ficaram ali [...];
e não disseram nada...
—Jó 2:13

Nosso time resolveu fazer um torneio de um jogo só com um time de outro bairro.

O jogo acabou empatado e o jeito foi decidir nos pênaltis.

O último a bater seria o Sandro.

Estava 4x3 para o outro time. Se o Sandro fizesse o gol, teria mais uma rodada, mas, se ele perdesse, os meninos do outro bairro seriam campeões.

O Sandro correu, chutou… e a bola foi parar na Lua!

Os meninos do outro time ficaram eufóricos com a vitória, e os do nosso time… tristes. Mas o Sandro ficou arrasado.

Ele ficou sentando no meio do campo um tempão. Eu sabia que ele estava mal, então fui lá e sentei bem do lado dele.

Mas eu não sabia o que falar, então fiquei quieto.

Mais tarde, lá em casa, contei o que aconteceu e o papai disse que minha atitude foi certa. O importante é não abandonar os amigos nos momentos ruins.

ORAÇÃO

Espírito Santo, obrigado por me consolar em todos os meus momentos ruins.

ATIVIDADE

1) Quem são os amigos com quem você pode estar junto em momentos difíceis?

2) Você considera o Espírito Santo seu amigo? Por quê?

Ser agradecido

25 de junho

> ...sejam agradecidos a Deus em todas as ocasiões. Isso é o que Deus quer de vocês...
> —1 Tessalonicenses 5:18

Papai já estava quase saindo para o trabalho, mas voltou para buscar o guarda-chuva.

—Ué, mas está o maior sol lá fora!

—Eu sei, filho, mas, ao abrir a porta, agradeci a Deus pelo trabalho e pedi que Ele abençoe o meu dia. Então senti de pegar o guarda-chuva. Deve ser o Senhor me direcionando para isso. É melhor obedecer.

—Tá bom, entendi.

Agora no fim da tarde, o tempo mudou. Esfriou e está chovendo.

Papai acabou de chegar.

Ele me olhou e lembramos na hora da nossa conversa pela manhã.

—Viu só? Agora vou ali tomar um banho e agradecer a Deus por sempre cuidar da gente, até nos detalhes. Aproveite para agradecer também, Arthur! Tudo é motivo para agradecermos ao Senhor.

—Verdade. Eu já agradeci porque o senhor chegou em casa e bem sequinho.

Papai riu, me deu um beijo e foi para o quarto.

ORAÇÃO

Querido Deus, agradeço por cuidar de todas as coisas da minha vida, até as pequenas.

ATIVIDADE

1) Você acha que Deus usa a sua mãe para avisá-lo de pegar um casaco ou um guarda-chuva? Por quê?

2) Você costuma obedecê-la nisso?

26 de junho

Galinha bobinha

Agora já não existe nenhuma condenação para as pessoas que estão unidas com Cristo Jesus.
—Romanos 8:1

Hoje o avô da Bebel passou aqui em casa para buscá-la. Ele está passando uns dias na casa dela, mas mora num sítio.

O Seu Severino contou umas histórias engraçadas dos bichos que ele cria lá.

Ele disse que as galinhas são bem bobinhas, e, se você pegar uma galinha, segurar por um tempo e soltar devagar, ela fica parada, porque não percebe que está livre.

O papai riu bastante da história, mas disse que a mesma coisa acontece com as pessoas.

—Como assim?

—Sabe, Seu Severino, quando nós aceitamos a Jesus como nosso amigo e Salvador, Ele nos perdoa de todas as coisas erradas que fizemos, mas tem gente que continua se sentindo culpado, ao invés de aproveitar o perdão do Senhor e viver livre da culpa.

—Igual criança quando acaba o castigo e não quer mais brincar porque está chateada, pai?

—Exatamente, Arthur!

ORAÇÃO

Jesus, eu aceito o Seu perdão! Ensine-me viver em liberdade no Senhor. Amém!

ATIVIDADE

1) Quais os principais motivos pelos quais você fica de castigo?

2) Com a ajuda de Jesus, o que você pode fazer para mudar isso?

Educando os cachorros

27 de junho

> ...por meio da morte do seu Filho na cruz, Deus fez com que vocês ficassem seus amigos...
> —Colossenses 1:22

Na minha rua tem um homem construindo uma casa para sua família morar. Na frente da construção, tem um monte de areia, mas os cachorros de rua fizeram da areia o banheiro deles. Éca!

O papai sugeriu ao vizinho que cercasse o monte de areia. Ele fez isso e agora a areia está limpinha.

O papai disse que a cerca "comunica" aos cachorros que eles não podem entrar ali.

—Ué, pai, mas cerca não fala!

—Realmente, mas você notou que ela é baixa e os cachorros poderiam pular sobre ela?

—É verdade.

—Então, o simples fato da cerca estar ali faz o cão entender que não pode chegar na areia.

—Que engraçado!

—Conosco aconteceu algo parecido.

—Como assim, pai?

—O pecado era uma barreira entre nós e Deus. Então, quando Jesus morreu lá na cruz, removeu essa "cerca" e agora podemos estar perto de Deus e ser Seus amigos.

ORAÇÃO

Jesus, obrigado por morrer na cruz e remover a "cerca" que me separava de Deus, o Pai.

ATIVIDADE

1) Você entende melhor as coisas lendo ou vendo? Por quê?

2) De que forma você entende que Deus o ama muito?

28 de junho

Achado no lixo

> Vocês foram comprados por alto preço, portanto não se deixem escravizar pelo mundo.
> —1 Coríntios 7:23 NVT

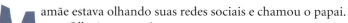

Mamãe estava olhando suas redes sociais e chamou o papai.

—Olha isso, amor!

—O que foi?

—Sabe a Vitória, amiguinha da Ana?

—Sim.

—A mãe dela publicou que hoje elas foram almoçar fora. A Vitória agora usa um aparelho móvel que ela pode tirar para comer.

Quando elas estavam saindo do restaurante, a mãe da Vitória percebeu que ela tinha esquecido o aparelho e voltou correndo para pegá-lo, mas os garçons já tinham limpado a mesa.

Por causa do valor do aparelho, ela revirou o lixo até encontrá-lo.

—Que bom que acharam!

—Éca, mãe! Ela mexeu no lixo de um restaurante?

—Sim, filho. Quando sabemos o valor de algo que perdemos, fazemos de tudo para encontrar. Foi isso que Deus fez por nós; estávamos perdidos em meio ao lixo do pecado, mas, por causa do valor que temos para Ele, Deus enviou Jesus para nos resgatar.

ORAÇÃO

Deus, obrigada por me procurar e, em Jesus, me regatar do "lixo" do pecado.

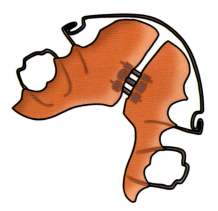

ATIVIDADE

1) Você já perdeu alguma coisa de que gostava muito? O quê?

2) O que você fez para tentar encontrar?

Atos de amor

29 de junho

Se tiverem amor uns pelos outros, todos saberão que vocês são meus discípulos.
—João 13:35

—Arthur, conte-me como foi na escola hoje?
—Ah, primeiro teve aula de Matemática e depois de Ciências. Aí veio o recreio. A mãe do Augusto se esqueceu de mandar a lancheira dele, aí dividi meu sanduíche com ele…
—Que atitude bonita, Arthur!
—O que foi?
—Você demonstrou amor ao seu colega!
—Sério, como?
—Você se importou e dividiu o seu lanche com seu amigo.
—Ah, é! Mas aconteceu uma coisa chata também…
—O que foi? Brigou com alguém?
—É… mais ou menos.
—Arthur…!
—Fiquei irritado com o Ênio durante o jogo e disse que ele era um "perna de pau".
—Opa! Um dos principais mandamentos é que amemos aos outros. Se você não gosta de ser desprezado, não pode fazer isso com outros. Amar é um exercício; quando você o pratica todos os dias, vai melhorando cada vez mais.
—Está bem, papai, amanhã vou me desculpar com o Ênio!

ORAÇÃO

Querido Deus, ajude-me a demonstrar amor para que as pessoas vejam o Senhor em mim.

ATIVIDADE

1) Anote durante uma semana todos os seus atos de amor.

2) Depois, converse com seus pais sobre isso e peça ajuda para melhorar.

30 de junho

Jesus obrigatório!

> Eu estou à porta e bato. Se alguém ouvir a minha voz e abrir a porta, eu entrarei na sua casa...
> —Apocalipse 3:20

—Mãe, a senhora não acha que Jesus devia obrigar as pessoas a aceitá-lo como Salvador?

—O quê?

—Se Ele é nosso melhor amigo, está preparando uma casa no Céu para nós e ainda nos protege do perigo, é porque Ele quer o melhor *pra* gente, não é mesmo?

—Sim, mas...

—Então, Ele devia obrigar todo o mundo a ser amigo dele, assim ninguém mais sofreria por não ter um amigo.

—Mas não seria legal da parte de Jesus.

—Como não? Às vezes a senhora me manda fazer coisas que eu não quero e diz que é para o meu bem. É a mesma coisa.

—Não é a mesma coisa, Arthur! Deus ao criar o homem deu a ele um presente chamado "poder de escolha". Jesus jamais tiraria esse presente de alguém. É por isso que Jesus não obriga ninguém a aceitá-lo, mas oferece a cada pessoa a Sua amizade e salvação. Porém, se alguém o escolhe por amor, Ele fica muito feliz!

ORAÇÃO

Querido Jesus, que todas as pessoas conheçam o Seu amor e o aceitem como Salvador!

ATIVIDADE

1) Você e Jesus já são amigos? Como você o conheceu?

2) E os seus amigos? O que você pode fazer para apresentar Jesus a eles?

A cara do pai

1º de julho

> O Filho brilha com o brilho da glória de Deus e é a perfeita semelhança do próprio Deus...
> —Hebreus 1:3

Estávamos na fila do açougue do mercado, e o atendente olhava para nós o tempo todo.

Quando chegou a nossa vez, o papai pediu:

—Por gentileza, consegue para mim uma picanha miudinha?

O homem abriu um sorriso e disse:

—Ah, você só pode ser filho do Sr. Augusto!

—Como o senhor sabe?

—Você é muito parecido com seu pai... até no jeito único de pedir "picanha miudinha". Só pode ter herdado isso dele.

Logo descobrimos que aquele senhor trabalhou um tempão com o vovô.

O papai ficou feliz de ser reconhecido como filho do vovô por alguém que ele não conhecia. O papai disse que isso acontecia com Jesus. Era possível conhecer a Deus observando a vida de Jesus. Legal, né?

Eu quero muito ser parecido com o meu pai e seguir o exemplo de Jesus para que todos ao meu redor percebam que também sou parecido com o Pai celestial.

ORAÇÃO

Querido Jesus, ajude-me a agir como o Senhor para que as pessoas reconheçam Deus em mim.

ATIVIDADE

1) Com quem você mais se parece em sua família?

2) O que você faz ou diz que torna você parecido com essa pessoa?

2 de julho

Por que você é tão boazinha?

> Estejam sempre prontos para responder a qualquer pessoa que pedir que expliquem a esperança que vocês têm.
> —1 Pedro 3:15

As meninas da sala da Ana ficaram bravas com ela. Chegou uma menina nova na turma e as demais alunas não queriam que se falasse com ela.

A Ana contou que conversou com a garota. Então, algum colega abriu o tubo de cola da Ana para se vingar e, quando ela pegou o estojo, estava tudo melecado de cola.

—E o que você fez, Ana?

—Pedi licença à professora e fui ao banheiro limpar minhas coisas. Aí voltei para a sala e continuei estudando.

—E aí?

—Aí o Bruno perguntou: "Por que você é sempre tão certinha, Ana?". Eu respondi que tenho Jesus no coração e que Ele me ensina como agir em todas as situações. Ele pediu desculpas pelo estojo e todo mundo resolveu conversar com a aluna nova.

—Que bom!

—Ah, e aí o Bruno falou que quer saber mais sobre Jesus para aprender a se comportar melhor.

—Isso aí, Ana. Você deu um bom exemplo!

ORAÇÃO

Querido Deus, eu gosto muito de fazer o que é certo e de contar que sou Seu filho!

ATIVIDADE

1) De que maneira você pode mostrar aos outros que é filho de Deus?

2) Como você explica a sua fé em Jesus para as pessoas?

Declaração de dependência

3 de julho

> ...porque sem mim (Jesus) vocês não podem fazer nada.
> —João 15:5

—Mãe, hoje a professora avisou que vamos participar do desfile cívico de 7 de setembro. Vou usar o uniforme da escola!
—Que legal! Mas você sabe por que comemoramos esse dia?
—Sei, sim. É o dia da Independência do Brasil!
—E o que isso significou para a história do nosso país?
—Que a gente parou de enviar nossas riquezas para Portugal, e eles pararam de mandar na gente.
—Muito bem. Isso é independência, mas você sabe o que é dependência?
—Sei também! Aprendi na igreja.
—Ah, é? Então explique.
—Um bebê, por exemplo, não sabe fazer nada sozinho e precisa da ajuda da mãe para tudo. E nós, que somos maiores, também precisamos ser dependentes, só que de Deus, né? Como Ele conhece todas as coisas e até o futuro, o certo é a gente depender dele e perguntar tudo o que devemos fazer, em oração.
—Muito bem, filho!

ORAÇÃO

Deus, o Senhor sabe de todas as coisas; me ajude a ficar sempre perto de você.

ATIVIDADE

1) Qual a sua opinião sobre ser dependente de Deus?

2) Compartilhe uma experiência em que você dependeu de Deus.

4 de julho

Lugar perfeito

> A cidade não precisa de sol nem de lua, pois a glória de Deus a ilumina [...] Nenhum mal terá permissão de entrar...
> — Apocalipse 21:23,27 NVT

Eu, meu primo Lucas, a Bebel e a Ana imaginamos o lugar perfeito:
—Tem que ser uma fazenda bem grande, com muitos animais.
—Tem que ter uma piscina enorme, com ondas e água quente!
—Tem que ter muito doce: chocolate, bala e pirulito...
—Ah, tem que ter salgadinho também, hummm...
—E cama elástica!
—E pizza e lasanha!
—E videogame!
A mamãe estava ouvindo a conversa e disse:
—Vocês não sabem mesmo! Só existe um lugar perfeito: o Céu.
—Ué, mãe, por quê?
—Porque, nesse lugar que vocês imaginaram, tem piscina, que todo dia enjoa; doce demais, que causa cáries; e vocês ainda podem brigar e ficar tristes ou mesmo doentes. Mas lá no Céu ninguém nunca mais ficará triste ou doente. Todos louvaremos a Deus e ainda viveremos pertinho dele para sempre.
—Puxa, verdade... como não pensamos nisso? O lugar perfeito mesmo é o Céu!

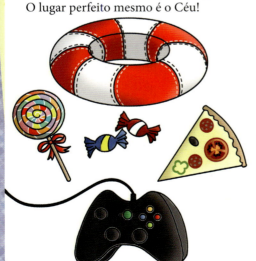

ORAÇÃO

Jesus, agradeço pelo lugar perfeito que é o Céu. Obrigado por prepará-lo para nós.

ATIVIDADE

1) O que você pensa que fará quando chegar ao Céu?

2) De que maneira poderemos morar no Céu? Veja o que Jesus diz em João 14:6.

Passeio no parque

5 de julho

*...Ó Senhor, meu Deus, como és grandioso!
Estás vestido de majestade e de glória...*
—Salmo 104:1

Hoje nossa família decidiu fazer um piquenique no parque da cidade. O vovô chegou bem cedinho e conseguiu reservar a melhor churrasqueira para nós, bem próxima ao lago.

Numa árvore perto dali, uma família de pássaros cantava tão alto que o Pedrinho até se irritou e fez todo mundo rir.

Quase na hora do almoço, começou a chover, mas, como estava calor, logo apareceu um arco-íris.

O tio Lúcio tirou uma foto bem bonita e mostrou para todo mundo. O vovô se emocionou e lembrou do Salmo 104. Ele disse que esse salmo descreve a natureza e o quanto ela mostra que Deus é maravilhoso e grandioso.

O vovô ama a Deus e tudo o que Ele é e faz, por isso tudo é motivo para o vovô louvar o Criador. Mas é verdade mesmo. Deus caprichou quando criou a natureza e todos nós! Tudo é muito lindo...

ORAÇÃO

Deus, obrigado pela natureza maravilhosa que mostra como o Senhor é perfeito e grandioso.

ATIVIDADE

1) Leia o Salmo 104 inteiro e escreva o que mais chamou a sua atenção nessa leitura.

2) O que você mais gosta na natureza? Por quê?

6 de julho

Cara de bandido

> Elas (as pessoas) olham para a aparência, mas eu (Deus) vejo o coração.
> —1 Samuel 16:7

A vizinha chegou apavorada no portão e chamou pela mamãe:
—Dona Karina!
—Pois não?
—Dona Karina, acabei de ser assaltada! O moço não tinha cara de bandido, mas, quando se aproximou, levou minha bolsa, meu celular, até as minhas chaves de casa!

A mamãe abriu o portão, disse para ela entrar e deu um copo de água com açúcar *pra* dona Nádia se acalmar.

Quando ela foi embora, eu perguntei se bandido tem uma "cara" certa.

A mamãe disse que não e explicou que é comum a gente julgar as pessoas pela aparência delas e que por causa disso, muitas vezes, a gente se engana.

—Ah! Igual a vovó falou outro dia: "Quem vê cara, não vê coração"?

—Exatamente, Arthur. Só Deus conhece o coração. A Bíblia fala que a aparência da pessoa não mostra quem ela é de verdade. Precisamos da ajuda do Espírito Santo para nos ajudar nisso. Só Deus conhece o coração de alguém.

ORAÇÃO

Deus, ensine o meu coração a não julgar as pessoas pela aparência delas.

ATIVIDADE

1) Você acha importante usar roupa de marca? Por quê?

2) O que chama mais a sua atenção: a aparência ou a bondade da pessoa? Por quê?

Chave perdida

7 de julho

> Ele o guardará quando você for e quando voltar, agora e sempre.
> —Salmo 121:8

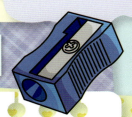

Quando o sinal tocou, nós pulamos de alegria. Segunda-feira finalmente começariam as férias!

Ana e eu fomos para a saída da escola, mas a mamãe não estava lá. A diretora ligou para casa, e mamãe disse que tinha perdido a chave e não conseguia sair para nos buscar.

Então combinamos de ir a pé.

A escola não é tão perto de casa. Levamos quase 20 minutos para chegar. Quando nos viu chegando, a mamãe suspirou de alívio e agradeceu a Deus.

Ela trouxe uma cadeira e nós pulamos o portão.

Só mais tarde descobrimos que o papai tinha pegado a chave da mamãe por engano.

Ainda bem que a mamãe já estava mais calma. Ela disse que ficou com medo que algo acontecesse com a gente, mas aí ela lembrou que é Deus quem cuida da nossa família e ficou mais tranquila. Por isso, orou bastante e confiou que Deus nos protegeria até chegarmos.

ORAÇÃO

Deus amado, confiamos que é o Senhor quem protege toda a nossa família. Amém!

ATIVIDADE

1) Seus pais se preocupam como os do Arthur? O que geralmente eles fazem que demonstra isso?

2) A quem devemos confiar a segurança da nossa família?

8 de julho

Confusão no futebol

> O corpo humano tem muitas partes, mas elas formam um só corpo...
> —1 Coríntios 12:12 NVT

Hoje ninguém queria jogar no gol; todo mundo queria ser atacante. Os meninos brigavam o tempo todo.

Eu não aguentava mais aquela discussão, pois a gente estava deixando de jogar.

Aí lembrei de uma pregação lá na minha igreja e chamei os meninos para conversar. Falei para eles que na Bíblia está escrito que a igreja é como um corpo, cada pessoa tem o seu lugar certo, mas só funciona se todo o mundo fizer junto o que deve fazer, apesar das funções serem diferentes.

—A gente também precisa pensar assim no futebol. Só tem jogo se tiver goleiro, zagueiro, lateral, meia e atacante.

A galera concordou, e a gente fez um sorteio. Ninguém mais reclamou e o futebol foi muito divertido. Fiz alguns passes e dois gols. E depois ainda teve um amigo que pediu para ir à igreja comigo, para conhecer. Legal, né?

ORAÇÃO

Jesus, me ensine o melhor jeito de servir ao Senhor e às pessoas ao meu redor.

ATIVIDADE

1) O que você mais gosta de fazer na igreja?

2) De que maneira você tem usado o seu talento para ajudar os outros?

Abraço de mãe

9 de julho

> Porque o Senhor Deus mandou...
> —1 Reis 13:17

Acordei com a garganta doendo bastante. Chamei a mamãe e ela decidiu me levar no posto de pronto atendimento.

Quando o médico examinou a minha garganta, fez uma careta.

—Eu vou morrer?

—Não, não vai, mas terá que tomar uma injeção.

—Por favor, injeção, não!

Fiquei com vontade de chorar, mas a mamãe me abraçou forte:

—Filho, eu estou aqui com você! Vai ser bem rapidinho.

A enfermeira veio com uma injeção enorme. Eu não queria, mas comecei a chorar.

A mamãe me abraçou e isso me acalmou.

A injeção doeu muito, mas a mamãe estava comigo e me explicou que era para o meu bem, que a dor passaria logo e amanhã eu estarei melhor. Ufa!

Acho que Deus, quando criou as mamães, deu a elas o poder que Ele tem de deixar a gente calmo em momentos ruins, não é verdade?

Eu só fico calmo quando eu oro ou quando a minha mãe me abraça.

ORAÇÃO

Querido Deus, perdoe-me por desobedecer e me ajude a ouvir mais os meus pais.

ATIVIDADE

1) O que você faz quando alguém diz que você precisa tomar injeção?

2) Quais as coisas que mais lhe dão medo? Por quê?

10 de julho

O tamanho do poder de Deus

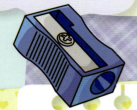

> Ali está o mar imenso, enorme, onde vivem animais grandes e pequenos, tantos, que não podem ser contados.
> —Salmo 104:25

O papai estava lendo uma notícia na internet e comentou com a mamãe:

—Amor, lembra do submarino argentino que afundou em 2017?

—Lembro, sim. Que tristeza!

—Pois é, eram 44 tripulantes. Estou lendo uma reportagem com um familiar do tripulante mais jovem…

—O que é tripulante, papai?

—É cada uma das pessoas que trabalham em uma embarcação.

—Eles morreram?

—Infelizmente, sim, filho. O submarino só foi encontrado um ano depois, a 800 metros de profundidade.

—Isso é muito fundo?

—Muito! É mais ou menos a distância da nossa casa à sua escola.

—Puxa vida, pai! Eu não sabia que o mar podia ser tão fundo!

—Sim, é muito… E tem milhões de espécies marítimas que o homem nem conhece, porque é muito difícil chegar até lá. E tudo isso revela algo muito importante. Você sabe o quê?

—Sei sim… a grandeza do Deus que criou tudo!

ORAÇÃO

Deus, o Senhor criou tudo o que há no mundo. O Senhor é muito poderoso.

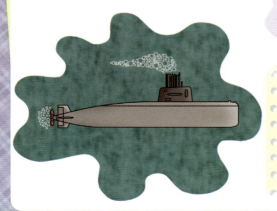

ATIVIDADE

1) Você gosta de ir à praia? O que mais admira quando vê o mar?

2) Não conseguimos medir a glória de Deus de tão grande que ela é! O que você acha que isso significa?

Sozinho na festa

11 de julho

...procurem em todas as ocasiões fazer o bem uns aos outros...
—1 Tessalonicenses 5:15

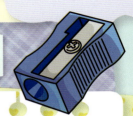

Uma amiga da Ana fez uma festa de aniversário hoje e convidou todos os amigos, e eu, por ser irmão da Ana, também fui convidado, mas não conhecia ninguém.

A festa foi chata, porque ninguém falou nem brincou comigo; não tinha outras crianças da minha idade. Só a mãe da amiga dela se preocupava em ver como eu estava.

Cheguei em casa chateado!

Mamãe brigou com a Ana e disse que ela deveria ter cuidado de mim para que eu não me sentisse "deslocado" entre os amigos dela.

—Mãe, o que é deslocado?

—É quando você está num lugar, mas não se sente adequado ao ambiente. Imagina uma pessoa com casaco de pele em uma praia com sol de rachar. Combina?

—Não!

—Pois é, essa pessoa está deslocada. E quando isso acontece com crianças é ainda mais triste.

A Ana me pediu desculpas, e a mamãe avisou que isso não deveria mais se repetir.

ORAÇÃO

Deus, obrigado porque o Senhor está sempre comigo e não me deixa triste.

ATIVIDADE

1) Quando alguma criança que você não conhece vai à sua casa, como você a trata?

2) Como se sente em lugares em que ninguém fala ou brinca com você?

12 de julho

Filme de terror

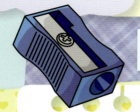

> Portanto, sejamos corajosos e afirmemos:
> "O Senhor é quem me ajuda, e eu não tenho medo...".
> —Hebreus 13:6

Mamãe me deixou ir até a casa do Sandro para ver um filme. Os meninos resolveram assistir a um filme de terror.

Mamãe não me deixa ver essas coisas, mas fiquei curioso e assisti até o final. O filme era sobre um fantasma que pegava as pessoas na rua e prendia num porão abandonado.

Na hora de ir para casa, senti tanto medo, mas tanto medo, que, quando parei no portão de casa, eu berrava pela minha mãe:

—Manhêeeee... mãe... manhêee... abreeee! Abre logo!

Assustada, ela veio correndo abrir o portão.

Eu tremia!

Não consegui esconder o motivo, e ela me disse duas coisas:

—Filho, você não deve ter medo de fantasmas, pois eles nem existem. Além do mais, cremos no Deus Todo-poderoso e Ele pode livrar você desse sentimento de pavor!

—Verdade!

—E pela sua desobediência, esse ano você não vai mais à casa do Sandro!

—Castigo?

—Não! Correção!

ORAÇÃO

Deus, me perdoe por desobedecer e sentir medo de coisas que nem existem.

ATIVIDADE

1) Do que você tem medo? Por quê?

2) Por que não devemos assistir a filmes de terror?

Acidente na maquete

13 de julho

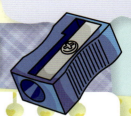

> E lembrem disto: eu (Jesus) estou com vocês todos os dias, até o fim dos tempos.
> —Mateus 28:20

Eu estava fazendo uma maquete para levar à escola e o tubo de cola vermelho virou bem em cima dela.

Eu gritei desesperado pela mamãe, mas ela estava tirando a roupa do varal por causa da chuva.

Quando ela entrou, eu chorava:

—O que aconteceu?

—A senhora não me ajudou e a minha maquete estragou inteira.

Ela ficou triste:

—Me desculpe, filho. Não podia deixar a roupa molhar.

—Mas agora não tenho trabalho para entregar.

—Filho, eu não pude ajudá-lo, mas amanhã vou à escola e explico tudo à professora. Sabe, por mais que a mamãe queira, nem sempre conseguirei atendê-lo em todos os momentos em que você precisar. Mas lembre-se de que onde você estiver, há Alguém que sempre estará cuidando de você: Deus.

Eu entendi a mamãe. E pensei em como é importante sermos amigos de Deus. Ele é o único que fica com a gente o tempo todo.

ORAÇÃO

Deus, obrigado por ficar comigo o tempo todo.

ATIVIDADE

1) Você acredita que Deus está pertinho o tempo todo? Por quê?

2) Em que momento você mais precisou de alguém para ajudá-lo?

14 de julho

Oração sincera

...em todas as orações peçam a Deus o que vocês precisam e orem sempre com o coração agradecido.
—Filipenses 4:6

Hoje reclamei com a mamãe que essas férias estão muito chatas. Não fizemos nada de especial ainda. Ela disse que vai tentar programar alguma coisa legal antes que elas terminem.

Na hora de dormir, eu estava com ela no quarto, agradecendo a Deus pelo dia, e orei assim:

—Deus, muito obrigado pelo maravilhoso dia de hoje…

—Filho, você está mentindo para Deus?

—Mamãe, a senhora interrompeu minha oração!

—Sim, mas você está mentindo.

—Não estou, não.

—Mas ainda hoje você reclamou que os dias estão chatos.

—Mas, mãe…

—Filho, vou lhe contar uma coisa: Deus ama a nossa sinceridade. Você está fazendo uma oração memorizada, mas a oração é uma conversa, o momento em que você fala para Deus o que há no seu coração. Então, aproveite esse momento e peça para Ele melhorar as suas férias, daqui para frente.

—Boa ideia, mãe!

ORAÇÃO

Deus, eu sei que o Senhor me conhece muito bem. Então, console o meu coração hoje. Amém!

ATIVIDADE

1) Na sua oração, você fala tudo para Deus? Por quê?

2) Qual é o seu principal motivo de oração para hoje?

O presente da Bebel

15 de julho

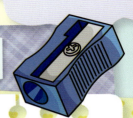

> Estejam sempre alegres, orem sempre
> e sejam agradecidos a Deus em todas as ocasiões.
> —1 Tessalonicenses 5:16-18

Hoje a Bebel veio nos apresentar o Gravata, o cachorrinho que ela ganhou de presente dos pais.

A Bebel disse que a mãe dela não gosta de cachorros, mas ela pediu tanto, tanto, tanto, que a mãe acabou concordando e trouxe o Gravata para ela.

Uma vez o vovô me disse que eu devo pedir as coisas para Deus com fé. E não desistir de pedir, mesmo que demore um montão.

É que Deus é amoroso e não aguenta ver um filho dele pedindo as coisas. Ele nos ama e se importa com o que apresentamos para Ele.

Eu fiquei pensando que a mãe da Bebel fez igual. De tanto a Bebel insistir, ela deixou o cachorro entrar na família.

Deus nos dá as coisas mais importantes: amor, alegria e paz. E também dá outras que nós sonhamos. Nem sempre é o que queremos, mas com certeza é sempre o que precisamos. O que eu preciso agora é crer!

ORAÇÃO

Deus, obrigado por ser o nosso Pai celestial e nos amar tanto.

ATIVIDADE

1) Qual foi o pedido mais importante que você já fez em oração para Deus?

2) Você confia no amor de Deus por você? Por quê?

16 de julho

O que é bom abençoa

> Não nos cansemos de fazer o bem.
> Pois [...] chegará o tempo certo em que faremos a colheita.
> —Gálatas 6:9

Hoje fomos a uma reserva florestal que fica perto de muitas cachoeiras. Foi a mãe do meu amigo que organizou o passeio.

Lá tem um lugar com árvores muito, mas muuuito altas. A guia explicou que um senhor plantou aquelas árvores 120 anos atrás, mas que não chegou a vê-las com aquela altura.

—Ué, por que ele plantou então? — o Ênio perguntou.

—Plantou porque ele creu que elas cresceriam e beneficiaram outros.

Então, eu lembrei que o vovô uma vez me explicou que Deus prometeu a Abraão que a descendência dele seria enorme. Abraão creu nessa promessa, mas ele não a viu se cumprir. Na época eu achei injusto… receber uma promessa e não ver acontecer. Mas agora que estou aqui aproveitando a sombra dessa árvore, entendi que alguém sempre será abençoado por algo bom que fazemos, mesmo que isso seja muito tempo depois. Legal, né?

ORAÇÃO

Deus, obrigado por sempre cumprir as Suas promessas, mesmo que demore um pouquinho.

ATIVIDADE

1) Você cumpre tudo o que promete? O que pensa daqueles que prometem e não cumprem?

2) Por que devemos acreditar nas promessas que Deus nos deu?

Deus é justo

17 de julho

> É ele (Jesus) quem nos liberta, e é por meio dele que os nossos pecados são perdoados.
> —Colossenses 1:14

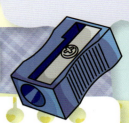

—Paiê, Deus é justiça, não é?
—Sim.
—Mas, pai, a gente só fala de injustiça ruim, mas acho que também existe a injustiça boa.
—Como assim?
—Não entendo como Deus pode ser considerado justo se Ele não nos castiga da forma que merecemos pelas coisas erradas que fazemos. Nesse caso, Ele deveria ser considerado injusto, só que de um jeito bom.

O papai riu e disse que eu estava errado.
—Filho, você sabia que existem crimes que aceitam fiança?
—O que é fiança?
—Fiança é um valor que se paga para tirar da prisão uma pessoa que cometeu crimes leves.
—E o que isso tem a ver com a justiça de Deus?
—Então, quando Jesus morreu na cruz, Ele pagou a nossa fiança. Ele sofreu para sermos perdoados e para nos livrar da sentença do pecado.
—Ah, então Deus não nos pune por causa da fiança que Jesus pagou?
—Exatamente...

ORAÇÃO

Deus, o Senhor é justo. Obrigado por aceitar a fiança que Jesus pagou para me libertar.

ATIVIDADE

1) O que você sente por saber que em Jesus é perdoado pelas coisas erradas que fez?

2) Aproveite para declarar a Jesus que Ele é o seu Salvador!

18 de julho

Jesus ou presentes?

> A tua presença (Jesus) me enche de alegria e me traz felicidade para sempre.
> —Salmo 16:11

Chegamos na casa do tio Lúcio para a festa de aniversário do Pedrinho. Ao invés de nos abraçar, ele foi direto para a mamãe pegar o presente. Mas ele ficou bravo quando viu que eram roupas, e não brinquedos.

Todos nós rimos bastante, e o vovô me chamou de canto e disse:

—Esse seu primo Pedro é uma figura! Sabe, ele me faz pensar em como a Bíblia tem razão.

—Por quê?

—Porque a Bíblia diz que, quando confiamos em coisas ou em pessoas, estamos fadados à frustração.

—O que é fadado?!

—Condenados, podemos dizer assim. Como o Pedro ainda é muito pequeno, não entende que a verdadeira alegria se encontra na presença de Jesus, e não em ter coisas.

—Mas, vô, eu também fico feliz quando ganho presentes.

—Sim, Arthur, mas você não fica triste quando não ganha, não é mesmo?

—Verdade, vô! Ter Jesus como amigo, sim, é um grande presente.

ORAÇÃO

Querido Jesus, obrigado por Sua presença em minha vida!

ATIVIDADE

1) Qual a sua reação quando você não ganha o presente que espera?

2) Por que somos felizes quando temos Jesus em nosso coração?

A culpa é do coentro!

19 de julho

> Entreguem todas as suas preocupações a Deus, pois ele cuida de vocês.
> —1 Pedro 5:7

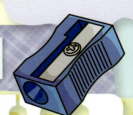

Hoje a vovó preparou uma caldeirada de peixe e frutos do mar. Todo mundo amou a comida, menos a tia Jana, porque ela não gosta de coentro:

—Só consigo sentir o gosto do coentro... Hoje vou ficar só na salada.

Depois do almoço o vovô disse para mim:

—O caso da tia Jana até se parece com muitas pessoas, quando enfrentam problemas na vida.

—Como assim, vô?

—Arthur, você percebeu vários sabores bons na caldeirada de hoje?

—Sim, estava uma delícia.

—Pois é, mas, por causa de um único ingrediente, sua tia não aproveitou o prato principal. Ela não gostou de nada na caldeirada. Na vida, às vezes, os problemas, as doenças e os imprevistos levam as pessoas a prestarem tanta atenção no que está ruim que acabam esquecendo ou desprezando o que há de bom.

—Ah, vovô, eu já sei disso. O pastor falou que, com o amor de Deus, a gente consegue enfrentar os problemas e não só ficar triste por causa deles.

—Muito bem, Arthur! Você aprendeu mesmo.

ORAÇÃO

Querido Deus, obrigado por me amar e me ajudar a enfrentar as dificuldades.

ATIVIDADE

1) Como podemos aprender a ver o lado bom das coisas em momentos difíceis?

2) No que o cuidado de Deus faz diferença em nossa vida?

20 de julho

Vizinhos no Céu

> Na casa do meu Pai há muitos quartos, e eu vou preparar um lugar para vocês.
> —João 14:2

O Ênio, o Sandro e eu estávamos conversando na praça.

—Arthur, você acredita que as pessoas vão para o Céu quando morrem?

—Claro!

—Por quê?

—Porque, depois que Jesus ressuscitou, Ele disse aos discípulos que voltaria para o Pai e prepararia uma casa para nós e que depois voltaria para nos buscar. Então é certeza que existe o Céu e que podemos morar lá.

—Viu, Ênio?

—É, se Jesus disse, deve ser verdade.

—Ênio, você não acredita no Céu?

—Eu não tenho muita certeza, mas, como você disse que foi Jesus quem falou, eu quero muito acreditar e morar lá.

—É fácil. É só se tornar filho de Deus, aceitando Jesus como seu Salvador.

—Só isso? Que bom! Então, eu estou dentro. Eu creio no amor de Deus por mim e aceito Jesus como meu Salvador.

—Que legal!

—Será que seremos vizinhos?

Não pudemos discutir isso, porque o papai me chamou.

ORAÇÃO

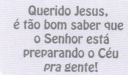

Querido Jesus, é tão bom saber que o Senhor está preparando o Céu pra gente!

ATIVIDADE

1) Você tem vontade de morar no Céu? Por quê?

2) Descreva tudo o que você imagina que encontrará lá.

Desobedecer para quê?

21 de julho

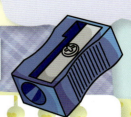

Faze com que eu queira obedecer aos teus ensinamentos...
—Salmo 119:36

Entrei na cozinha e a caixa de fósforos estava em cima do fogão. Mamãe nos proibiu de brincar com fogo porque é perigoso. Mas, puxa... queria ver como é acender um fósforo!

Peguei a caixinha e corri para o quintal. Quando peguei o fósforo...

—Arthur?

Quase morri de susto!

—Mãe?

—Por que você está me desobedecendo?

—Ai, mãe... é que eu sempre quis acender um fósforo!

—Você sabia que um erro chama outro? Você percebeu que bem do seu lado tem querosene, que é inflamável, ou seja, se cair uma faísca ali, pode provocar um incêndio?

—Eu não tinha notado.

—O problema da desobediência, filho, é que ela te leva a outras coisas erradas e traz muito prejuízo. Da próxima vez, lembre-se do que já aprendeu na Palavra de Deus e você resistirá à vontade de desobedecer.

—Está bem, mamãe!

—Sem futebol por uma semana.

—O quê? Ah, não...!

ORAÇÃO

Querido Deus, por favor me perdoe por desobedecer e me ajude a fazer o que é certo.

ATIVIDADE

1) Por que é mais fácil desobedecer do que obedecer?

2) Quais são as ordens mais difíceis de se cumprir?

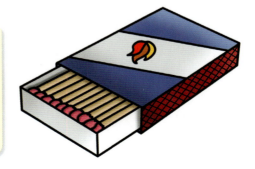

22 de julho

Pinhão bichado

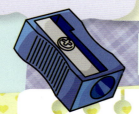

> ...deixe que Deus o ensine e guarde as palavras dele no seu coração.
> —Jó 22:22

Papai ganhou dois pacotes de pinhão de um amigo. Ele explicou que pinhão é uma semente comestível no estado do Paraná, sul do Brasil.

O primeiro pacote estava bom, mas, quando ele abriu o segundo, o pinhão estava cheio de larvas brancas. Eca! Que nojo!

O papai pegou o pacote para jogar fora, mas a mamãe gritou:

—Espera! Não precisa jogar fora, deixe-me limpar... tirar os pinhões estragados.

Demorou um pouco mais para assar o pinhão, porque a mamãe ficou um tempão separando os pinhões estragados.

Mas no final, depois de comer o pinhão, o papai disse:

—Quase joguei tudo fora por preguiça de limpá-los. Na vida a gente enfrenta dificuldades em diversas áreas e às vezes quer desistir logo de primeira. O importante é pedirmos ajuda a Deus e deixá-lo "limpar" a sujeira. Mesmo que leve um tempinho, valerá a pena!

ORAÇÃO

Deus amado, veja se há algo "estragando" minha amizade com o Senhor e limpe, por favor.

ATIVIDADE

1) Tem alguma coisa em sua vida que "estraga" os seus relacionamentos?

2) Como você pensa que pode resolver isso?

Cuidado vigilante

23 de julho

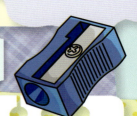

> Ninguém pode se esconder num lugar onde eu não possa ver. [...] não sabem que estou em toda parte...?
> —Jeremias 23:24

Pedrinho foi dormir com a gente, e mamãe mandou ele escovar os dentes. Ela saiu do banheiro para trocar as toalhas, mas voltou logo...

—Já escovou os dentes, Pedro?

—Sim!

Mas a mamãe viu que a pasta ainda estava na escova.

—Não escovou, não, Pedro!

—Você viu?

—Peeedro.

Ele abaixou a cabeça e começou a chorar.

—Não quero escovar os dentes.

—Por que você mentiu?

—Porque você não estava olhando.

A mamãe abaixou-se perto do Pedrinho e explicou:

—Lindinho da titia, mesmo que ninguém esteja vendo, nós não conseguimos esconder tudo o que fazemos ou deixamos de fazer, pois uma hora ou outra a verdade sempre aparece. Você sabe que, mesmo que não haja pessoas olhando, Deus sempre vê tudo e está em todos os lugares! Então, não diga mais mentiras, porque isso além de errado entristece as pessoas e a Deus.

—Está bem, tia. Desculpa.

ORAÇÃO

Jesus, ajude-me a lembrar que o Senhor vê tudo e que eu não devo mentir.

ATIVIDADE

1) O que acontece quando alguém descobre algo que você fez escondido?

2) O que você pensa da mentira? O que ela pode trazer à sua vida?

24 de julho

Jesus sabe o porquê

> ...Os meus pensamentos não são como os seus pensamentos, e eu não ajo como vocês.
> —Isaías 55:8

Hoje um homem estava pintando algumas carteiras na escola. Percebi que ele só pintava a parte de fora das mesas. Mas é preciso pintar por dentro também!

Falei com a professora, e ela me explicou que o homem precisava fazer o trabalho em duas partes: primeiro ele pinta por fora e espera secar; e só depois pinta por dentro. Assim a pintura não corre o risco de borrar.

Aí lembrei de uma conversa que o papai e o vovô tiveram um dia desses. O papai perguntou para o vovô por que Deus tinha curado a perna do seu Marcelo de um câncer, mas deixou esse amigo do vovô com um andar esquisito.

O vovô disse para o papai que não tinha as respostas, mas Jesus sempre sabe os porquês.

Acho que Jesus é igual ao pintor: mesmo que eu não entenda, sempre existe um motivo importante para Ele fazer as coisas do jeito que faz.

ORAÇÃO

Jesus, ajude-me a confiar no Seu jeito de fazer as coisas, pois o Senhor sabe de tudo.

ATIVIDADE

1) O que você geralmente pensa quando não entende o que alguém está fazendo?

2) Você sempre faz as coisas do jeito que acha certo? Por quê?

Estudar e orar para quê?

25 de julho

> (Senhor) Dá-nos sucesso em tudo o que fizermos;
> sim, dá-nos sucesso em tudo.
> —Salmo 90:17

—Pai, por que a gente precisa estudar e orar para fazer a prova? Isso não é fé.

—É, sim.

—Não é, não. Fé é eu não ter que estudar e ainda crer que Deus me ajudará a ir bem na prova.

—Mas como Deus vai ajudá-lo?

—Ué... é só Ele colocar as respostas na minha cabeça.

—Não, filho. Existem pessoas que desagradam a Deus por não acreditarem nele, mas aquelas que são folgadas e confundem Deus com a lenda do gênio da lâmpada também o entristecem.

—Tudo bem, mas então não vou orar, já que vou ter que estudar mesmo...

—Filho, já ouviu falar de pessoas que estudaram, mas, na hora da prova, deu um branco? A pessoa até sabe, mas ficou tão nervosa que não conseguia lembrar. É aí que Deus entra, trazendo calma, confiança e ajudando a pessoa a resolver as questões da prova do melhor jeito.

—Tem razão, papai. Vou estudar e orar.

ORAÇÃO

Querido Deus, ajude-me a ter fé e a não fugir das minhas responsabilidades.

ATIVIDADE

1) Você acha que as nossas ações devem ser acompanhadas pela oração? Por quê?

2) Quais têm sido os efeitos da oração em sua vida?

26 de julho

Solidariedade

> Deem alimento aos famintos e ajudem os aflitos.
> Então sua luz brilhará na escuridão...
> —Isaías 58:10 NVT

Hoje, quando chegamos para o culto, tinha uma montanha de roupas e alimentos na porta da igreja.

A mamãe e o papai também levaram várias sacolas e colocaram tudo no monte.

—Mãe, o que está acontecendo?

—Lembra aquela chuva forte que aconteceu sexta-feira? Teve alguns bairros que ficaram alagados, e muitas pessoas estão precisando de ajuda. O pessoal da igreja se mobilizou e está arrecadando tudo o que puder para ajudar.

—Ah, entendi. Mas o certo não seria a igreja orar?

—Também, filho. Mas sabe, Arthur, é preciso fazer mais do que só orar. Se um dia você chegar em casa e me pedir comida, você vai querer que eu ore ou lhe dê comida?

—Comida, é claro!

—Então, nesse momento, essas pessoas precisam sim de oração e de Jesus, mas também de comida, produtos de higiene, roupas etc.

—A senhora tem razão, mamãe.

ORAÇÃO

Deus, sei que o Senhor se importa com as pessoas. Use a minha vida para abençoá-las.

ATIVIDADE

1) Você doa roupas e brinquedos que não usa mais? Como se sente com relação a isso?

2) O que você faz quando encontra alguém que precisa de ajuda?

Saber repartir

27 de julho

> Não importa nem o que planta nem o que rega, mas sim Deus, que dá o crescimento.
> —1 Coríntios 3:7

Hoje foi o primeiro dia de aula e tivemos uma surpresa legal.
A professora de Matemática levou bolo de aniversário e brigadeiros.
—Professora, é seu aniversário hoje?
—É, sim. E eu trouxe essas delícias para comemorarmos juntos e começarmos o semestre com ânimo total!
Cada um ganhou quatro brigadeiros e um pedaço de bolo.
Eu comi um brigadeiro e o bolo. Aí, o Sandro me perguntou por que guardei três brigadeiros.
—É que eu resolvi repartir com o papai, a mamãe e a Ana.
—Que bobo! Se você não falar, eles nem vão saber que você ganhou!
—Sim, mas, se a professora pensasse assim, também não teríamos ganhado esses doces. O papai me ensinou que quem tem Jesus no coração é generoso e divide o que tem.
—Ah, entendi. Puxa vida, eu já comi três brigadeiros. Só tem mais um!
—Ué, guarda para o seu irmão pequeno!
—Boa ideia!

ORAÇÃO

Querido Jesus,
Sua bondade me abençoa
e eu quero abençoar todos
à minha volta.

ATIVIDADE

1) Você é alguém generoso? O que você faz que demonstra isso?

2) Quando alguém reparte alguma coisa com você, qual é a sua reação?

28 de julho

Coragem pela família

> Estejam alertas, fiquem firmes na fé, sejam corajosos, sejam fortes.
> —1 Coríntios 16:18

—Socorroooo!

Papai foi o primeiro a chegar no quarto da Ana por causa do grito. Um rato tinha acabado de sair de trás do guarda-roupas.

Quando ouviu a palavra "rato", mamãe começou a gritar junto com a Ana.

Papai fez as duas saírem do quarto e me pediu uma vassoura. Então ele pediu para eu sair e fechar a porta.

Ouvíamos as vassouradas e móveis sendo arrastados. Mamãe e Ana tremiam.

Depois de alguns minutos, papai abriu a porta e pediu material de limpeza e sacolas.

Ele tinha matado o rato.

Mais tarde ouvi a mamãe dizer:

—Como você teve coragem? Eu sei que você morre de nojo de ratos!

—Sim, mas eu sou o pai da Ana e, por ela e por vocês, eu faço qualquer coisa. Até enfrentar ratos nojentos!

—Eu sei, amor. Você foi muito corajoso e fez o que nós não faríamos… assim como Deus, nosso Pai, cuida daquilo que não conseguimos resolver.

ORAÇÃO

Querido Pai celestial, obrigado por ser tão bondoso e cuidar de mim o tempo todo.

ATIVIDADE

1) Que pensamento vem a sua mente ao saber que Deus é o seu Pai celestial?

2) Conte para Deus os seus medos e peça a Ele para ajudá-lo em tudo.

Alegria eterna

29 de julho

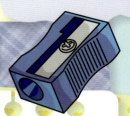

...eu os verei novamente. Aí vocês ficarão cheios de alegria, e ninguém poderá tirar essa alegria de vocês.
—João 16:22

—Pai, Jesus tinha que morrer na cruz para perdoar os nossos pecados, não é verdade?

—É, sim, filho.

—Então por que os discípulos ficaram tristes? Eles não sabiam que Jesus ressuscitaria?

—Provavelmente, a dor de ver Jesus sofrer daquele jeito fez com que eles se esquecessem dessa promessa.

—Deve ter sido muito triste!

—Toda morte é triste, porque separa as pessoas. A morte de Jesus foi terrível, mas a Sua ressurreição trouxe esperança para a humanidade e alegria ao coração dos Seus amigos.

—Então, não dá para ser alegre depois que alguém morre?

—Na verdade, dá sim, pois Jesus prometeu nos receber no Céu. Quando morrermos, encontraremos os que foram para lá antes. Essa é a nossa esperança e motivo de alegria: reencontrar no Céu aqueles que amamos.

—Ai, que bom, né, pai? Aí ficaremos finalmente juntos para sempre.

—Isso aí!

ORAÇÃO

Querido Jesus, obrigado por nos dar a alegria que é eterna através da Sua morte e ressurreição.

ATIVIDADE

1) Por que mesmo quando passamos por momentos tristes podemos ficar alegres?

2) Quem você quer encontrar assim que chegar no Céu?

30 de julho

Superando desafios

> Seja forte e corajoso! Não tenha medo nem desanime, pois o Senhor, seu Deus, estará com você...
> —Josué 1:9 NVT

Hoje começaram os Jogos Escolares da cidade, e fui escalado para o time de futebol. Quando entramos na quadra, na escola adversária, a torcida deles fazia muito barulho. Os jogadores deles eram mais altos e fortes do que nós.

Ficamos apavorados!

O técnico reuniu a equipe:

—Galerinha, é o seguinte: vocês jogam bem. O segredo é acreditar! Na Bíblia tem a história de um rapaz chamado Neemias. Ele organizou o povo e reconstruiu os muros da cidade em apenas 52 dias. Durante o trabalho, teve gente torcendo contra e atrapalhando, mas ele sabia que Deus estava na frente e manteve o foco. Foi assim que tudo deu certo! Agora vocês vão entrar em campo, jogar bem, trocar passes e marcar gols. Não importa o tamanho deles, façam gols!

Dito e feito!

Bem que o outro time tentou, mas nós acreditamos e ganhamos a partida!

ORAÇÃO

Amado Deus, aprendi que, quando confio no Senhor, já venci os desafios!

ATIVIDADE

1) Qual foi o maior desafio que você já enfrentou?

2) Em quais momentos da sua vida você pede ajuda de Deus?

Você anda com quem?

31 de julho

> Sigam o meu exemplo como eu sigo o exemplo de Cristo.
> —1 Coríntios 11:1

—Mãe, o que significa este ditado: "Me diga com quem você anda e eu direi quem você é"?

—Ele explica que as pessoas pensam que somos como aquelas que andam com a gente. Por exemplo, se eu andar com criminosos, serei considerada uma criminosa também.

Mas aí lembrei da Bíblia:

—Mas, mãe, Jesus andava com pessoas erradas! Lembra do Zaqueu, que roubava o povo? Jesus até dormiu na casa dele!

—É verdade, Arthur, mas tem um segredo: era Jesus quem influenciava as pessoas. Jesus não se deixava influenciar por elas. Eles as amava, perdoava seus pecados e as transformava em pessoas de bem.

—Ahhhh, entendi. O ditado diz que ficamos iguais a quem nos influencia, né? Então, se eu falar de como Jesus me perdoou e limpou meu coração, e meus amigos o aceitarem também, eles serão salvos e perdoados como eu, certo?

—Exatamente!

ORAÇÃO

Querido Jesus, assim como eu o conheço, quero que os meus amigos conheçam o Senhor também.

ATIVIDADE

1) Você costuma influenciar ou ser influenciado pelos seus amigos? Por quê?

2) Qual o exemplo de Jesus que você demonstra na sua vida?

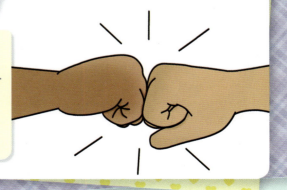

1º de agosto

Filho preferido

Porque o Senhor corrige quem ele ama,
assim como um pai corrige o filho a quem ele quer bem.
—Provérbios 3:12

Ana me provocou, dizendo que era a filha preferida da mamãe. Discordei, e começamos a brigar.

Aí a mamãe chegou e nos mandou parar de discutir.

—Mãe, a Ana disse que a senhora gosta mais dela do que de mim.

Mamãe olhou séria para a Ana:

—De onde você tirou isso?

—Ah, mãe, eu sou mais obediente.

—Ana, eu não tenho filho preferido.

—É, mas a senhora deixou a Ana passear com a amiga, mas não me deixou ir à casa do Sandro.

—Porque você está de castigo, lembra?

—Castigo não é amor!

—É, sim! Por exemplo, Deus ama a todos de forma igual, mas trata cada um de Seus filhos de forma diferente.

—Mas Deus deixa as pessoas de castigo?

—Arthur, Deus, como um pai, corrige aqueles a quem ama. E quando Ele faz isso, é para o nosso bem. Aqui em casa também é assim. Sem filhos preferidos, pois os dois são muito amados por mim e pelo papai. Mas, quando necessário…

—Já sei…

ORAÇÃO

Querido Deus, obrigado por me amar e me corrigir quando é necessário.

ATIVIDADE

1) Você se sente amado por Deus? O que lhe garante isso?

2) Qual amigo você gostaria que conhecesse o amor de Deus? Aproveite e ore por ele agora!

Água da Vida

2 de agosto

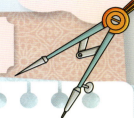

> O anjo também me mostrou o rio da água da vida [...] que sai do trono de Deus e do Cordeiro.
> —Apocalipse 22:1

Quando chegamos à igreja, vi um amigo e corri para dar "oi", mas não vi a pedra que estava no caminho, tropecei e caí.

Foi o maior tombo...

Meu joelho ficou sujo e machucado. Mamãe passou um pouco de água, mas, como ainda saía muito sangue, ela me levou ao hospital.

O médico disse que não era grave e me levou para fazer um curativo.

A enfermeira colocou minha perna embaixo da torneira e a abriu até o fim para lavar o machucado.

A mamãe estranhou:

—Precisa mesmo lavar tanto assim?

—Com certeza! O que limpa mesmo é muita água corrente.

Depois de alguns minutos, a mulher passou bastante pomada e cobriu o machucado com gaze.

Com toda aquela água, lembrei que uma vez o papai disse que Deus nos convida a mergulhar no rio da Água da Vida: Jesus. Pois esse é o jeito de conhecer a Deus de forma profunda e ser transformado, curado e cheio de vida.

ORAÇÃO

Querido Deus, obrigado por me permitir mergulhar no Seu rio de vida!

ATIVIDADE

1) Quando não sabemos nadar, mergulhamos ou molhamos os pés num rio. O que é necessário para mudar isso?

2) Como podemos conhecer Deus profundamente?

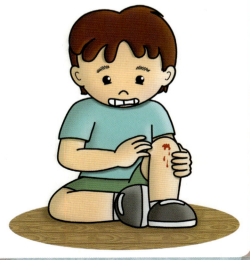

3 de agosto

Disputa de Matemática

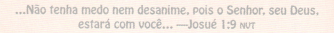

...Não tenha medo nem desanime, pois o Senhor, seu Deus, estará com você... —Josué 1:9 NVT

Ana chegou em casa nervosa. Ela e outras duas alunas foram escolhidas para representar a nossa escola no campeonato de Matemática da cidade.

Ana ficou preocupada. Ela acha que não irá bem!

Mas a mamãe teve uma ideia: ela, o papai e eu fizemos cartas e bilhetes para a Ana dizendo o quanto ela é estudiosa, aplicada, inteligente e o quanto ela gosta de Matemática.

Eu fiquei na dúvida se a Ana gostaria, mas a mamãe disse que isso é encorajamento.

—O que é encorajamento, mãe?

—É quando nos esforçamos para ajudar alguém a acreditar que é capaz de realizar alguma coisa importante ou difícil!

Quando Ana entrou no quarto e encontrou nossas mensagens, ficou muito feliz! Ela ficou mais empolgada para o desafio, e nós prometemos orar por ela e ajudá-la a estudar.

ORAÇÃO

Deus, ajude-me a encorajar meus amigos a fazer coisas boas e importantes.

ATIVIDADE

1) Você já enfrentou um desafio difícil? Qual?

2) Quem o encorajou a realizá-lo?

Convidados para o aniversário

4 de agosto

> ...nunca tratem as pessoas de modo diferente por causa da aparência delas.
> —Tiago 2:1

A mãe da Bebel fará uma festa de aniversário para ela. Na mesa para o lanche da tarde, ela e a Ana resolveram organizar a lista dos convidados:

—Bebel, você vai convidar a Maria Eduarda?

—Acho que não!

—Ué, por quê?

—Acho que ela não pode dar presente!

Ao ouvir isso, a mãe da Bebel se aproximou:

—Filha, você deve convidar as pessoas por amá-las e considerá-las pelo que elas são, não pelo que têm. Amizade não é um negócio. Você não compra amigos e por isso não deve se preocupar com presentes. Você gosta da Maria Eduarda?

—Sim!

—Então, coloque o nome dela na lista para sua festa.

Como eu estava junto, lembrei-me do papai dizendo que Jesus nos deu o maior presente de todos, mesmo sabendo que jamais conseguiríamos retribuir. O papai disse que devemos oferecer amor às pessoas sem esperar nada em troca. Acho que foi isso que a mãe da Bebel tentou explicar a ela!

ORAÇÃO

Jesus, ensine-me a ser alguém amoroso e generoso com as pessoas!

ATIVIDADE

1) Você brinca com todas as crianças da sua turma, ou exclui algumas? Por quê?

2) Peça aos seus pais para lhe explicarem o que é "Amar sem interesse"!

5 de agosto

Deus irado?

O Senhor é bondoso e misericordioso, não fica irado facilmente e é muito amoroso.
—Salmo 103:8

—Arthur, você sempre fala que Deus é bom, né? Mas meu avô sempre fala que não é bem assim. Ele diz que, apesar de Deus ser amor, Ele é justiça e fica irado, que é a mesma coisa que muito bravo. Meu avô diz que tem medo de Deus.

—É verdade, André, eu também já tive muito medo de Deus. Mas aí o meu pai me explicou que Deus fica bravo com quem faz mal às pessoas. Quando Ele fica irado e aplica a Sua justiça, Ele faz isso para defender pessoas que não conseguem se defender sozinhas e são prejudicadas pelos outros. Meu pai disse que eu posso confiar totalmente em que Deus não fica irado com a gente por causa dos nossos erros, mas Ele quer nos proteger da maldade e das injustiças. Deus é muito mais amor do que a gente pensa!

—Ufa, que bom, eu não queria ficar com medo de Deus! Não quero ficar longe dele!

ORAÇÃO

Querido Deus, obrigado por me amar e ser misericordioso comigo quando erro.

ATIVIDADE

1) O que você sente quando vê alguma injustiça?

2) De acordo com a conversa do Arthur, por que não precisamos sentir medo de Deus?

A entrega dos convites

6 de agosto

...façam o bem, que sejam ricos em boas ações, que sejam generosos e estejam prontos para repartir...
—1 Timóteo 6:18

Bebel e Ana chegaram animadas à escola e distribuíram os convites para a festa de aniversário.

Cada aluno que recebia o convite ficava feliz, mas, quando chegou a vez da Maria Eduarda, foi especial.

Ela não esperava ser convidada e ficou tão feliz, mas tão feliz, que seus olhos se encheram de lágrimas.

A Bebel e a Ana sentiram tanta alegria por ver a felicidade da Maria Eduarda que só falaram disso enquanto voltávamos para casa.

Foi então que a mãe da Bebel explicou:

—Filha, a generosidade é uma das características mais bonitas nos seres humanos. A própria Bíblia diz que dar é melhor que receber. E hoje tenho certeza que vocês experimentaram essa sensação de alegria em abençoar alguém.

—Verdade, mãe! Mesmo que ela não me dê nada, a alegria que sinto por vê-la feliz é maior do que ganhar qualquer presente.

ORAÇÃO

Jesus, quero ser generoso e amar as pessoas sem exigir nada em troca.

ATIVIDADE

1) Você já deixou alguém feliz por algo que fez? O que foi?

2) Descreva como você se sentiu depois dessa experiência.

7 de agosto

Desclassificadas

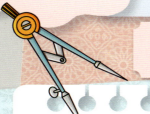

(O Senhor) fica perto dos que estão desanimados e salva os que perderam a esperança. —Salmo 34:18

Depois de tanto incentivo, Ana foi animada para o campeonato de Matemática. Hoje foi a primeira fase da disputa.

Mas, quando as alunas voltaram para a escola, estavam desanimadas e tristes.

Então a professora explicou que, por muito pouco, elas ficaram de fora da semifinal e final, que acontecerão na próxima semana.

Enquanto íamos embora, Ana chorava de decepção.

Em casa, o papai a abraçou e orou com ela, pedindo ao Espírito Santo que consolasse o coração da minha irmã.

Ela se sentiu melhor…

Papai sempre diz que nem tudo na vida será do jeito que a gente quer e imagina, mas que o importante é saber que em tudo, nos momentos alegres ou nos tristes, Jesus está sempre conosco, derramando Sua graça e nos fortalecendo.

Ainda bem! Só Jesus para consolar a minha irmã, porque eu não consegui.

ORAÇÃO

Pai celestial, é tão bom saber que o Senhor nos consola quando estamos tristes!

ATIVIDADE

1) Você já experimentou o consolo do Espírito Santo? Como foi?

2) O que você sente por saber que Jesus está com você em todos os momentos?

Parentes que não conhecem Jesus

8 de agosto

> ...desejo de todo o coração que o meu próprio povo seja salvo...
> —Romanos 10:1

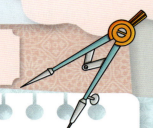

—Arthur, sua mãe tem dois tios e quatro primos que ainda não aceitaram a Jesus como Salvador.

—Sério, papai?

—Sim, mas você não os conhece. Eles moram em outro país.

—Ah, bom.

—Mas, filho, mesmo não sendo próximos, você não fica triste por eles?

Para falar bem a verdade, eu não fiquei triste, mas tive vergonha de contar ao papai.

—Ah, pai, é que...

Ele percebeu minha situação e me disse:

—Sabe o Paulo da Bíblia? Ele chegou a dizer que abria mão até da sua amizade com Deus se isso garantisse que todo o povo de Israel fosse salvo!

—Que maluquice, pai!

—Na verdade, filho, isso é amor. Igual a Deus, que abriu mão do Seu Filho por nós. Mesmo que você não seja próximo desses seus tios e primos, que tal orarmos pela salvação deles a partir de hoje?

—Combinado, pai. Vou colocá-los na minha lista de oração.

ORAÇÃO

Deus, ajude-me a orar pelos parentes que ainda não conhecem o Seu amor e a Sua salvação.

ATIVIDADE

1) Por quais pessoas, que ainda não conhecem a Jesus, você tem orado?

2) Cite o nome de dois familiares que você deseja que conheçam a Jesus.

9 de agosto

Lembranças boas

Deem graças a Deus, o Senhor, porque ele é bom; o seu amor dura para sempre.
—Salmo 136:1

Hoje tinha um monte de velhos amigos do vovô no almoço e conversaram o tempo todo sobre coisas que aconteceram bem antes de eu nascer.

No final, o vovô resolveu orar. Ele disse que aquela tarde tinha sido especial, pois se lembraram de quantas coisas boas Deus fez na vida de todos.

Foi a oração mais demorada da minha vida! Eu até sentei.

Eles resolveram agradecer por cada coisa. E eram muitas.

Depois de um tempo, todos choravam.

—Pai, se eles estão felizes, por que estão chorando?

—Filho, isso é gratidão. Pelo tanto que você já viveu, já pode lembrar de muitas coisas boas que Deus fez por amor a você, não pode?

—Posso, sim!

—Então, imagina eles, que são quase dez vezes mais velhos que você!

—Eita, então essa oração não vai acabar nunca!

Papai riu... o vovô ouviu e tratou logo de dizer o "amém"!

ORAÇÃO

Deus, obrigado pelo Seu amor e pela Sua bondade guiarem a gente a vida toda!

ATIVIDADE

1) Faça uma disputa com algum adulto mais velho e veja quem consegue contar mais coisas que Deus fez!

2) Qual foi a coisa mais legal que seu avô ou avó já contou?

Reclamar é pecado?

10 de agosto

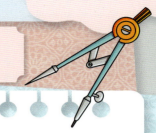

> Levo (ao Senhor) todas as minhas queixas e lhe conto todos os meus problemas.
> —Salmo 142:2

—Mãe, é pecado reclamar?
—É.
—Mas e se eu estiver com dor? Se eu não reclamar, a senhora não pode me ajudar, né?
—Verdade...
—E se eu não contar à professora que a matéria ou exercício estão difíceis? Como ela saberá que precisa me ajudar?
—Verdade, filho, você tem razão. É que existem pessoas que reclamam de tudo, sendo, muitas vezes, ingratas e injustas. Mas, nessas situações que você está falando, você não está reclamando, mas, sim, indicando os problemas e pedindo ajuda para resolvê-los. É diferente e, nesses casos, Deus não se entristece. Ao contrário, quando estamos orando, Ele fica feliz se "reclamamos" para Ele, pois então Ele sabe que estamos confiando no poder dele para nos ajudar.
—Ufa! Ainda bem, porque hoje eu reclamei bastante na aula de Ciências, então a professora me ajudou.

ORAÇÃO

Deus, nos momentos difíceis, vou me queixar, mas é só para o Senhor me ajudar...

ATIVIDADE

1) Você reclama de tudo ou pede ajuda? Para quem?

2) Quem é a pessoa que mais o ajuda quando você está com alguma dificuldade?

11 de agosto

Seu Jaime, o gari-florista

> O que vocês fizerem façam de todo o coração, como se estivessem servindo ao Senhor e não às pessoas.
> —Colossenses 3:23

Lá vem o seu Jaime!

Toda semana ele limpa as ruas do bairro e conversa com os moradores. Faz uns três anos que ele começou a trazer mudas de flores e plantar nos canteiros, nas praças, em todos os cantos que ele encontra com terra. Hoje tem um monte de roseiras espalhadas pela vila. Agora, além de varrer as ruas, ele também rega as plantas.

Ele pede água para os moradores e foi assim que ele acabou fazendo amizade com todo mundo.

No ano passado, a filha do seu Jaime casou. Ele contou para uma mulher da rua de cima que a filha estava triste porque o vestido que queria era caro demais. A vila toda se juntou e alugou o vestido para a moça. Seu Jaime chorou de felicidade!

Papai disse que seu Jaime faz tudo de coração e para louvar a Deus e é por isso que o serviço dele é excelente.

Ele deixa nossa vila limpa e linda!

ORAÇÃO

Deus, ajude-me a fazer tudo com muito carinho e dedicação como se fosse para o Senhor.

ATIVIDADE

1) Sabia que as suas ações demonstram o quanto você ama a Deus?

2) Escreva três coisas que você pode fazer com mais excelência a partir de hoje!

Pedido de ajuda

12 de agosto

Pois o Senhor ama a justiça...
—Salmo 37:28 NTV

—Mamãe, a senhora acredita que ainda existe trabalho infantil e trabalho escravo no mundo?
—Infelizmente existe sim, Arthur! E em muitos lugares.
—Na aula de História, a professora falou que existe muita gente trabalhando de forma irregular na indústria que faz roupas. Como é o nome mesmo?
—Indústria têxtil.
—Isso! Aí ela disse que às vezes, quando as pessoas compram as roupas, existem palavras escritas em outras línguas dentro ou na etiqueta e aí, quando essas descobrem o que significam, elas veem que é um pedido de socorro!
—Verdade, filho. E graças a esses pedidos de socorro, a sociedade já se mobilizou em várias partes do mundo para combater essas injustiças. E sempre que possível, além de orar, devemos apoiar essas causas no combate a essas injustiças munidos com o amor de Deus.

ORAÇÃO

Querido Deus, ajude-me, no Seu amor, a combater as injustiças que existem ao meu redor.

ATIVIDADE

1) Combata o trabalho infantil e o trabalho escravo no mundo com oração. E, quando possível, aja!

2) Quando precisa de socorro, a quem você recorre?

13 de agosto

O presente mais legal

Quem é generoso progride na vida; quem ajuda será ajudado.
—Provérbios 11:25

Chegou o dia da festa de aniversário da Bebel! Todos da turma vieram e nos divertimos muito. Tinha cama elástica, brigadeiro e bolo de morango! Hummm!

Quando todos foram embora, a Ana e eu ficamos para abrir os presentes junto com a Bebel.

Ela amou a boneca que demos, mas o presente preferido foi um colete com gravata borboleta feitos para o Gravata, o cachorrinho dela. Tinha ossinhos desenhados e até o nome dele escrito na gravatinha.

Ela colocou a roupinha no cãozinho e logo tirou uma foto!

Sabe quem deu esse presente? A Maria Eduarda. Ela contou para a gente que sua mãe é costureira e faz muitas coisas, inclusive roupinhas para cachorro.

A mãe da Bebel disse que é bem assim mesmo: quando somos generosos, Deus permite que outras pessoas sejam ainda mais bondosas com a gente e todos ficam felizes!

ORAÇÃO

Deus, eu agradeço por todas as pessoas bondosas que abençoam as outras!

ATIVIDADE

1) Qual foi o presente mais legal que você já ganhou sem esperar?

2) Você já foi abençoado por abençoar outra pessoa? De que forma?

Pelas corredeiras

14 de agosto

> Quando você atravessar águas profundas, eu estarei ao seu lado, e você não se afogará...
> —Isaías 43:2

—E aí, Arthur, tudo bem?
—Tudo, tio Lúcio! O que tem nessa sacola aí?
—Ah, comprei roupas adequadas para minha aventura amanhã.
—Que aventura?
—Vou participar de um *rafting* com uns amigos.
—O que é isso?
—*Rafting* é um esporte coletivo. Vamos em várias pessoas num bote, remando, ao longo de um rio com corredeiras. Às vezes essas corredeiras são tão fortes que o barco vira e todos caem!
—Mas isso não é perigoso?!
—Então, dá medo, sim! Mas vamos com o colete salva-vidas e aí, mesmo que levemos alguns sustos da água, nada de mal acontece, porque o colete nos protege.
—Ah, entendi! É igual o papai fala da vida, né? Na vida a gente enfrenta muitos desafios assustadores, mas, com a presença de Jesus, a gente tem certeza que tudo vai dar certo no final.
—Olha, Arthur, é isso aí mesmo. Perfeito!

ORAÇÃO

Deus, é muito bom saber que o Senhor é mais protetor do que um colete salva-vidas.

ATIVIDADE

1) Você tem medo de entrar no rio ou no mar? Por quê?

2) Você já usou colete salva-vidas? Como foi essa experiência?

15 de agosto

Deus sabe de tudo

> Deus, o Senhor nosso, é grande e poderoso; a sua sabedoria não pode ser medida.
> —Salmo 147:5

Uma amiga de mamãe estava na nossa sala e chorava muito. Mamãe fez sinal de silêncio e me mandou para o quarto.

Fui para lá e fiquei até a moça ir embora.

Eu estava curioso e fui até a cozinha encontrar a mamãe:

—Por que a sua amiga estava tão triste?

—Ah, filho, ela descobriu uma doença nos olhos que não tem cura. Ela vai ficar totalmente cega em pouco tempo.

—Que tristeza!

—Com certeza, filho. Ela estava brava e disse que Deus não podia fazer isso com ela, mas então eu expliquei que Deus é tão sábio, vê o que não vemos e sabe o que não sabemos. Ele está no controle e não a deixará sozinha!

—E ela ficou mais calma?

—Sim. Não somos capazes de entender tudo o que Deus faz ou permite acontecer, mas sabemos que, em tudo, o amor dele está presente. Então ela decidiu apenas confiar!

—Que bom, mamãe...

ORAÇÃO

Deus, o Senhor sabe de todas as coisas; ajude-me a crer que o Senhor está no controle.

ATIVIDADE

1) Você confia totalmente no amor de Deus? Por quê?

2) Como você pode demonstrar sua confiança no Senhor?

Só que não!

16 de agosto

> Não tenha pressa de comer a boa comida que ele serve, pois ele pode estar querendo enganar você.
> —Provérbios 23:3

Quando a gente foi ao mercado, vi um pacote de bolo e na embalagem aparecia um bolo de chocolate recheado com muito, mas muito chocolate. Insisti para a mamãe comprar e deu certo!

Ela disse que eu só poderia comer depois do almoço. Esperei um montão. Minha barriga doía de "fome" daquele bolo.

Quando o almoço acabou e a mamãe abriu o pacote, o bolo era pequenininho e quase não tinha recheio.

Fiquei decepcionado!

A mamãe disse que aquela foto era para atrair compradores.

—Mas isso é enganação!

—Verdade, filho, tem muita gente só querendo levar vantagem, por isso usam imagens meramente ilustrativas que não representam a realidade do produto. O importante é não fazermos a mesma coisa.

—Como assim?

—Quando dizemos que cremos em Jesus, nossa vida deve refletir a vida dele. Caso contrário, também seremos uma enganação!

ORAÇÃO

Jesus, ajude-me a viver o que falo sobre o Senhor... não quero ser uma enganação!

ATIVIDADE

1) Você já foi enganado pelos seus olhos? Comprou algo que não era tão bom assim? O que foi?

2) Como você se sentiu?

17 de agosto

Slackline

Imediatamente Jesus estendeu a mão, segurou Pedro...
—Mateus 14:31

Na aula de Educação Física hoje, o professor levou uma fita flexível e a amarrou entre duas árvores. O nome desse esporte é *slackline*.

Era só subir na fita e andar até o outro lado. Mas ninguém conseguiu de primeira.

O professor deu muitas dicas e disse que o segredo é usar os braços para se equilibrar. Mesmo assim, foi muito difícil.

Ainda tentei andar bem rápido, mas perdi o equilíbrio e quase dei de cara no chão. Sorte que o professor me segurou!

Quando contei ao papai sobre a aula, o olho dele encheu de lágrimas.

—O que foi, pai?

—Filho, ainda hoje eu estava pensando que é difícil ser adulto e equilibrar tudo nessa vida. Aí o Espírito Santo me fez lembrar de quando Jesus segurou a mão de Pedro e não o deixou afundar. É mais ou menos como seu professor fez com você hoje. Jesus nos livra de cair todos os dias!

ORAÇÃO

Jesus, obrigado por ajudar o meu pai a dar conta das coisas que precisa fazer todos os dias.

ATIVIDADE

1) Seus pais são muito atarefados como os do Arthur? O que eles fazem?

2) De que maneira você os ajuda?

Vestido feio, mas bonito

18 de agosto

> Pois sabemos que todas as coisas trabalham juntas para o bem daqueles que amam a Deus...
> —Romanos 8:28

Mamãe mandou fazer um vestido especial para a Ana.

Hoje a costureira veio aqui em casa fazer "a prova".

Estranhei:

—Ela vai fazer uma prova aqui em casa?

—Não é prova de escola. É que a Ana vai provar o vestido para fazer os ajustes.

De repente, a Ana apareceu com um vestido esquisito, com um monte de alfinetes e tecido sobrando. Um horror!

Você acredita que elas acharam bonito aquele negócio?

Quando o papai chegou, contei para ele que elas gostaram do vestido, mas falei que era horroroso.

O papai riu e explicou que as mulheres conseguem imaginar como as coisas ficarão no final, já prontas. Por isso elas ficaram empolgadas. Ah, ele falou também que Deus é especialista nisso de saber o final das coisas que ainda estão acontecendo e é por isso que podemos confiar que tudo dará certo e está no controle de Deus!

ORAÇÃO

Deus, fico aliviado em saber que o meu futuro está nas Suas mãos e que será bonito.

ATIVIDADE

1) Quando você vê algo em construção, consegue imaginar como ficará no final?

2) Por que podemos confiar que Deus está cuidando de nós e do nosso futuro?

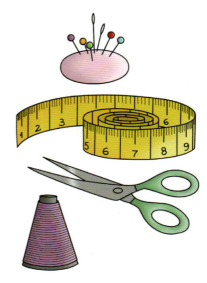

19 de agosto

Criador maravilhoso

Ó Senhor, meu Deus, com o teu grande poder e com a tua força, fizeste o céu e a terra...
—Jeremias 32:17

Na hora do almoço, passa um jornal na televisão só com notícias aqui do nosso estado e das nossas cidades.

Esta semana os repórteres estão indicando lugares bonitos da natureza escondidos na nossa cidade e nas outras cidades da região. Tem bosque, tem praias, tem trilhas ecológicas, mas hoje foi a vez de falarem sobre as cachoeiras. Tem uma mais linda que a outra. Deu vontade de ir até lá conhecer, pois não fica muito longe daqui.

Fiquei pensando na beleza das cachoeiras e lembrei que foi Deus quem criou todas as coisas.

Puxa, Deus é mesmo poderoso! Ele consegue fazer cada coisa boa, bonita e incrível!

Deus é mesmo maravilhoso! E muito criativo, como diz a minha professora da escola bíblica.

Depois dessa reportagem, tomara que o papai se anime em nos levar para conhecer essa cachoeira!

ORAÇÃO

Amado Deus, que linda natureza o Senhor criou! Obrigado por compartilhá-la comigo!

ATIVIDADE

1) Qual o lugar mais bonito da natureza que você já conheceu?

2) Qual lugar você ainda não conhece, mas tem vontade de conhecer? Por quê?

Serviço completo

20 de agosto

> É por meio do próprio Jesus Cristo que os nossos pecados são perdoados. E (...) também os pecados do mundo inteiro.
> —1 João 2:2

—Pai, quando Jesus morreu na cruz, ele pagou por todos os nossos pecados, não foi?

—Sim.

—Se Jesus já fez tudo, eu não preciso fazer nada, né?

—Não é bem assim. Realmente não teríamos condição alguma de salvar a nós mesmos, mas temos que fazer a nossa parte: aceitar e reconhecer Jesus como nosso Salvador, além de obedecer ao que a Palavra de Deus diz.

—Como assim?

—Jesus já fez todo o trabalho: pagou o preço pelos nossos erros e nos trouxe a salvação. Então, como aceitamos essa salvação e vivemos agradecidos a Ele por ela, precisamos praticar o que a Bíblia diz para que a nossa vida seja transformada. Assim outras pessoas procurarão conhecer Jesus por verem a alegria que temos por ter Cristo em nosso viver.

—Entendi! Jesus já fez tudo, mas preciso fazer a minha parte.

—Exatamente!

ORAÇÃO

Jesus, muito obrigado por perdoar os meus pecados e os de toda a humanidade.

ATIVIDADE

1) Você já agradeceu a Jesus hoje pela salvação que Ele lhe concedeu?

2) De que forma a sua vida reflete o seu amor e a sua gratidão a Jesus?

21 de agosto

Deus também é Pai

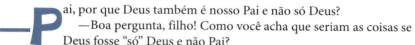

Vejam como é grande o amor do Pai por nós! O seu amor é tão grande, que somos chamados [...] seus filhos.
—1 João 3:1

—Pai, por que Deus também é nosso Pai e não só Deus?
—Boa pergunta, filho! Como você acha que seriam as coisas se Deus fosse "só" Deus e não Pai?
—Acho que Ele seria poderoso do mesmo jeito.
—Com certeza, e o que mais?
—Ah... mas acho que Ele não seria tão bondoso assim com a gente.
—Ué, mas a essência de Deus é o amor!
—Eu sei, mas o senhor, por exemplo, é uma ótima pessoa, só que não cuida de tudo para outras pessoas; mas para mim, cuida. O que eu como, a roupa que eu uso, me dá bronca se faço coisa errada, me leva ao médico quando estou doente...
—Viu, filho? Você acabou de responder sua pergunta! Quando Jesus morreu naquela cruz por nós, conquistou o direito de sermos filhos de Deus e deu a Ele a oportunidade de fazer tudo o que um pai bondoso faz para seus filhos.
—Verdade, pai. Deus é um Pai *pra* lá de perfeito!

ORAÇÃO

Deus, obrigado por ser esse Pai maravilhoso que cuida de mim o tempo todo!

ATIVIDADE

1) Você consegue chamar Deus de "pai"? Por quê?

2) Sobre o que você mais conversa com o Pai que está no Céu?

Amor que perdoa e cuida

22 de agosto

> Mas eu — eu mesmo — sou o seu Deus e por isso perdoo os seus pecados e os esqueço.
> —Isaías 43:25

Mamãe já tinha avisado para eu não ir ao quintal hoje, porque está cheio de vidros.

Esqueci e fui jogar bola no quintal.

Chutei forte, e a bola foi direto no espelho que estava lá.

Voou caco para todos os lados e fez muito barulho.

Eu corri para me esconder, mas pisei em um caco e fez um corte enorme no meu pé.

Mamãe chegou ao quintal furiosa, mas, quando me viu machucado, esqueceu da bronca e veio me ajudar.

Limpou o machucado, tirou o caco, passou remédio e fez um curativo.

Depois ainda veio me trazer um pedaço de bolo.

—A senhora não ficou brava comigo?

—Sim, mas fiquei muito mais preocupada com a sua saúde. Você erra muitas vezes, mas independentemente disso será sempre meu filho amado. Eu o perdoei e estou cuidando de você.

—Ah, já sei com quem você aprendeu isso: com Deus e Jesus!

Ela sorriu balançando a cabeça que sim.

ORAÇÃO

Jesus, é muito legal o Senhor me amar sempre, até quando faço coisas erradas.

ATIVIDADE

1) Você já foi perdoado por algo errado que fez? Pelo quê?

2) Que lição essa experiência lhe trouxe?

23 de agosto

Obediente e feliz

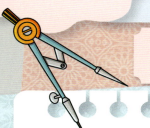

Aleluia! Feliz aquele que teme a Deus, o Senhor, que tem prazer em obedecer aos seus mandamentos!
—Salmo 112:1

Todos os dias precisamos acordar cedo. Somente no fim de semana a mamãe nos deixa dormir até um pouco mais tarde. Mas mesmo assim não pode passar das 9h30 da manhã.

Hoje eu queria dormir um pouco mais, mas ela não deixou:

—Mãe, é muito injusto isso. Hoje é dia de folga! Deixa eu fazer as coisas do meu jeito só um dia!

—Filho, lembra da história de Abraão, que saiu da terra dele com a esposa e seus empregados e foram andando conforme Deus mandava, sem saber para onde estavam indo?

—Sim, o que tem?

—Abraão foi um homem muito feliz e abençoado. Mas ele sempre seguiu as ordens de Deus e não fazia as coisas do jeito dele. Você também será mais feliz e realizado quando obedecer aos seus pais e a Deus, que amam muito você e buscam o seu bem.

—Verdade, mãe? Já estou levantando!

ORAÇÃO

Querido Deus, ajude-me a obedecer aos meus pais e ao Senhor todos os dias.

ATIVIDADE

1) Você obedece aos seus pais sem reclamar?

2) Qual ordem dos seus pais é a mais difícil de obedecer? Por quê?

Imitando Jesus

24 de agosto

> Sejam meus imitadores, como eu sou imitador de Cristo.
> —1 Coríntios 11:1 NVT

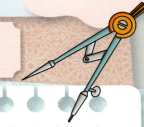

Hoje na aula de Educação Física a gente brincou de "sombra". Um aluno precisava imitar com perfeição o que o outro estava fazendo.

Algumas pessoas foram muito mal, mas teve gente que parecia um espelho de tão igual.

A Ana e a Bebel viram quando foi a minha vez, mas elas disseram que eu não sou muito bom para fazer a "sombra".

O Sandro me defendeu.

Ele disse que eu posso até não ser muito bom como "sombra", mas sou o melhor imitador de Jesus que ele conhece.

—Como assim?

—Ah, Ana, o seu irmão é muito legal. Ele é parceiro, ajuda todo mundo, não arruma brigas e ainda ajuda a resolver os problemas dos outros. Ele fala do amor de Jesus para todo mundo. Aí, um dia, falei dele para o meu tio, e ele disse que o Arthur é tão parecido com Jesus que o dia que eu quiser ver Jesus é só olhar para o Arthur.

ORAÇÃO

Jesus, estou feliz por saber que me pareço com o Senhor por imitá-lo em meu viver!

ATIVIDADE

1) Pense sobre o seu comportamento. Você acha que se parece com Jesus? Por quê?

2) O que você pode melhorar para se parecer mais com Ele?

25 de agosto

Bolo de chocolate

> ...sejam generosos e estejam prontos para repartir com os outros aquilo que eles têm.
> —1 Timóteo 6:18

Minha mãe mandou bolo de chocolate no lanche. Ela mandou quatro pedaços para eu repartir com meus amigos.

Quando abri a lancheira, meus amigos ficaram de olho no meu lanche. Tinha seis amigos e só quatro pedaços de bolo. Então, dividi três pedaços e dei a metade para cada um. Eu ficaria com um pedaço, mas aí apareceram o Sandro e o Ênio.

E se não ganhassem do bolo, eles ficariam com vontade.

Então lembrei que em casa tinha mais bolo e reparti o meu pedaço com eles.

Cheguei em casa com muita fome e contei para a mamãe o que tinha acontecido. Ela sorriu e disse:

—Que bom, filho, pois eu peguei o restante daquele bolo e recheei com *marshmallow*!

Uau! Eu amo *marshmallow*.

Bem que a mamãe sempre diz que Deus é generoso com quem pratica a generosidade.

Comi dois pedaços! Estava muito bom!

ORAÇÃO

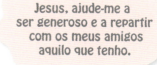

Jesus, ajude-me a ser generoso e a repartir com os meus amigos aquilo que tenho.

ATIVIDADE

1) Você costuma dividir doces e brinquedos com seus amigos? O que o motiva a fazer isso?

2) Alguém já foi generoso com você? O que você sentiu?

Segunda chance

26 de agosto

> Como Deus é poderoso! Ele não despreza ninguém. Deus sabe todas as coisas.
> —Jó 36:5

A professora mandou a gente formar grupos de quatro pessoas para fazer o trabalho de História. Eu, o Ênio e o Sandro já estávamos juntos, aí resolvi chamar o Samuel.

O Ênio não quis.

Ele disse que o Samuel é preguiçoso e que, no ano passado, quando fizeram um trabalho juntos, ele quase não ajudou.

Só que, enquanto a gente ficou decidindo, os outros grupos ficaram completos e só sobrou o Samuel. A professora mandou ele ficar com a gente.

Na hora de fazer o trabalho, o Samuel nos ajudou bastante, e o Ênio ficou menos bravo.

Contei tudo para o papai antes de dormir, e ele me disse que as pessoas erram muito, mas Deus perdoa e ajuda as pessoas a melhorarem. Com o tempo, o Samuca melhorou. Nós realmente precisamos dar novas chances às pessoas.

Achei isso bem legal! Que bom que nós demos essa segunda chance para o Samuel!

ORAÇÃO

Deus, obrigado por perdoar o que a gente faz de errado e nos ajudar a sermos melhores!

ATIVIDADE

1) Você perde a paciência com quem faz as coisas de forma errada? Por quê?

2) E quando é você quem erra, de que forma você reage?

27 de agosto

Todo dia?

> ...orem sempre e sejam agradecidos a Deus em todas as ocasiões...
> —1 Tessalonicenses 5:17,18

No café da manhã, a mamãe fez umas rosquinhas com recheio de goiabada! Eu gosto muito dessas rosquinhas. E quando vi, já comecei a comer.

Mamãe me olhou e perguntou:

—Não está esquecendo de nada?

Eu não tinha agradecido pelo alimento.

—Ai, mãe, Deus não vai ficar bravo porque eu esqueci de agradecer só uma vez!

—Filho, realmente Deus não vai ficar bravo, mas acho que ficará triste. Hoje você esquece o café da manhã, amanhã esquece de orar no almoço e, daqui a uns dias, perdeu o hábito de agradecer pelo alimento.

—Ah, foi só uma vez!

—Filho, é disciplina. Você precisa fazer sempre. Você pode dormir sem escovar os dentes?

—Não.

—Por quê?

—Porque as bactérias podem estragar meus dentes.

—Viu? Nunca deixe de manter contato com Jesus, porque coisas ruins podem contaminar seu coração.

—Está bem, mamãe!

ORAÇÃO

Querido Deus, ajude-me a manter contato com o Senhor e ser Seu amigo todos os dias.

ATIVIDADE

1) O que significa orar?

2) Por que é importante lembrar de falar com Jesus todos os dias?

Fazendo a sua parte

28 de agosto

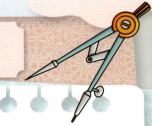

> Ponha a sua vida nas mãos do Senhor, confie nele, e ele o ajudará.
> —Salmo 37:5

—Pai, Deus me ajuda muito nas provas, mas eu também sou bem inteligente e esforçado, não é verdade?

—Mais ou menos!

—O senhor não me acha esforçado?!

—Acho, sim. Mas até a sua força de vontade vem de Deus.

—Tudo é Deus quem dá para a gente?

—Sim, filho, Ele é o nosso Criador. E é essa certeza que traz paz ao nosso coração. Deus conhece o que aconteceu no passado, o que acontece hoje e até o que acontecerá no futuro. E faz tudo com amor por mim e por você.

—Ele sabe se eu vou me dar bem ou mal na prova?

—Sabe, sim!

—Então, Ele me ajuda quando sabe que vou me dar mal?

—Não da forma que você imagina. O que Ele faz é ajudá-lo a entender a matéria, a lembrar de estudar, mas, se você decidir não se dedicar, Ele não interfere, pois foi você quem escolheu não estudar, e Ele respeita as suas decisões.

—Ah! Entendi.

ORAÇÃO

Senhor, obrigado por poder contar com a Sua ajuda quando escolho fazer o que é certo.

ATIVIDADE

1) Você faz a sua parte quando pede a Deus para ajudá-lo a se dar bem na prova?

2) Por que Deus não interfere em suas decisões?

29 de agosto

Você não é todo mundo

> Quando somos corrigidos, isso no momento nos parece motivo de tristeza e não de alegria...
> —Hebreus 12:11

—Mamãe, posso andar de skate com os meninos da rua?
—Não. Você não tem os equipamentos de proteção.
—Mas todo mundo vai e ninguém usa capacete.
—Você não é todo mundo.
—Mas, mãe...
—Não, Arthur. Sem o capacete você não vai.
—Ah, mãe, que coisa! A senhora não me ama!
Comecei a chorar e fui correndo para o quarto.
Ela veio atrás:
—Filho, é justamente porque eu o amo que protejo você. Seu tio Lúcio, quando criança, caiu de skate, se ralou inteiro e quase ficou internado por causa de infecções. Eu não quero isso para você. Arthur, já percebeu que às vezes Deus diz alguns "nãos" que para a gente não fazem sentido?
—Já.
—E você fica bravo?
—Não, né? Mesmo que a gente não entenda o motivo, Deus só faz as coisas para o nosso bem.
—Pois é... eu só estou fazendo a mesma coisa.
—Está certo, mãe.

ORAÇÃO

Deus, às vezes, fico chateado por não poder fazer o que eu quero, mas sei que é para o meu bem.

ATIVIDADE

1) Como você reage quando um de seus pais ou outra pessoa lhe diz "não"?

2) Por que você, geralmente, quer fazer o que todo mundo faz?

Quem conhece fica firme

30 de agosto

Quem ouve esses meus ensinamentos e vive de acordo com eles é como um homem sábio que construiu a sua casa na rocha.
—Mateus 7:24

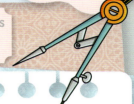

O pastor passou o culto inteiro falando sobre a gente se firmar em Cristo, que é a rocha.

No carro, perguntei para o papai como podemos ficar firmes na rocha, que é Jesus. Afinal, Ele é invisível!

—Arthur, quanto é 2x2?
—4!
—E 7x9?
—63!
—E 9x5?
—45!
—Você respondeu bem rápido! E certo!
—É que a professora fez a gente estudar, treinar e decorar bastante.
—Funcionou, não é mesmo? Você tem firmeza nas respostas porque não tem dúvidas. Quando o pastor nos incentiva a nos firmarmos em Cristo, ele está nos dizendo que devemos conhecer bem a Jesus, estudar a Palavra e investir tempo em oração. Assim, nas situações mais inesperadas, nós nos lembraremos do amor e das promessas do Senhor e não sentiremos medo ou dúvidas.
—Ahhhh, então é bem como a professora fala: quem sabe, não tem medo de prova!
—É isso aí, filho!

ORAÇÃO

Querido Jesus, ajude-me a ficar firme por crer na Sua bondade e no Seu amor por mim.

ATIVIDADE

1) O que você entende por "ficar firme em Jesus"?

2) Qual o assunto que você mais gosta de estudar na Bíblia? Por quê?

31 de agosto

Pedindo ajuda

> Então todos os que pedirem a ajuda do Senhor serão salvos.
> —Atos 2:21

Eu queria colocar um quadrinho que pintei na escola na parede do meu quarto. Mamãe já disse várias vezes para eu não usar martelo sem um adulto por perto, mas eu desobedeci e tentei colocar o quadro sozinho.

Ficou muito torto e baixinho na primeira vez. Então tentei pegar uma cadeira e colocar mais para cima, mas aí martelei meu dedo e machucou muito.

Na última tentativa, eu acabei caindo da cadeira e fazendo muito barulho.

Quando a mamãe chegou, eu estava chorando.

Ela disse que o meu erro foi não pedir ajuda.

Ela me ajudou. Arrumou a bagunça e ainda fez um curativo no meu dedo.

Depois ela me disse que muitas pessoas vivem tristes e sem Jesus porque querem resolver seus problemas sem pedir a ajuda dele.

Eu prometi que nunca mais deixarei de pedir a ajuda dela e a de Jesus também, quando eu precisar.

ORAÇÃO

Deus, eu não consigo resolver nada sozinho, por favor me ajude sempre em tudo!

ATIVIDADE

1) Você já tentou fazer alguma coisa sozinho? Qual foi o resultado?

2) Por que devemos pedir ajuda sempre que precisamos?

Gente que não gosta de criança

1º de setembro

> ...Deixem que as crianças venham a mim [...], pois o reino dos céus pertence aos que são como elas.
> —Mateus 19:14

Fomos à livraria, e uma vendedora veio atender a mamãe. Enquanto isso, a Ana e eu corremos para ver os livros infantis. Só que bati o braço num livro e ele caiu da prateleira.

Eu já ia colocar no lugar, mas aí outra moça pegou o livro e disse, brava:

—Por isso que não gosto de criança!

A Ana me olhou, eu saí correndo e abracei a mamãe.

Saímos da loja e eu não consegui segurar o choro. Então a Ana contou tudo para a mamãe.

—Filho, não fique triste. Ela é quem perde por não gostar de crianças.

—Como assim?

—Na Bíblia, aprendemos que as crianças são bênção e trazem alegria às famílias. Até Jesus se relacionou com elas e disse que precisamos ser como crianças.

—Verdade?

—Aham! Aquela moça não sabe o que está perdendo por não querer crianças tão legais como vocês por perto.

—A senhora acha mesmo?

—Tenho certeza!

ORAÇÃO

Jesus, obrigado por amar tanto as crianças e querer que elas estejam perto do Senhor.

ATIVIDADE

1) Você conhece alguém que não gosta de crianças? O que geralmente essa pessoa faz?

2) Como você se sente sabendo que Jesus o ama tanto?

2 de setembro

Treino pesado

Todo atleta que está treinando aguenta exercícios duros porque quer receber uma coroa...
—I Coríntios 9:25

O tio Lúcio faz academia. Aí, hoje ele chegou lá em casa e disse que estava com muitas dores.

—Você está doente, tio?

—Não, Arthur, é que ontem o instrutor modificou o meu treino, e hoje estou sentindo os efeitos do esforço.

—Mas você não está com dor?

—Sim, porque agora os exercícios são mais pesados e difíceis.

—Ah, eu nunca vou fazer academia, então. Não gosto de sentir dor!

—Ué, você não me disse esses tempos que quer ser forte?

—Disse, mas...

—Então, Arthur, tudo o que você quiser ser, aprender e fazer exigirá esforço. Se você quer se transformar em um bom jogador, terá que jogar e treinar muitas horas. O bom músico se dedica muito. E, para ser forte, tem que fazer exercícios e isso traz dor.

—Ah, tio...

—É isso, ou então...

—Está bem. A mamãe já me disse que na vida precisamos nos esforçar e que Deus nos ajudará.

ORAÇÃO

Deus, existem coisas que doem. Mesmo assim, ajude-me a fazê-las quando necessário.

ATIVIDADE

1) O que você pensa sobre sentir "dor" para alcançar os resultados desejados?

2) Qual foi a pior dor que você já sentiu?

Ajudando a colega

3 de setembro

> Ele nos auxilia em todas as nossas aflições para podermos ajudar os que têm as mesmas aflições...
> —2 Coríntios 1:4

Hoje a turma da Ana apresentou uma peça de teatro na escola.

Teve uma hora em que uma menina começou a demorar muito para entrar na parte dela. A professora foi falar com ela e, depois, a coordenadora também, mas a menina não entrava no palco.

Aí, a Ana foi lá falar com ela. Depois que elas conversaram, a menina entrou e fez a parte da Maçã Falante.

Agora há pouco, a Ana me falou que a menina estava morrendo de vergonha e que isso já aconteceu com ela. Então ela lembrou que só conseguiu ir para o palco de olho fechado. Aí a Ana deu essa dica, e a menina conseguiu fazer a peça.

A mamãe disse que a Ana "encorajou" a sua amiga porque já tinha experimentado aquela "aflição".

—O que é aflição, mãe?

—É uma espécie de medo e insegurança. Sua irmã, pela própria experiência, ajudou a amiga a superar essa dificuldade.

—Ah, entendi.

ORAÇÃO

Deus, ajude-me nas minhas aflições para que eu possa ajudar os meus amigos nas deles.

ATIVIDADE

1) Por qual aflição você já passou e que, devido a essa experiência, pôde ajudar alguém depois?

2) E você, já foi ajudado em sua aflição? Como?

4 de setembro

Deus é demais!

Olhem para o céu e vejam as estrelas. Quem foi que as criou? Foi aquele que as [...] chama cada uma pelo seu nome.
—Isaías 40:26

Hoje a professora de Ciências falou que tem tantas estrelas no céu que os cientistas não conseguem contar.

Eu fiquei pensando que Deus conhece todas as estrelas… e pelo nome! Minha mãe também já me disse que Ele sabe quantos fios de cabelo tem na cabeça de cada pessoa e quantos grãos de areia tem em cada praia.

Deus é muito poderoso e inteligente, né? Mas, também, não é para menos: foi Ele quem criou tudo!

Sabe, eu acho Deus sensacional. Ele é superpoderoso, sabe de todas as coisas e não me esnoba como fazem uns colegas da escola.

Mesmo Deus sendo tão rico, forte e poderoso, Ele, em Jesus, me chama de amigo. E, por meio do Espírito Santo, está comigo e me ajuda em todas as horas. Deus é tão grandioso que, apesar de existirem tantas pessoas no mundo, Ele sabe o nome de cada uma delas, inclusive o meu. Isso não é legal?

Deus é demais!

ORAÇÃO

Deus, a Sua criação é incrível e o Senhor mais ainda! Obrigado por saber o meu nome.

ATIVIDADE

1) Quantas estrelas você acha que existem no céu?

2) O que você sente ao saber que Deus o conhece pelo seu nome?

Como uma ponte

5 de setembro

> E tudo isso vem de Deus, aquele que nos trouxe de volta para si por meio de Cristo...
> —2 Coríntios 5:18

Hoje, no culto especial de missões em nossa igreja, foi um homem de outro país que pregou.

Só que ele não falava a nossa língua e precisou de um intérprete.

O papai me explicou que o intérprete é uma pessoa que se comunica nas duas línguas: a que o estrangeiro fala e a que as pessoas do país falam; no nosso caso, o Português. Aí o intérprete é um tipo de ponte.

—Ponte?

—É, filho.

—Papai, o senhor está me confundindo!

—Arthur, qual é a função de uma ponte?

—Ligar a estrada ao outro lado do rio, pois sem ponte não dá para chegar lá, né?

—Exatamente. Uma ponte liga dois pontos. Nesse caso, o intérprete é um tipo de ponte porque liga os interesses de duas pessoas: a que fala em uma língua e a que ouve em outra.

Aí eu entendi e lembrei:

—Jesus também é uma ponte, né? Ele liga a gente com Deus!

—Exatamente.

ORAÇÃO

Jesus, muito obrigado por morrer na cruz e ligar a gente com Deus!

ATIVIDADE

1) Você já viu um intérprete? Se ele não estivesse lá, o que teria acontecido?

2) De que forma podemos ser uma "ponte" para que pessoas conheçam Jesus?

6 de setembro

Confiança e força

(Deus) protege a vida dos que são fiéis a ele [...], pois ninguém vence pela sua própria força.
—1 Samuel 2:9

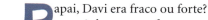

—Papai, Davi era fraco ou forte?
—Acho que era fraco, porque a Bíblia diz que ele era pequeno.
—Mas ele matou um leão e um urso.
—Verdade. Talvez ele fosse forte.
—É, mas na hora de enfrentar o gigante, ele não usou força.
—Claro, ele era mais fraco que o gigante. Na verdade, ele foi hábil em usar sua funda.
—Nada a ver, pai.
—Como nada a ver?!
—Ué, pai, o senhor não sabe que foi Deus quem ajudou Davi? A mamãe diz que Davi teve fé!
—Verdade, filho, o segredo da vitória de Davi foi a fé. Ele não confiou em si mesmo, mas confiou que Deus lhe daria a vitória. Mas o que foi que Deus fez? Deu força para ele?
—Não. Deu habilidade.
—Aham, viu como eu tinha razão?
—Ah, mas eu também tive.
—Verdade. Empatamos. Davi confiou no poder de Deus e conquistou a vitória.

ORAÇÃO

Deus, por favor, ajude-me a usar a fé para vencer. Seja sempre a minha força!

ATIVIDADE

1) Você acredita que a força que Deus dá é suficiente para vencer as dificuldades? Por quê?

2) Em que ou em quem você tem confiado ultimamente?

Eu no desfile cívico

7 de setembro

> ...o mundo passa [...]; porém aquele que faz a vontade de Deus vive para sempre.
> —1 João 2:17

Hoje comemoramos o Dia da Independência do Brasil. A professora explicou por que acontece um desfile com as tropas do Exército Brasileiro em muitas cidades brasileiras.

Aqui em nossa cidade também teve, e a nossa escola participou. Eu desfilei no grupo dos esportistas da escola.

A gente passou várias semanas se preparando para esse momento, só que, na hora do desfile, foi tão rapidinho que fiquei até um pouco chateado.

O papai percebeu e perguntou:

—O que foi, Arthur?

—Ah, pai, foi muito rápido!

—Sei como é. Eu e sua mãe passamos quase um ano preparando nosso casamento, e, no dia, foi tudo tão rápido, mas tão rápido, que nem aproveitamos direito. A vida é bem assim, viu, filho? Nesta Terra, tudo passa rapidamente... até nós. Mas quem ama a Deus vive para sempre. Nossa alegria está na eternidade porque viveremos ao lado do Pai!

ORAÇÃO

Deus, que bom que na eternidade a gente não precisará fazer tudo correndo!

ATIVIDADE

1) O que você mais gosta de fazer para o tempo passar rapidinho?

2) Você já participou de um desfile cívico? Desfilando ou assistindo? Como foi?

8 de setembro

Contando tudo para Deus

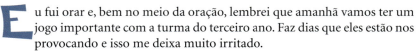

> Entreguem todas as suas preocupações a Deus,
> pois ele cuida de vocês.
> —1 Pedro 5:7

Eu fui orar e, bem no meio da oração, lembrei que amanhã vamos ter um jogo importante com a turma do terceiro ano. Faz dias que eles estão nos provocando e isso me deixa muito irritado.

—Mamãe?

—Oi, Arthur! Você não estava orando?

—Eu estava, mas acabei me distraindo. É que amanhã vamos jogar e estou preocupado.

—Ei, filho, tive uma ideia! Porque, ao invés de me contar sobre o jogo, você não fala para Deus tudo o que está pensando?

—Sobre o jogo?

—Sim!

—Mas eu estou até com raiva da outra turma...

—Então, conta para Ele!

—Ixi, mãe...

—Conta para Ele exatamente como você contaria para um amiguinho!

Eu fiz isso e a minha oração ficou tão mais legal! E a minha raiva até passou! Aí me lembrei de que Deus é meu amigo e gosta muito quando converso com Ele sobre todos os assuntos.

ORAÇÃO

Deus, obrigado por me deixar desabafar. É muito bom poder falar com um amigo quando preciso.

ATIVIDADE

1) Sobre o que você mais conversa com Deus?

2) Como se sente em saber que Ele se interessa pelos seus assuntos e ouve tudo o que você fala?

Cheirinho inconfundível

9 de setembro

> Como um perfume que se espalha [...], somos usados por Deus para que Cristo seja conhecido...
> —2 Coríntios 2:14

Cheguei no portão de casa e já senti o cheiro do bolo de laranja da vovó.
Ué, mas o carro do vovô não está na frente de casa...
—Ô, mãe, a senhora pegou a receita do bolo de laranja da vovó?
—Como você sabe?!
—Ah, o cheiro é igualzinho!
—Puxa, você é esperto, hein? Vai ver lá na cozinha se é o mesmo bolo.
Quando entrei na cozinha, a vovó e o vovô estavam lá. Que alegria!
—Ah, eu sabia!
—Sabia o quê?
—Que o bolo era igual ao da vovó; esse cheirinho é inconfundível.
—Que legal, Arthur. Sabe, a Bíblia diz que somos o perfume de Cristo aqui na Terra. A ideia é essa mesma: as pessoas não podem ver a Cristo, mas percebem a presença dele pelas nossas atitudes. Os seus amigos saberão que você tem alguma coisa de Jesus por causa do seu comportamento.
—Pode deixar, vovô. Serei um perfume beeem bonzinho de Jesus, hahaha.

ORAÇÃO

Querido Jesus, quero espalhar o "cheiro" bem gostoso da Sua presença em minha vida.

ATIVIDADE

1) Qual é o cheiro que você mais gosta de sentir?

2) Explique, com as suas palavras, o que é ser o "perfume de Jesus" aqui na Terra.

10 de setembro

Domínio próprio...

...o Espírito de Deus produz o amor, a alegria, a paz, a paciência, a delicadeza, [...] e o domínio próprio.
—Gálatas 5:22,23

Hoje, na escola, sem querer, esbarrei em um menino e o celular dele caiu, soltando a bateria.

Ele ficou tão bravo que me xingou de vários nomes feios.

Muitas crianças riram de mim. Que raiva!

Tive vontade de chutá-lo! Também quis falar um monte de nomes feios para ele. Mas não fiz isso.

Com a confusão, a coordenadora da escola levou a gente para a diretoria.

Lá em casa, expliquei tudo para a mamãe, e ela ficou aliviada por eu não ter feito nada contra o menino.

—Sabe, mãe, eu não fiz nada, mas tive muita vontade.

—Arthur, você é uma pessoa normal. Sentiu raiva porque foi maltratado, mas o Espírito Santo lhe deu forças para se controlar e não agredir o garoto. Agora, o próprio Espírito Santo vai ajudá-lo a perdoar esse menino.

—Ainda bem, mãe. Se não fosse o Espírito de Deus… não sei, não.

—Que orgulho, filho!.

ORAÇÃO

Querido Espírito Santo, agradeço por me ajudar a me controlar quando estou com raiva.

ATIVIDADE

1) Você já foi maltratado por alguém? Por quê?

2) De que forma você reagiu nessa situação?

Melhor amigo de todos

11 de setembro

> Ninguém tem mais amor pelos seus amigos do que aquele que dá a sua vida por eles.
> —João 15:13

—rthur, eu descobri que você está sendo enganado!
—Como assim?
—Lembra que você me disse que Jesus é o seu melhor amigo?
—Sim!
—Então, a minha avó me falou que Ele também é o melhor amigo dela!
—E é mesmo.
—Mas a gente só pode ter um melhor amigo, e esse Jesus aí é melhor amigo de um monte de gente. Você não percebe? Ele quer ser legal com todo mundo, aí faz vocês pensarem que são o melhor amigo dele.
—Marcelo, Jesus pode ser o melhor amigo de todo mundo porque Ele é poderoso. Ele tem o poder de estar em todos os lugares ao mesmo tempo e sabe todas as coisas! Sabe, Ele é muito legal; deu a Sua vida por nós! Apesar de Jesus ter milhões de amigos, Ele me trata como se eu fosse o único, sabe o meu nome e tudo sobre mim.
—Ah, foi isso mesmo que minha avó disse.
—Viu? Se eu fosse você, também ficaria amigo dele.

ORAÇÃO

Querido Jesus, é muito bom ter o Senhor como meu melhor amigo. Eu amo o Senhor!

ATIVIDADE

1) O que você pensa de ter Jesus como seu melhor amigo?
2) Por que Jesus pode ser o melhor amigo de um montão de gente?

12 de setembro

Só tablet?
Eu quero é brincar!

> Por acaso procuro eu a aprovação das pessoas? Não! O que eu quero é a aprovação de Deus.
> —Gálatas 1:10

Fomos na casa de uns amigos do papai e da mamãe. Eles têm um casal de filhos da mesma idade que nós, a Ana e eu.

Eu estava bastante animado para brincar, mas o menino e a menina ficaram assistindo a desenhos e jogando no *tablet* o tempo todo.

Foi uma tarde muito chata… ficamos ouvindo a conversa dos adultos!

Papai e mamãe perceberam que a Ana e eu estávamos chateados e sem ter o que fazer, por isso eles resolveram vir embora mais cedo.

Esses dias a mamãe pegou no meu pé porque eu estava ficando muito tempo no videogame.

Hoje ela aproveitou para me mostrar que as pessoas se tornam chatas quando ficam viciadas em internet e jogos.

E é verdade! A tarde foi muito chata por causa daquelas crianças que nem brincaram com a gente. Prometi para a mamãe que não vou exagerar passando tempo demais jogando ou na internet.

ORAÇÃO

Querido Deus, ajude-me a passar menos tempo na internet e no videogame.

ATIVIDADE

1) Quantas horas por dia você assiste TV ou fica no computador?

2) Que tal trocar parte desse tempo por outra atividade? Por qual?

Significado dos nomes

13 de setembro

> [Maria] terá um menino, e você porá nele o nome de Jesus, pois ele salvará o seu povo dos pecados deles.
> —Mateus 1:21

Hoje, na igreja, a professora perguntou se sabíamos o significado dos nossos nomes. Sandro foi comigo e logo respondeu:
—Sandro significa "protetor, defensor".
—Que lindo! Mais alguém?
—O meu nome Laura significa "vitoriosa"!
—Muito legal, não é mesmo, crianças?
Eu também quis falar:
—Professora, meu nome significa "nobre e generoso".
—Que especial, Arthur! Viram, crianças? Os nomes de vocês têm significados especiais. Mas hoje vou falar de uma criança que teve seu nome escolhido para uma missão. Alguém arrisca?
O Sandro arriscou:
—Jesus, professora?
—Ele mesmo! Deus explicou para José que o filho que Maria esperava deveria chamar-se "Jesus", que significa "Javé (Deus) salva". E aí, vocês acham que Jesus viveu de acordo com o Seu nome?
O Sandro respondeu DE NOVO:
—Sim, professora, porque Ele é o nosso Salvador!

ORAÇÃO

Jesus, muito obrigado por cumprir Sua missão e salvar a gente!

ATIVIDADE

1) Qual o significado do seu nome?

2) Você já teve vontade de mudar de nome? Por quê?

14 de setembro

Gulodice

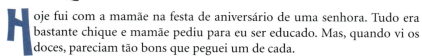

> Mas você, seja moderado em todas as situações...
> —2 Timóteo 4:5

Hoje fui com a mamãe na festa de aniversário de uma senhora. Tudo era bastante chique e mamãe pediu para eu ser educado. Mas, quando vi os doces, pareciam tão bons que peguei um de cada.

Só que cada um que eu mordia era uma tristeza… nem parecia doce! Até o brigadeiro tinha uma cobertura estranha.

No fim, comi um monte deles, mas não gostei de nenhum e ainda fiquei com dor de barriga.

A mamãe falou que foi porque eu exagerei.

O papai disse que eu fiz como as pessoas que vivem pelo que veem e não por fé, pois procuram a felicidade em tantas coisas, mas nunca ficam satisfeitas.

É… eu me deixei levar pela aparência dos doces e comi um monte tentando encontrar algum que gostasse, mas ganhei uma bela dor de barriga. Quando exageramos e nos guiamos só pelo que vemos, o resultado não é nada bom! Eu que o diga…

ORAÇÃO

Jesus, ajude-me a ser moderado quando vejo doces e comidas que me convidam a exagerar.

ATIVIDADE

1) O que você gosta muito que já comeu tanto, mas tanto, que até teve dor de barriga?

2) Por que não devemos nos deixar levar pelo que vemos?

Estudar é bom para você!

15 de setembro

> Ó Deus, tu és bom e fazes o bem: ensina-me os teus mandamentos.
> —Salmo 119:68

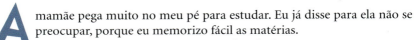

A mamãe pega muito no meu pé para estudar. Eu já disse para ela não se preocupar, porque eu memorizo fácil as matérias.

Mas hoje ela me deixou preocupado. Ela disse que, se eu não aprender bem as coisas agora, quando for para as séries mais difíceis, terei problemas para aprender.

Eu não quero ter problemas! Fui conversar com o papai e ele me disse que a mamãe tem razão.

Ele me contou que anos atrás percebeu que não conhecia Deus tão bem como pensava e descobriu que era porque estudava pouco a Bíblia. Aí ele passou a se dedicar mais e entendeu melhor a bondade, a sabedoria, o poder e o amor de Deus. E isso fez ele se tornar uma pessoa melhor!

Pelo jeito essa coisa de estudar é *pra* ser a vida toda, pois meu pai é adulto e continua estudando.

É... se a gente fica melhor estudando a Bíblia, eu também vou estudá-la!

ORAÇÃO

Jesus, eu acho muito legal conhecer o Senhor também estudando a Bíblia!

ATIVIDADE

1) Qual parte da Bíblia você mais gosta de estudar?

2) Que história bíblica você escolherá para estudar na próxima semana?

16 de setembro

Oração, nem melhor nem pior

Mas você, quando orar, vá para o seu quarto, feche a porta e ore ao seu Pai, que não pode ser visto...
—Mateus 6:6

Ana chegou brava em casa. Disse que lá na escola as meninas fizeram um grupo de oração e era para cada uma orar um pouco. Ela foi a primeira e fez uma oração curta, só que aí a outra menina fez uma oração suuuper longa, com umas palavras que a Ana ainda nem conhece.

A mamãe não entendeu por que a Ana estava brava! Ana explicou que era porque ela perdeu para a menina na oração.

A mamãe caiu na risada.

Minha irmã ficou vermelha de raiva!

A mamãe pediu desculpas e explicou que não existe oração pior ou melhor, muito menos competição na hora de orar. Deus está interessado na humildade do nosso coração.

—Como assim?

—Ele deseja que demonstremos nossa confiança nele e que sejamos sinceros quando falamos das nossas necessidades e também dos nossos sentimentos. Lá no Céu não existe competição.

A Ana ficou sem graça e mais calma.

ORAÇÃO

Deus, perdoe-me quando oro mais para as pessoas me notarem do que para o Senhor.

ATIVIDADE

1) Você gosta de orar? Por quê?

2) Qual o seu assunto preferido quando conversa com Deus?

DNA

17 de setembro

> ...luz de vocês deve brilhar para que (...) vejam as coisas boas que vocês fazem e louvem o Pai de vocês...
> —Mateus 5:16

Hoje na aula, alguém perguntou o que é DNA. A professora disse que é um composto orgânico que contém todas as informações genéticas das pessoas. Ela explicou que a gente herda as características dos nossos pais e isso fica no DNA. Falou também que aprenderemos isso melhor daqui a alguns anos, quando formos mais velhos.

Fiquei pensando se meu amor por Jesus foi herdado do papai e do vovô.

Mas a mamãe me explicou que, na verdade, isso não é herança genética, é um ensino. Como eu vejo o exemplo do amor do papai e do vovô, eu fico motivado a amar a Jesus também. Ela disse que isso é legado.

—Legal?

—Não! Legado!

—Credo, hoje só estão falando coisas difíceis. O que é isso?

—Legado é o bom exemplo que deixamos para as pessoas que vêm depois de nós.

—Eu vim depois, né? Porque sou filho do papai…

—Isso mesmo!

ORAÇÃO

Deus, obrigado pelo bom exemplo de pessoas que o amam, pois assim pude conhecê-lo.

ATIVIDADE

1) Qual o melhor legado que você recebeu da sua família?

2) Na sua casa, quem é a pessoa que mais o ensina sobre o amor de Deus?

18 de setembro

Colinha na mão da mamãe

...o seu nome está escrito nas minhas mãos...
—Isaías 49:16

Quando a mamãe precisa fazer alguma coisa que não pode esquecer de jeito nenhum, ela escreve na mão.

O papai acha engraçado, mas ela diz que dá certo.

Hoje, quando chegamos no mercado, a mão dela estava toda rabiscada e isso a ajudou a comprar tudo o que precisava. Então o papai disse:

—Ah, já sei com quem você aprendeu isso.

—Foi com a minha mãe!

—Não foi só com ela.

—Não?

—Existe alguém muito próximo de nós que escreve nomes de pessoas nas mãos.

—É quem eu estou pensando?

—Sim! Ele mesmo. Deus, por meio da morte e ressurreição de Jesus, escreveu os nossos nomes em Suas mãos e Ele jamais se esquecerá de nós, por causa do Seu infinito amor.

Assim, pelo método que a mamãe usa para não esquecer das coisas, eu entendi que nossos nomes são escritos na mão de Deus quando aceitamos Jesus como nosso Salvador e Senhor.

ORAÇÃO

Jesus, é muito bom saber que o Senhor nunca se esquece da gente.

ATIVIDADE

1) Qual é o seu jeitinho para não se esquecer de coisas importantes?

2) Como você se sente sabendo que Jesus jamais o esquece?

A alegria da velhinha

19 de setembro

Deus marcou o tempo certo para cada coisa.
—Eclesiastes 3:11

O vovô veio a nossa casa junto com uma tia dele. Ela é muito velhinha! Tem 95 anos.

Ela só fica na cadeira de rodas e as pessoas lhe dão comida na boca. Quando eles foram embora, eu comentei com o papai:

—Deve ser muito chato ficar velho assim.
—Por quê?
—Ué, ela não consegue mais fazer as coisas sozinha. Que alegria ela tem?
—Você não percebeu o quanto ela riu aqui com a gente?
—É, ela riu bastante.
—Então, isso trouxe alegria para ela.
—Ah, mas ela não pode brincar, correr, dançar…
—Sabe, filho, o sábio Salomão já dizia que existe tempo para todas as coisas. Sabe o que isso quer dizer? Que, em cada fase da nossa vida, há desafios e alegrias diferentes. Quando você tinha um ano, a sua alegria foi começar a andar; com 6 anos, foi aprender a ler. Hoje, a alegria da nossa tia é ver como a família dela cresceu.

ORAÇÃO

Deus, se eu viver bastante, quero ser feliz como os velhinhos que servem ao Senhor!

ATIVIDADE

1) Quantos anos você quer viver? Por quê?

2) Escreva quatro coisas legais que você quer fazer quando for adulto!

20 de setembro

A pipa que quase ganhei

> Essa esperança não nos deixa decepcionados, pois Deus derramou o seu amor no nosso coração...
> —Romanos 5:5

Quando eu olhei para o céu, uma pipa estava caindo rodopiando. Ela ainda estava muito alta, mas parecia que cairia em nosso quintal.

O papai estava comigo e também ficou animado. Ele tinha certeza que cairia do lado de dentro do nosso muro.

Mas, quando ela estava bem pertinho, bateu um vento e levou a pipa para longe de nós.

Eu fiquei muito triste.

O papai falou que às vezes a gente espera que coisas legais aconteçam em nossa vida, mas elas não acontecem. E isso deixa a gente muito triste.

A mamãe ficou com dó de mim e fez brigadeiro para a gente comer de sobremesa. Ela me disse que a única esperança que nunca nos decepciona é a do amor de Jesus, porque nenhum vento forte pode levar essa esperança para longe. Ainda bem, né? Porque a amizade de Jesus é muito mais legal do que uma pipa!

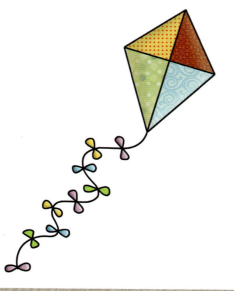

ORAÇÃO

Jesus, às vezes, fico triste por causa de coisas, mas me alegro por ter a Sua amizade.

ATIVIDADE

1) Você já esperou muito por algo que não aconteceu? O quê?

2) Qual o segredo para não ficarmos todo o tempo tristes?

Pai é tudo igual!

21 de setembro

> (Jesus) só faz o que vê o Pai fazer.
> Tudo o que o Pai faz o Filho faz também.
> —João 5:19

O Pedrinho assistia desenho no *tablet*, e o tio Lúcio deu um grito para chamar a atenção dele. Quando o Pedro olhou, o tio Lúcio falou baixinho para ele desligar porque já tinha acabado o tempo dele de assistir desenho.

O Pedro entregou o *tablet*, e eu perguntei por que o tio gritou e depois falou baixinho.

—Ele estava tão concentrado no desenho que, se eu não falasse alto, não me escutaria. Mas, quando ele me deu atenção, pude explicar e pedir o que eu queria sem gritar.

—Que interessante!

—Deus também nos trata assim. Às vezes, Ele fala com a gente de forma branda, às vezes dá bronca, às vezes nos anima…

—Verdade, tio. Deus faz muita coisa parecida com os papais terrenos.

—Na verdade, é Ele quem nos ensina a sermos bons pais aqui na Terra.

—Ah é! Se não fossem os limites, não saberíamos o que é obedecer.

ORAÇÃO

Deus, o Senhor é um Pai celestial muito bondoso e amigo. Obrigado por ser tão legal!

ATIVIDADE

1) O que os seus dois pais (o celestial e o terreno) têm em comum?

2) Em que você gostaria que seu pai fosse mais parecido com o Pai do Céu?

22 de setembro

Encorajadores são bênção

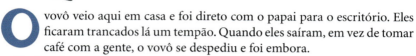

Eles animavam os cristãos e lhes davam coragem para ficarem firmes na fé...
—Atos 14:22

O vovô veio aqui em casa e foi direto com o papai para o escritório. Eles ficaram trancados lá um tempão. Quando eles saíram, em vez de tomar café com a gente, o vovô se despediu e foi embora.

Eu fiquei muito triste porque ele não deu atenção para mim e para a Ana, mas a mamãe disse que o vovô estava atrasado e só passou em nossa casa porque o papai precisava muito dele.

—O que o papai precisava?
—De apoio!
—Apoio *pra* quê?
—O seu pai foi convidado para assumir um cargo novo na empresa e vai precisar gerenciar pessoas. Essa oportunidade é muito especial, mas traz responsabilidades difíceis e seu pai está com medo. O vovô veio conversar com ele e encorajá-lo!

Então eu entendi que não é que o vovô não ligou *pra* gente... é que ele se importa muito com o papai; afinal é filho dele, né?

ORAÇÃO

Deus, o Senhor nos ensina a nos importarmos com os outros. Ajude-me a praticar isso!

ATIVIDADE

1) Você já ajudou alguém a enfrentar algum problema? Como foi?

2) Já foi encorajado por alguém em momentos de dificuldade? Por quem?

Ouvindo seu irmão

23 de setembro

> Quem rejeita conselhos prejudica a si mesmo, mas quem aceita a correção fica mais sábio.
> —Provérbios 15:32

—Arthur, saia daí! Arthuuur, sai já daí!

A Ana estava gritando comigo porque eu estava exatamente na frente dela.

Estava chovendo bastante e eu estava na beira da calçada esperando ela.

Mas eu tenho tanta raiva quando ela grita comigo que não saí!

Nisso um carro passou muito rápido e tinha uma poça de água. Ele me deu um banho de água suja!

Fiquei com mais raiva ainda e comecei a chorar.

Quando chegou perto de mim, a Ana estava triste:

—Tutu, eu falei *pra* você sair!

—Você sabia que isso ia acontecer?

—Sim, eu já passei por isso e é horrível. Vamos logo para casa para você tomar um banho.

Quando a mamãe perguntou por que eu não fiz o que a Ana falou, contei a verdade. A mamãe disse que eu não fui sábio, porque as pessoas mais velhas, mesmo os irmãos, sabem coisas que a gente ainda não sabe e nos orientam para nos proteger.

ORAÇÃO

Jesus, ajude-me a respeitar o conselho dos mais velhos, pois eles só querem o meu bem.

ATIVIDADE

1) Você obedece aos conselhos das pessoas mais velhas? Por quê?

2) Já aconteceu algo ruim porque você não ouviu um conselho? O quê?

24 de setembro

Para não se perder no caminho

> Se vocês se desviarem do caminho, [...] ouvirão a voz [...] dizendo: "O caminho certo é este; andem nele".
> —Isaías 30:21

Quando vamos para algum lugar que não conhecemos, o papai sempre usa o celular para nos indicar o caminho. Só que, às vezes, ele desobedece à orientação do aplicativo e o celular apita, avisando que papai errou. Mas na mesma hora a voz do aplicativo indica uma rota nova.

—Ainda bem que o aplicativo recalcula a rota.

—Pai, como assim?

—Ele corrige o caminho para que eu possa voltar à direção certa.

—Que esperto, né?

—Sim, isso é a tecnologia, filho. O aplicativo reconhece a minha "desobediência" e logo corrige a rota, guiando-me para eu não me perder no caminho.

—Entendi.

Aí a Ana disse:

—Ah, então é igual à Bíblia.

—O quê?

—Ué, na Bíblia Deus indica o caminho certo, mas às vezes a gente escolhe errado. Então Ele, por meio do Espírito Santo, chama a gente para voltar para a direção certa.

—E não é que é isso mesmo, Ana?

ORAÇÃO

Querido Espírito Santo, que bom que você alerta a gente quando tomamos decisões erradas.

ATIVIDADE

1) Como você sabe se está fazendo algo errado ou não?

2) O que você faz quando o Espírito Santo lhe mostra que fez uma escolha errada?

Melhor que jogar futebol

25 de setembro

> Por isso, como diz o Espírito Santo: "Se hoje vocês ouvirem a voz de Deus, não sejam teimosos...".
> —Hebreus 3:7,8

Hoje o papai me contou a história de um menino que jogava futebol e, quando finalmente ele foi aprovado na peneira de um grande time, aconteceu uma coisa inesperada.

Ele foi dormir e sonhou que Deus o chamava para ser missionário em um país muito pobre.

Aí, quando ele acordou, avisou aos pais dele que não seria mais jogador de futebol, mas, sim, um missionário.

O papai me disse que todo mundo ficou muito triste, pois aquele garoto jogava muito bem. O papai contou também que o menino nunca se arrependeu porque, para ele, nada podia ser mais especial do que atender um pedido do próprio Deus.

Sabe, eu tenho muita vontade de jogar futebol, mas hoje fiquei pensando: se Deus tiver outra proposta para mim, também vou aceitar! E ficar muito contente!

ORAÇÃO

Deus, ajude-me a ouvir a Sua voz e a fazer a Sua vontade em vez da minha.

ATIVIDADE

1) O que você quer ser quando crescer?

2) E se Deus tiver outra ideia sobre isso, o que você fará?

26 de setembro

Orando com as mãos

> ...Pois não sabemos como devemos orar, mas o Espírito de Deus (...), pede a Deus em nosso favor.
> —Romanos 8:26

—Mãe, como os surdos oram? Eles não falam.

—Bem, filho, eles falam, sim, só que, em vez da voz, eles se comunicam com as mãos. Eles usam a Língua Brasileira de Sinais, conhecida como Libras.

—Não sabia que os surdos tinham um idioma. Para mim eram só gestos.

—Não, Arthur, a Libras é uma língua como qualquer idioma falado.

—E Deus ouve a oração deles?

—Lógico, meu amor, pois, mais do que as palavras, Deus ouve o clamor do nosso coração. Muitas vezes não oramos em silêncio, em nosso pensamento? E, além do mais, a Bíblia diz que todos nós, surdos ou ouvintes, não sabemos orar conforme a vontade de Deus.

—Sério?

—Sim, por isso precisamos do Espírito Santo para "interpretar" nossa oração diante de Deus independentemente de usarmos voz ou mãos para falar com Ele.

—Que legal! É tão bom o Espírito Santo nos ajudar nisso, né?

ORAÇÃO

Amado Deus, muito obrigado pelo Espírito Santo nos ajudar a falar com o Senhor.

ATIVIDADE

1) Você já esteve com alguma pessoa surda? Como foi essa experiência?

2) A Libras é a segunda língua oficial do Brasil. Faça uma pesquisa e descubra o porquê.

O moço boca-suja

27 de setembro

> Não nos cansemos de fazer o bem. Pois, se não desanimarmos, (...) faremos a colheita.
> —Gálatas 6:9

Um homem chegou perto do nosso carro e pediu dinheiro. Mamãe ficou com dó dele, pegou dois pedaços de bolo de chocolate e ofereceu ao moço.

Vocês acreditam que ele falou um palavrão para a mamãe e jogou o bolo longe?

Acho que nunca vi a mamãe tão brava!

Ela fechou a janela e quase chorou de raiva.

—Nunca mais na minha vida vou dar nada para ninguém na rua!

O papai esperou ela se acalmar um pouco e disse, com bastante cuidado, porque ela ainda estava irritada:

—Amor, eu sei que aquele homem foi injusto, mas isso não pode desanimá-la. A Bíblia diz que não devemos nos cansar de fazer o bem. Apesar dessas maldades, precisamos continuar demonstrando o amor de Deus às pessoas.

A mamãe deu um suspiro. Isso é um sinal de que ela está se acalmando.

—Você tem razão! Foi só um momento de desabafo. Não vou desanimar.

ORAÇÃO

Querido Deus, ajude-me a fazer o bem sempre, mesmo que as pessoas me irritem.

ATIVIDADE

1) De que maneira você geralmente ajuda pessoas necessitadas?

2) Alguém já desprezou a ajuda que você ofereceu? Como se sentiu?

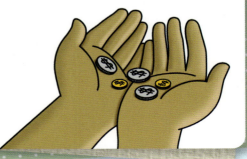

28 de setembro

Primeiro busque a Deus

> Que a sua felicidade esteja no Senhor!
> Ele lhe dará o que o seu coração deseja.
> —Salmo 37:4

—Papai, por que o senhor sempre diz que vai orar antes de decidir alguma coisa? O senhor só faz o que Deus manda?

—Na verdade, filho, o principal motivo de buscar a direção de Deus é a certeza que eu tenho de que Ele quer o melhor para a gente.

—E Ele diz certinho o que fazer?!

—Não, exatamente. Ele me ajuda a perceber as coisas que não o agradam e, depois disso, nas opções que restam, eu escolho fazer aquilo que mais me agrada.

—Não entendi.

—Olha só, sua mãe fez brigadeiro e beijinho. Você sabe que não pode comer doces antes do almoço. E você obedece para agradar à mamãe, certo?

—Certo.

—Mas, depois do almoço, você pode comer um dos dois. Qual você escolhe?

—Brigadeiro!

—Entendeu?

—Entendi. Eu não comi antes para não irritar a mamãe, mas, na hora de escolher, peguei o meu preferido.

—É, mais ou menos isso.

ORAÇÃO

Jesus, quero sempre deixá-lo feliz com as minhas decisões.

ATIVIDADE

1) Você já experimentou pensar se algo que faz agrada ou não o Senhor?

2) Qual o resultado quando decide seguir o que Deus orienta?

Jeitos de ajudar alguém

29 de setembro

> Portanto, sempre que pudermos, devemos fazer o bem a todos...
> —Gálatas 6:10

Hoje conheci um pastor muito legal. Ele me perguntou o que eu faço para ajudar as pessoas. Aí eu falei que não faço nada, mas a mamãe disse que eu faço, sim. Ela disse que eu ajudo meus amigos quando eles não entendem uma matéria da escola que eu já entendi.

Aí ele me disse que isso era uma bênção, mas eu acho que não é ajudar igual à assistência social lá da igreja. Lá eles conseguem doações de roupas e alimentos para ajudar as pessoas que precisam.

O pastor falou que ajudar não é só dar comida e roupas. Ele me explicou que abençoamos alguém quando oferecemos o que a pessoa precisa.

Na escola, meus amigos têm comida e roupas, mas às vezes precisam de ajuda para ir bem na prova, então, eu estou no caminho certo.

Ele disse que existem muitas formas de manifestar o amor de Deus.

ORAÇÃO

Querido Deus, eu fico muito feliz quando posso abençoar a vida de outras pessoas.

ATIVIDADE

1) O que você já fez para abençoar outras pessoas?

2) Pense em algum jeito novo de ser bênção na vida de alguém.

30 de setembro

Culto africano

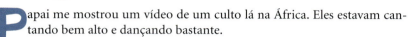

O que vocês fizerem façam de todo o coração, como se estivessem servindo o Senhor e não as pessoas.
—Colossenses 3:23

Papai me mostrou um vídeo de um culto lá na África. Eles estavam cantando bem alto e dançando bastante.
  Achei esquisito, porque na nossa igreja ninguém dança.
—Que feio, né, pai?
—Por que é feio?
—Ah, eles ficam dançando um monte. Não é falta de respeito?
—Não, eles não estão faltando com o respeito. Eles estão adorando ao Senhor!
—Adorando?
—Sim, mas de um jeito que faz sentido na cultura deles.
—Então tem jeitos diferentes de louvar a Deus?
—Claro! Deus recebe a adoração de acordo com a cultura de cada povo, desde que ofereçam esse louvor com sinceridade de coração.
—Mas, pai, isso não vai dar confusão lá no Céu?
—Claro que não! Pois lá Deus se revelará da mesma maneira a todos nós. O amor e as bênçãos do Senhor são iguais para todos os povos. O que muda é o jeito de cada um adorá-lo!
—Ah tá, acho que entendi.

ORAÇÃO

Deus, é muito legal saber que o Senhor aceita as diferentes formas de adorá-lo.

ATIVIDADE

1) Você conhece ou já ouviu sobre alguém que não é brasileiro?

2) O que você sabe sobre a cultura dele que é diferente da nossa?

Não gosto dela

1º de outubro

> O meu mandamento é este:
> amem uns aos outros como eu amo vocês.
> —João 15:12

Uma menina da sala da Ana passou pela gente e deu tchauzinho. A Ana fez uma cara de quem não gostou e nem respondeu. Aí eu perguntei:
—Você brigou com ela?
—Não!
—E por que fez essa cara?
—Você acredita que essa menina fala palavrão?
—Acredito, e isso é muito feio, mas por que a ignorou?
—Ah, Arthur, não gosto de gente que fala palavrão!
—Mas ela já te xingou?
—Não!
—Eita, Ana, você não está se esquecendo de nada, não? Lembra que a mamãe já explicou que a gente tem que gostar das pessoas como Jesus gosta da gente? Ele nos ama até quando a gente fica bravo ou desobedece aos pais.
—Ah, Arthur, lá vem você querendo ser mais certinho que os outros.
—Eu, não. Você, né?!
—Eu?
—É... ficou toda brava porque a outra menina fala palavrão!
—Puxa, você tem razão. Acho que preciso tratá-la melhor.
—Isso mesmo!

ORAÇÃO

Deus, ensine-me a amar e a tratar as pessoas do jeito que o Senhor deseja.

ATIVIDADE

1) O que motiva você a julgar as pessoas?

2) Por que devemos amar aqueles que fazem coisas erradas?

2 de outubro

O benfeitor da escola

> Assim eu tiro os seus pecados
> e agora vou vesti-lo com roupas de festa.
> —Zacarias 3:4

Toda semana um homem leva uma doação para a merenda da escola. Hoje a diretora juntou todos os alunos, e, quando ele chegou, todo mundo começou a aplaudir o Seu Aristides.

Ele começou a chorar e contou *pra* gente que, quando era adolescente, ele e alguns amigos invadiram uma escola e destruíram e sujaram toda a cozinha.

Quando soube disso, a mãe dele brigou e o fez pedir desculpas. Ela explicou que muitas crianças carentes ficaram com fome por causa da maldade que eles fizeram.

Ele ficou envergonhado, pediu desculpas na escola e prometeu que, quando tivesse seu próprio dinheiro, ajudaria a pagar a merenda de uma escola.

Aí ele, ainda chorando, disse que Deus era muito bom, porque nesse dia Deus mudou a história dele e, ao invés de ser envergonhado, ele foi honrado com os aplausos dos alunos.

ORAÇÃO

Deus, obrigado por transformar o coração das pessoas para que pratiquem o bem.

ATIVIDADE

1) Tem alguma coisa ruim que você fazia e agora não faz mais? O quê?

2) Como você se sente sobre isso?

Pedindo ajuda

3 de outubro

> Ó Senhor Deus, eu te chamei e pedi a tua ajuda.
> —Salmo 30:8

Hoje o Pedro trouxe um brinquedo de encaixe de peças.
    De repente ele ficou nervoso porque não conseguia encaixar uma das peças. Eu levantei para ajudá-lo, mas o tio Lúcio não deixou.

—Por que não posso ajudar?

—Porque ele precisa aprender que não consegue fazer tudo sozinho e deve pedir ajuda.

O Pedrinho ficava cada vez mais bravo. O papai e o tio Lúcio riram, e ele ficou ainda mais nervoso e gritou para que não rissem dele.

Depois de um tempão, ele finalmente pediu ajuda e o tio Lúcio me deixou ajudar o meu primo.

Quando eles foram embora, eu disse para o papai que o tio Lúcio foi mau, então o papai explicou que o tio Lúcio só estava ensinando o filho a ser humilde e a reconhecer que precisa de ajuda, pois ninguém consegue fazer tudo sozinho. Sempre precisamos da ajuda de Deus e das pessoas, e reconhecer isso é humildade.

ORAÇÃO

Querido Deus, ensine-me a pedir ajuda quando necessário e a ser humilde.

ATIVIDADE

1) O que você faz quando precisa de ajuda?

2) Você costuma ajudar outras pessoas? De que maneira?

4 de outubro

Ana maluca

Não deixem que o mal vença vocês, mas vençam o mal com o bem.
—Romanos 12:21

Quando saímos da escola, um pouco mais à frente, vimos um grupo de alunos numa roda. Ana e eu fomos ver o que era, e um menino grandão estava gritando com outro menino bem pequeno.

Percebi que o menino menor estava com muito medo, mas os outros alunos só gritavam:

—Briga, briga, briga!

Na hora, a Ana deu um grito e entrou no meio dos dois!

O menino maior ficou tão bravo que começou a gritar com ela, mas ela, parecendo a mamãe, falou bem alto:

—Você vai ser doido de bater em uma menina?

Nessa hora a turma começou a vaiar o menino maior e ele foi embora, xingando todo mundo.

O menino menor abraçou a Ana e agradeceu bastante.

Chamei a Ana de maluca, mas ela me disse que tinha um segredo:

—Arthur, a mamãe me ensinou que sempre devemos fazer o que sabemos que é o certo, porque nessas horas Deus sempre ajuda a gente!

ORAÇÃO

Deus, encha-me de coragem para fazer sempre o que é certo e agradar ao Senhor!

ATIVIDADE

1) Você tem coragem de fazer o que é certo? Por quê?

2) A quem nós agradamos quando combatemos as coisas erradas deste mundo?

O lanche é só meu

5 de outubro

> Dá-me novamente a alegria da tua salvação e conserva em mim o desejo de ser obediente.
> —Salmo 51:12

Hoje a mamãe mandou de lanche um pedaço enorme de torta de frango com azeitonas... minha preferida.

Antes do recreio, o Sandro me contou que não tinha levado lanche, e eu fiquei quieto.

Quando bateu o sinal, corri para um canto escondido e comi quase toda a torta, mas logo o Sandro me achou e perguntou se eu ainda tinha algum lanche.

Como eu não queria dividir meu lanche, disse que não tinha mais.

De repente, fiquei triste e com vergonha.

Cheguei em casa tão chateado que a mamãe logo me perguntou o que tinha acontecido. Não consegui esconder e contei tudo.

Achei que ela brigaria comigo, mas a mamãe me abraçou.

Ela explicou que eu estava me sentindo mal porque fui egoísta e mentiroso, mas que Deus me perdoaria se me arrependesse de verdade. Afinal, Ele é bom, consola o nosso coração e nos ajuda a não repetir os erros.

Ela orou comigo e fiquei bem melhor.

ORAÇÃO

Amado Pai,
perdoe as vezes em que
fui egoísta e menti
para me dar bem.
Ajude-me a ser melhor.

ATIVIDADE

1) Qual foi a última coisa que você fez da qual sente vergonha?

2) Que tal orar agora e pedir perdão por isso?

6 de outubro

Brilhando

Vocês são a luz do mundo [...], suas boas obras devem brilhar, para que todos as vejam e louvem seu Pai, que está no céu.
—Mateus 5:14,16 NVT

Bem na hora do jantar, acabou a luz no nosso bairro. Na hora, dá um sustão na gente, não é mesmo? Eu confesso que senti um medinho.

Não dava para enxergar nada. O papai então acendeu a lanterna do celular e colocou no meio da mesa. Ufa!

Engraçado como aquela pequenina luz do celular ajudou a gente a encontrar os pratos, os copos e, assim, terminar o jantar.

O papai explicou que a luz sempre ilumina muita coisa. Mesmo se for um pequeno facho de luz, como o da lanterna do celular.

Papai também explicou que, quando Jesus disse que somos a "luz do mundo", Ele estava dizendo que quer que a gente seja um exemplo de bondade tão legal que, mesmo que tenhamos muitos amigos que façam coisas erradas, o nosso exemplo vai ajudá-los a mudar de comportamento e a encontrar Jesus.

Legal, né?

ORAÇÃO

Querido Jesus, quero ser como a luz e iluminar o caminho para as pessoas o encontrarem.

ATIVIDADE

1) Você tem sido luz para os seus amigos? O que eles dizem a seu respeito?

2) Qual o problema de tentar encontrar as coisas no escuro?

Hospitaleiros

7 de outubro

Não deixem de receber bem aqueles que vêm à casa de vocês...
—Hebreus 13:2

Hoje o papai nos chamou durante o café da manhã e avisou que à noite vamos ter visitas.

Na família tem duas crianças menores e o papai pediu para a Ana e eu prepararmos um canto com muitos brinquedos e colocarmos o tapete de borracha para elas brincarem.

As menininhas eram muito legais. A Ana e eu brincamos bastante com elas e, na hora que foram embora, elas ajudaram a guardar tudo e me deram um abraço superapertado!

Quando abraçou o papai, o homem disse:

—Parabéns pelos seus filhos! Eles são muito hospitaleiros.

Depois que eles saíram, eu perguntei:

—Papai, seu amigo achou que a gente é médico?

—Médico?

—É! Ele disse que a Ana e eu somos *hospiteiros*.

—Não, Arthur! Ele disse que vocês são hospitaleiros, e isso significa que vocês recebem as pessoas em casa com atenção, carinho e gentileza.

—Ah, bom!

ORAÇÃO

Deus, ensine-me a receber bem as pessoas em minha casa e a demonstrar o Seu amor a elas.

ATIVIDADE

1) Como você se comporta quando outras crianças visitam a sua casa?

2) Você deixa que elas usem os seus brinquedos ou esconde tudo?

8 de outubro

Pesadelo

> Em paz me deitarei e dormirei, pois somente tu, Senhor, me guardas em segurança.
> —Salmo 4:8

Eu caminhava na rua da escola e já era noite. De repente, começou a chover muito forte e acabou a luz... ficou tudo muito escuro! Eu queria correr, mas podia tropeçar. Subitamente, vi um fogo no meio da rua e quando me aproximei era um dragão com olhos em chamas que veio para cima de mim. Aí comecei a gritar bem alto.

Nossa! Que pesadelo!

Acordei todo suado e tremendo. Eu não vi, mas a mamãe chegou rápido e perguntou por que eu estava gritando.

Eu estava apavorado. Aquele sonho parecia de verdade.

A mamãe ficou um tempão abraçada comigo e aí ela começou a cantar algumas canções que falam que Deus protege a gente.

Depois de um tempo eu adormeci. No dia seguinte, a mamãe me contou que as músicas me acalmaram e por isso eu dormi de novo. Agradeci a ela por ter cantado para mim e ter ficado comigo.

ORAÇÃO

Deus, obrigado por Sua proteção. É muito bom ouvir canções que falam do Seu amor.

ATIVIDADE

1) Qual música você gosta de ouvir para se acalmar?

2) Quem da sua família mais canta para você ou com você?

Jonas egoísta

9 de outubro

> Deus viu [...] como abandonaram os seus maus caminhos [...] e não castigou a cidade. Por causa disso, Jonas ficou com raiva... —Jonas 3:10; 4:1

O Mauro, um menino da sala, atrapalhou tanto a aula hoje que a professora fez uma prova surpresa.

No meio da prova, a professora permitiu consultar o livro e até o Mauro foi bem.

Fiquei muito bravo com ele e com a professora.

—Papai, toda a turma pagou pela bagunça dele e, no final, a professora ainda deixou ele ir bem na prova.

—Arthur, você está parecendo o Jonas da Bíblia!

—Ué, por quê?

—O Jonas teve medo de pregar em Nínive, porque o povo era mau. Então, ele desobedeceu e foi parar na barriga do peixe. Deus teve misericórdia dele e, depois que Jonas pregou, o povo se arrependeu e foi perdoado. Ele ficou muito bravo porque Deus foi bondoso.

—Que egoísta o Jonas, né, pai?

—Pois é... Parece alguém que entrou bravo no carro hoje só porque o colega foi perdoado.

—Ihhh, verdade. Não tinha pensado nisso. Foi mal!

ORAÇÃO

Deus, obrigado pelo Seu amor que perdoa a gente por tudo e o tempo todo.

ATIVIDADE

1) O que você faz ou sente quando acha que merece ser mais beneficiado do que outra pessoa?

2) Por que não devemos pensar assim?

10 de outubro

Na vida ou na morte, sou de Jesus

> Se vivemos, é para o Senhor que vivemos; e, se morremos, também é para o Senhor que morremos.
> —Romanos 14:8

O vovô foi visitar um grande amigo que está doente e fará uma cirurgia de alto risco daqui a dois dias.

—O que é cirurgia de alto risco, vovô?

—Ah, meu filho, significa que os médicos vão tentar salvar o meu amigo, mas, como a doença dele é muito complicada, as chances de ele morrer durante essa cirurgia são muito grandes!

—Que horror!

—É triste mesmo. Mas hoje passamos uma manhã abençoada. Oramos e louvamos a Deus! Choramos em Sua presença e fomos cheios da Sua glória.

—O seu amigo está feliz, mesmo sabendo que pode morrer?!

—Sim, Arthur, e por dois motivos. Ele sabe que, se Deus quiser, pode livrá-lo da morte. Mas, se não e ele morrer, meu amigo sabe que vai morar no Céu junto com Jesus. É essa certeza que o deixa em paz e até feliz.

—Mas, se ele morrer, a família dele ficará triste!

—Ficará, sim… mas eles terão o Espírito Santo para os consolar, sempre que a saudade apertar.

ORAÇÃO

Jesus, eu quero que o Senhor fique sempre comigo independentemente das circunstâncias.

ATIVIDADE

1) Quando está com medo, o que você costuma fazer?

2) Que lugar a oração ocupa em sua vida nesses e em outros momentos?

Conte as bênçãos

11 de outubro

> De fato, o Senhor fez grandes coisas por nós, e por isso estamos alegres.
> —Salmo 126:3

Hoje a mamãe convidou algumas amigas para tomar um chá da tarde com ela e a vovó. Elas prepararam muitas coisas gostosas além do chá.

Quando as amigas chegaram, elas foram para a mesa e ficaram conversando sem parar.

Uma das mulheres contou sobre uma viagem que ela fez com o marido, em que Jesus os livrou de morrer num acidente terrível. Aí uma outra mulher contou sobre como a filha dela recebeu uma cura muito grande de uma doença que a estava deixando paralisada.

Elas contaram muitas coisas boas que Jesus fez por elas e pela família delas e acabaram nem percebendo o tempo passar e que já era quase noite.

Eu até planejei jogar futebol com meus amigos, mas fiquei escutando as histórias delas e esqueci de sair.

As histórias sobre Jesus são as melhores e a gente pode ter várias delas em nossa própria vida.

ORAÇÃO

Querido Deus, obrigado por Suas bênçãos em minha vida e por eu poder contá-las aos outros.

ATIVIDADE

1) O que Jesus já fez em sua vida ou da sua família que o deixou muito feliz?

2) Conte mais cinco bênçãos que Jesus fez em sua vida.

12 de outubro

Dia das Crianças!

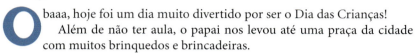

Com laços de amor e de carinho, eu os trouxe para perto de mim; eu os segurei nos braços como quem pega uma criança no colo... —Oseias 11:4

Obaaa, hoje foi um dia muito divertido por ser o Dia das Crianças! Além de não ter aula, o papai nos levou até uma praça da cidade com muitos brinquedos e brincadeiras.

Nós nos divertimos bastante e eu fiquei tão cansado, mas tão cansado, que adormeci no carro enquanto voltávamos para casa.

Quando acordei, estava no colo do papai e já entrando no meu quarto.

Estranhei isso, e fui logo dizendo para ele que eu não era mais nenhum bebezinho. Papai riu e me explicou que sempre vai cuidar de mim com bastante carinho, assim como ele tinha aprendido com o vovô e também com o nosso Pai celestial.

Meu pai falou que Deus carrega a gente no colo quando necessário! Eu nunca vi, mas se o papai disse é porque é verdade.

Agora eu vou descansar, porque corri e brinquei demais hoje.

ORAÇÃO

Deus, o Senhor é um Pai muito amoroso, e eu fico muito feliz de ser Seu filho também.

ATIVIDADE

1) Como você se sente quando um adulto o pega no colo?

2) Você fica feliz ou se irrita com essa atitude? Por quê?

O amigo do vovô partiu

13 de outubro

> Mas agora, unidos com Cristo Jesus, vocês, que estavam longe de Deus, foram trazidos para perto dele pela morte de Cristo na cruz. —Efésios 2:13

Fomos visitar o vovô e ele estava chorando.

—O que aconteceu, vovô?

—Você se lembra daquele meu amigo que faria uma cirurgia, Arthur?

—Ele morreu?

—Sim, ele foi para o Céu!

—Mas o senhor disse que isso era bom.

—E é mesmo. Por causa do sacrifício de Jesus Cristo, esse momento fica menos triste, mas a saudade ainda é grande.

—Não estou entendendo, vovô.

—Sabe, Arthur, quando Jesus morreu na cruz e depois ressuscitou, Ele conquistou para nós o direito de morar no Céu com Ele. Agora, estou triste pela morte do meu amigo, mas, por causa de Jesus, tenho a certeza de que, quando eu partir, vou encontrar o meu amigo novamente. Então, essa esperança me deixa menos triste.

—Ah, entendi. Você preferia que seu amigo não tivesse morrido, mas fica feliz porque vai encontrá-lo no Céu um dia.

—Exatamente.

ORAÇÃO

> Jesus, obrigado por me salvar e garantir que encontrarei as pessoas que amo lá no Céu!

ATIVIDADE

1) Como você imagina que é o Céu?

2) O que você quer fazer primeiro quando chegar lá?

14 de outubro

GPS de tartaruga

O Senhor Deus (...) formou a terra e tudo o que nela existe e deu vida e fôlego a todos os seus moradores...
—Isaías 42:5

Hoje fui com a escola conhecer o projeto TAMAR, que protege as tartarugas marinhas que estão em extinção e que sofrem muito por causa do lixo jogado nos rios e mares.

Lá havia algumas tartarugas gigantes e até um hospital que cuida das que estão feridas.

A guia do local explicou que as tartarugas vivem mais de 100 anos!

Ela também falou que as tartarugas nadam pelos oceanos e atravessam de um lado para o outro do mundo, mas, quando elas fazem 30 anos, precisam ter filhotes e aí conseguem voltar exatamente no mesmo lugar onde elas nasceram para botar os ovinhos. Elas têm um tipo de "GPS" no cérebro delas.

Eu fiquei tão feliz de aprender sobre as tartarugas, porque lembrei do quanto Deus é poderoso e fez todos os seres vivos da Terra muito especiais. Por isso, os animais são muito legais!

ORAÇÃO

Deus, eu admiro o Seu poder de criar tantas coisas perfeitas!

ATIVIDADE

1) Qual é o seu animal preferido?

2) Qual parte da natureza você acha mais incrível?

Confio no meu pai

15 de outubro

> É perigoso ter medo dos outros, mas confiar no Senhor dá segurança.
> —Provérbios 29:25

O tio Lúcio girou o Pedrinho no ar e ele riu bastante e se divertiu. Eu tentei fazer a mesma coisa, mas ele gritou desesperado e me deu um monte de murros quando o coloquei no chão.

Não entendi nada!

Fiquei com raiva dele porque toda a família veio correndo para saber o que estava acontecendo. O papai quase me deu uma bronca, mas o tio Lúcio salvou minha pele:

—A culpa não foi dele. Acontece que ele me viu rodar o Pedro e quis fazer igual, mas o Pedro me conhece e sabe que eu nunca o soltaria. Ele confia em mim, mas ainda não confia no Arthur e foi por isso que ele se assustou e fez esse escândalo.

Eu estava nervoso...

—Papai, eu só quis brincar.

O papai abaixou-se e me abraçou. Naquela hora eu sabia que ele tinha entendido e me protegeria.

O meu pai demonstrou o amor e o cuidado de Deus por mim, por isso confio nele.

ORAÇÃO

Deus, obrigado por me amar todos os dias. Sei que posso confiar no Senhor!

ATIVIDADE

1) Quem é a pessoa que mais o protege todos os dias?

2) Você confia em Deus como confia no seu pai? Por quê?

16 de outubro

Coisas lindas e terríveis

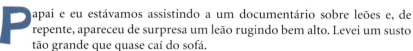

Ó Senhor Deus, tu és o meu defensor e o meu protetor. Tu és o meu Deus; eu confio em ti.
—Salmo 91:2

Papai e eu estávamos assistindo a um documentário sobre leões e, de repente, apareceu de surpresa um leão rugindo bem alto. Levei um susto tão grande que quase caí do sofá.

O papai deu muita risada e eu fiquei bravo.

Mas aí ele começou a falar de Davi, que era muito corajoso, porque enfrentou sozinho um leão.

—Ah, pai, ele enfrentou até gigante!

—Viu só? Ele era muito corajoso!

—Mas também, pai, sabendo que Deus abençoaria sua ação, qualquer pessoa faria o que Davi fez!

—Mas é aí que está, filho! Muitas pessoas duvidam que Deus está com elas. Para a maioria das pessoas falta fé!

—Pai, Deus fica triste com quem não tem fé, né?

—Fica, mas para algumas, devido às dificuldades, é difícil manter a fé. Por isso Davi é admirável!

—Ah, papai, eu já aprendi que Deus livra a gente de coisas ruins quando confiamos nele.

—Isso mesmo!

ORAÇÃO

Deus, ajude-me a ter fé suficiente para não ficar com medo quando coisas ruins acontecem.

ATIVIDADE

1) De que forma você acredita que Deus cuida de você?

2) Faça um desenho bem bonito que represente o cuidado de Deus!

Oração e respostas

17 de outubro

> Deus guia os humildes no caminho certo
> e lhes ensina a sua vontade.
> —Salmo 25:9

—Ô, pai, acho que hoje vai dar confusão no Céu!

—O quê?

—Pai, o jogo já vai começar, e eu vi na TV o goleiro do time azul orando e agora o atacante do time preto também está orando. E ele quer fazer gols no goleiro que orou para não levar gols. Quem Deus vai atender?

—Sabe, filho, talvez os dois saiam tristes por causa de um empate, talvez o goleiro faça a sua melhor defesa ou talvez o atacante faça vários gols. Mas uma coisa é certa: os dois jogadores sabem que a presença de Deus em momentos decisivos da vida é o melhor que podem ter, e, por se tratar de um jogo, tudo pode acontecer. Na vida, coisas boas e ruins acontecem e precisamos confiar em Deus independentemente das circunstâncias. As respostas às nossas orações podem ser diferentes do que desejamos, mas a presença de Deus não muda.

—Entendi, papai.

ORAÇÃO

Deus, que eu sempre creia que a Sua presença está comigo, seja nos momentos bons ou ruins.

ATIVIDADE

1) Você ora antes de passeios, provas e antes de dormir? Por quê?

2) Pense sobre o seu dia. A respeito do que você deveria ter orado?

18 de outubro

Poderoso e amoroso

> Porque Deus amou o mundo tanto, que (...) mandou o seu Filho para salvar o mundo...
> —João 3:16,17

—Pai, se Jesus quisesse, Ele podia ter se livrado de morrer na cruz?
—Sim, podia!
—Porque Ele é poderoso, certo?
—Certo!
—E por que Jesus não saiu correndo?
—Por amor!
—Amor?
—É, filho. Ele sabia que a morte dele era a nossa única chance de salvação. Os nossos pecados só seriam perdoados se Ele se entregasse na cruz.
—Mas, pai, foram muito malvados com Ele. Colocaram até uma coroa de espinhos na cabeça dele! O senhor não fica com dó de Jesus?
—Eu fico agradecido.
—Por que agradecido?
—Porque ninguém sofreria tanto por me amar como Ele sofreu e me amou. Jesus sofreu para eu poder chegar perto de Deus e morar no Céu.
—Puxa, pai, é muito legal ser amigo de Jesus que, além de superpoderoso, é superamoroso também, né? Os heróis dos quadrinhos podem até ter poder, mas eles não amam as pessoas como Jesus as ama.
—Tem razão, filho.

ORAÇÃO

Jesus, eu sou muito grato ao Senhor por ter morrido na cruz simplesmente por me amar.

ATIVIDADE

1) Como você demonstra gratidão pela salvação que Jesus lhe deu?

2) De que forma Jesus é, ao mesmo tempo, poderoso e amoroso?

Não ria. Ajude!

19 de outubro

Sempre que puder, ajude os necessitados.
—Provérbios 3:27

Na hora do recreio, um menino tropeçou e caiu. Aí a comida dele voou para todo lado. A calça dele rasgou e o joelho começou a sangrar.

Enquanto ele chorava de dor e vergonha, um monte de gente ria dele.

Eu também achei engraçado, mas aí lembrei que uma vez eu caí e foi muito triste ver todo mundo rindo de mim.

Eu ajudei o menino a se levantar e uma professora trouxe remédio para limpar o machucado e fazer um curativo.

Eu dividi o meu lanche com ele, e esse menino ficou muito feliz. Disse que era a primeira semana dele na escola, pois era novo na cidade.

Eu fiquei feliz de ajudar em vez de ficar rindo. O menino se alegrou e não estava mais triste!

O papai diz que é sinal de sabedoria ajudar quem precisa, e que isso está escrito na Bíblia, lá no livro de Provérbios.

ORAÇÃO

Deus, obrigado por poder contar com a Sua ajuda; por isso devo ajudar as pessoas.

ATIVIDADE

1) Quem mais ajuda você nos momentos de dificuldade?

2) Você já ajudou alguém que precisava de ajuda? Como foi?

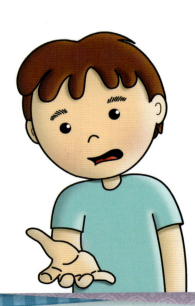

20 de outubro

Bilhete para os pais

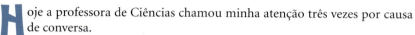

Respeitem todas as pessoas, amem os seus irmãos na fé, temam a Deus...
—1 Pedro 2:17

Hoje a professora de Ciências chamou minha atenção três vezes por causa de conversa.

Depois da terceira bronca, ela pegou meu caderno e escreveu um bilhete para os meus pais assinarem.

Fiquei com raiva, mas depois fiquei triste e com vergonha.

A mamãe percebeu o meu jeito e quis saber o porquê. Eu contei a verdade e comecei a chorar.

Ao invés de brigar, a mamãe me abraçou!

—Ué, a senhora ainda gosta de mim?!

Ela sorriu e disse que todas as pessoas cometem erros. Até os adultos. Ela falou que muitas vezes merece ser castigada, mas Deus oferece amor e perdão. Ela me pediu para eu ser mais cuidadoso para não atrapalhar a professora, pois ela precisa do respeito e da atenção dos alunos todos os dias. Eu prometi que vou me comportar, mas o mais legal foi saber que a mamãe me ama até quando eu "piso na bola".

ORAÇÃO

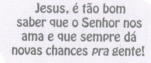

Jesus, é tão bom saber que o Senhor nos ama e que sempre dá novas chances pra gente!

ATIVIDADE

1) Você já levou bilhete da professora para casa? Como seus pais reagiram?

2) Por que devemos perdoar e amar as pessoas que erram?

Coisas para melhorar

21 de outubro

A estrada em que caminham as pessoas direitas é como a luz da aurora, que brilha cada vez mais até ser dia claro.
—Provérbios 4:18

A amiga da mamãe estava bem triste. Ela disse para a mamãe que não faz nada certo e que grita com os filhos.

Mas a mamãe disse para sua amiga que ela cozinha tão bem e lembrou que, antes de ser mãe, nem sabia cozinhar. A amiga dela riu e disse:

—Puxa vida, você tem razão. Agora sei cozinhar!

A mamãe ainda lembrou outras coisas em que sua amiga melhorou e, assim, ela ficou menos triste.

Depois que ela foi embora, a mamãe disse para mim:

—Sabe, Arthur, ninguém é perfeito, mas, quando Jesus mora no nosso coração, Ele sempre ajuda a gente a melhorar um pouquinho a cada dia!

—Mas, mãe, a senhora é perfeita!

Ela deu um sorriso, me abraçou e foi aí que ela percebeu que eu ainda estava com o uniforme. Ela se irritou e me deu uma bronca daquelas...

Quando ela se deu conta, a gente se olhou e deu muita risada, porque ela não é tão perfeita assim!

ORAÇÃO

Deus, obrigado por me ajudar a ser melhor a cada dia. Que eu jamais ache que sou perfeito!

ATIVIDADE

1) Você precisa melhorar em alguma coisa? Em quê?

2) Faça uma lista de mais três coisas que você precisa "melhorar" e cole no guarda-roupa.

22 de outubro

Poder verdadeiro

> Não por força nem por violência,
> mas pelo meu Espírito, diz o Senhor dos Exércitos.
> Zacarias 4:6 NVI

Hoje, na aula de Educação Física, o professor pediu para dois alunos demonstrarem uma luta de karatê. Um deles é alto e forte, o outro é baixo e magro.

Todo mundo achou que o maior ganharia a luta, mas o menino mais magro, com um golpe, derrubou o lutador maior.

O professor nos explicou que, apesar do aluno que perdeu ser bem maior, o que venceu a luta pratica o karatê há mais tempo e por isso venceu facilmente.

Já em casa, o papai disse que a prática aperfeiçoa a técnica quando levamos jeito para a coisa, mas que há certos problemas da vida em que a própria força ou habilidade não é suficiente se o Espírito de Deus não agir em nosso favor. É importante que os dois estejam juntos, assim, por causa de Cristo, o Espírito Santo habita em nós, nos tornando completos para agirmos com o poder dele em nós.

Que legal, né?

ORAÇÃO

Querido Deus, é muito legal ter a Sua presença na minha vida por meio do Seu Espírito.

ATIVIDADE

1) Por que devemos sempre nos lembrar de que o poder que está em nós vem de Deus?

2) O que é necessário para superar os desafios do dia a dia?

O fácil nem sempre é o certo

23 de outubro

> A porta estreita e o caminho difícil levam para a vida, e poucas pessoas encontram esse caminho.
> —Mateus 7:14

Na hora do recreio, dois meninos disseram para mim e para o Sandro que vão acabar com a gente no futebol da escola. Eles nos chamaram de pernas-de-pau.

Ficamos com muita raiva deles.

Eu tive vontade de socá-los, só que a diretora sempre avisa que, se houver agressão na escola, estaremos encrencados.

O Sandro também queria bater neles, mas, como não podia, xingou os meninos de vários nomes feios. Confesso que achei bem feito!

Quando contei tudo ao papai, ele me disse que preciso aprender o que Jesus ensinou em Sua palavra.

Ele explicou que fazer o que dá vontade é como escolher o caminho mais fácil, mas que não é o certo. Devemos escolher o caminho certo, mesmo que seja o mais difícil.

Mesmo entendendo a nossa situação, a diretora mandou um bilhete para a mãe do Sandro. Fazer o quê? Ele não agiu certo!

ORAÇÃO

Deus, ajude-me a fazer a coisa certa até nas horas que dá muita vontade de fazer coisas erradas.

ATIVIDADE

1) Qual a provocação mais séria que você já recebeu?

2) Você costuma ficar quieto ou explodir quando alguém o provoca? Por quê?

24 de outubro

Dominando o inimigo

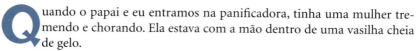

Mas Deus ressuscitou Jesus, livrando-o do poder da morte, porque não era possível que a morte o dominasse.
—Atos 2:24

Quando o papai e eu entramos na panificadora, tinha uma mulher tremendo e chorando. Ela estava com a mão dentro de uma vasilha cheia de gelo.

O papai perguntou o que tinha acontecido, e a moça do caixa contou que um cachorro tinha mordido a perna da mulher. Então, ela esmurrou o focinho do cachorro até ele soltar, mas aí machucou a mão.

—O que importa é que ela não foi dominada pelo cachorro!

—Verdade! Ela foi muito corajosa, porque disse que a dor da mordida era muito forte.

—Nessas horas eu lembro sempre de Jesus.

—Jesus?

—Sim, pensa comigo: Ele foi crucificado em uma cruz. Sofreu horrores. Morreu e mesmo assim não foi dominado pela morte. Ele ressuscitou ao terceiro dia e dominou a morte, voltando à vida. Incrível, não é?

—Sim, incrível. Fiquei fã da cliente, mas agora sou mais fã ainda de Jesus!

ORAÇÃO

Deus, eu tenho muita alegria por saber do tamanho do poder de Jesus: Ele venceu até a morte.

ATIVIDADE

1) Qual foi a situação mais difícil que você já viu alguém dominar?

2) Por que foi tão importante Jesus ressuscitar?

Em paz em qualquer lugar

25 de outubro

> Agora que fomos aceitos por Deus [...], temos paz com ele por meio do nosso Senhor Jesus Cristo.
> —Romanos 5:1

O pastor que esteve na nossa igreja hoje falou que foi enviado para fazer missões em um país que está em guerra. Quando o culto acabou, fui falar com ele e perguntei se ele tinha medo. Ele me falou que, apesar da situação no país para onde está indo ser muito difícil, ele não tem medo, pois, por causa de Jesus, ele tem paz!

—Mas como o senhor pode sentir paz num lugar tão assustador?

—É que a minha paz está na certeza de que o Senhor está cuidando de mim. A minha vida está nas mãos de Deus e por isso estou tranquilo.

—Mas e se um dia acontecer alguma coisa com o senhor?

—Eu acredito que nada acontece sem a permissão de Deus; a vontade dele sempre prevalecerá em tudo. Então, dificuldades não roubam a paz que tenho em Jesus. É a certeza de que Deus está comigo que me dá paz e me encoraja a obedecê-lo!

ORAÇÃO

Querido Deus, ajude-me a me lembrar da Sua presença na minha vida e de que Jesus é a minha paz.

ATIVIDADE

1) Qual a coisa que mais rouba a sua paz?

2) Por que podemos ter paz quando Deus está presente em nossa vida?

26 de outubro

O grande ápice

...o Pai enviou o Filho para ser o Salvador do mundo.
—1 João 4:14

O papai e a mamãe estavam na sala assistindo a um filme que parecia muito legal, mas era de adulto.

Eles não deixaram a Ana e eu assistirmos. De repente, a casa ficou toda escura.

O papai explicou que caiu a energia. A mamãe procurou velas para acender, mas aí a nossa casa ficou iluminada de novo.

A mamãe e o papai correram para assistir ao filme, mas já estava acabando. O papai ficou chateado:

—Puxa vida, perdemos o ápice do filme.

—O que é "ápice", pai?

—É o momento mais importante da história do filme. Quando o mocinho prende o bandido, sabe?

—Sei... Papai?

—O quê?

—O ápice da história de Jesus é quando Ele nasce ou quando Ele morre?

—Na verdade, o momento mais importante foi quando Ele ressuscitou!

—Ah, é, porque aí Ele venceu a morte e conquistou a salvação para a gente. Acertei?

—Acertou, sim, filho. Esse é o meu garoto!

ORAÇÃO

Jesus, obrigado por morrer, ressuscitar e vencer a morte para me dar a vida eterna.

ATIVIDADE

1) Jesus já é o seu Salvador?

2) De que maneira você expressa sua gratidão a Jesus por Ele ter vencido a morte por você?

Abraço do Pedrinho

27 de outubro

Pois somos obra-prima de Deus, criados em Cristo Jesus a fim de realizar as boas obras que ele de antemão planejou para nós. —Efésios 2:10 NVT

Tio Lúcio chegou em casa e o Pedrinho já foi logo abraçando todo mundo com um abraço beeeem apertado.

Ele não é muito disso e a mamãe perguntou:

—Ué, Lúcio, por que ele está tão fofo?

—Então, é que domingo, na igreja, ele aprendeu que recebemos o amor de Deus para distribuir com o que nós temos de melhor. Ele me perguntou o que significava "de melhor" e eu expliquei que era o que ele fazia que deixava as pessoas felizes. Desde domingo ele está abraçando todo mundo que encontra. Abraçou a menina do caixa da padaria, todas as crianças da creche e até o policial que faz a patrulha na frente da escolinha!

—E como ele sabe que o abraço dele é bom?

—A mãe dele sempre diz que o abraço dele é a melhor coisa do mundo.

A mamãe abraçou o Pedro de novo e disse:

—Esse é mesmo o abraço mais gostoso do mundo!

ORAÇÃO

Deus, ajude-me a me lembrar do que eu faço de melhor para transmitir o Seu amor às pessoas.

ATIVIDADE

1) Escolha três pessoas e faça alguma coisa boa que demonstre o amor de Deus por elas.

2) Depois escreva como foi essa experiência!

28 de outubro

O que serei quando crescer?

> Confie no Senhor de todo o coração e não se apoie na sua própria inteligência.
> —Provérbios 3:5

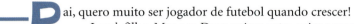

—Pai, quero muito ser jogador de futebol quando crescer!
　—Legal, filho. Mas e se Deus quiser outra coisa para você?
　—O senhor acha que Deus me deixaria triste não deixando eu fazer o que quero?
　—E você acha que Deus planejaria para você algo que não o faça feliz?
　—Mas como eu vou saber se vai me fazer feliz?
　—Ué, você não confia que tudo o que Ele faz é para o nosso bem?
　—Eu sei, pai. Mas eu queria muito ser jogador.
　—Sabe, filho, eu sempre aceitei a direção de Deus para minha vida. E hoje sou muito feliz por confiar mais na sabedoria dele do que na minha.
　—O senhor não teve medo?
　—Até Jesus teve medo, mas confiou e aceitou a vontade de Deus, e, por isso, hoje, todos nós temos a salvação.
　—Verdade, né, pai? Deus sabe mesmo das coisas. Vou confiar nele quanto a isso!
　—Sábia decisão, filho.

ORAÇÃO

Deus, eu confio que o Senhor sempre cuidará de mim e fará o melhor em minha vida.

ATIVIDADE

1) Faça uma oração colocando o seu futuro nas mãos de Deus!

2) Escreva uma lista das profissões que você gostaria de ter quando crescer.

Enjoei

29 de outubro

> Agradeçam a Deus, o Senhor, anunciem a sua grandeza e contem às nações as coisas que ele fez.
> —Salmo 105:1

Este ano está muito demorado. As férias não chegam nunca! Hoje tive que ir para a escola de novo.

—Mãe, o que tem de lanche hoje?

—Sanduíche de presunto e suco de laranja.

—De novo?

—Mas você gosta!

—Já enjoei. E também não aguento mais usar esse tênis.

—Está apertado?! Compramos no meio do ano!

—Não é que esteja apertado, mas enjoei dele.

Eu estava reclamando de tudo e, de repente, a mamãe mandou eu olhar pela janela do carro. Tinha um menino da minha idade, de chinelo e puxando um desses carrinhos com lixo reciclável.

—Sabe, Arthur, às vezes ficamos irritados com algumas coisas e nos tornamos pessoas ingratas. Você deveria agradecer por estudar e ter lanche e tênis, mas está aborrecido porque o ano letivo ainda não acabou. Esse menino bem que gostaria de ter tudo o que você tem. Você deveria ser mais agradecido!

—Desculpa, mamãe, a senhora tem razão!

ORAÇÃO

Deus, por favor, me desculpe por não ser grato por tantas coisas boas que o Senhor me dá!

ATIVIDADE

1) Você gosta mais das suas coisas ou prefere as dos seus amigos? Por quê?

2) De que maneira você pode ser mais agradecido por tudo o que tem?

30 de outubro

Parabéns para a Ana!

> Por isso procuremos sempre as coisas que trazem a paz e que nos ajudam a fortalecer uns aos outros na fé.
> —Romanos 14:19

Obaaaa, hoje foi o aniversário da Ana! A mamãe não fez uma festa grande, mas convidou a nossa família para vir aqui em casa. Eu pedi para ela fazer brigadeiros, mas a Ana disse que preferia beijinhos.

—Brigadeiro é mais gostoso!

—Não é não, beijinho é bem melhor!

—Beijinho não tem chocolate.

—Mas tem coco, que é bem melhor que chocolate.

—Você não sabe de nada!

A Ana já ia responder, mas a mamãe foi mais rápida:

—Chega, crianças. Vocês não precisam gostar da mesma coisa, mas precisam respeitar o gosto do outro. E isso é tão fácil de resolver!

—Como, mamãe?

—Vou preparar os dois doces para a festa. Satisfeitos?

—Siiiiim!

Na hora dos parabéns, o vovô orou pela Ana e a mamãe cortou o bolo. E todos os beijinhos e brigadeiros acabaram. Aí eu entendi que a mamãe acertou em cheio!

ORAÇÃO

Meu Deus, ajude-me a respeitar e a amar as pessoas que têm um gosto diferente do meu.

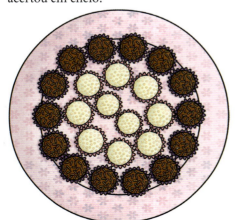

ATIVIDADE

1) Qual é o seu docinho de aniversário preferido?

2) Como podemos conviver com o gosto diferente dos nossos amigos?

Encorajamento

31 de outubro

> Cada um encoraja seu amigo, dizendo: "Seja forte!".
> —Isaías 41:6 NVT

O papai, o tio Lúcio, a Ana e eu fomos fazer uma trilha. Uma aventura! Vimos bichos diferentes e várias cachoeiras.

O passeio estava demais, mas na subida a Ana e eu cansamos muito. O papai nos deu água e fruta.

Quando a gente voltou a andar, eu estava com a cabeça doendo e a Ana com dor nas pernas. O tio Lúcio deu um grito que assustou todo mundo:

—Vamos lá, Arthur e Ana! Animem-se!

Ele apostou corrida com a gente, fez brincadeiras e inventou que tinha cobra no caminho. Foi tão divertido que rapidinho terminamos a trilha.

O papai disse que o tio Lúcio nos ajudou, já que ele fez tantas coisas legais e assim nos animamos e conseguimos terminar a aventura.

—Ah, papai, entendi. Igual Deus faz com a gente, né? Ele sempre diz que está conosco e nos dá força e coragem para vencermos os desafios.

ORAÇÃO

Deus, obrigado por me encorajar e me ajudar nos desafios que enfrento na vida.

ATIVIDADE

1) Quais são as coisas mais difíceis que você faz?

2) É bom saber que Deus está com você nos desafios que enfrenta? Por quê?

1º de novembro

Fazer o bem sem julgar

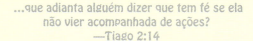

...que adianta alguém dizer que tem fé se ela não vier acompanhada de ações?
—Tiago 2:14

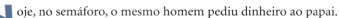

Hoje, no semáforo, o mesmo homem pediu dinheiro ao papai. Quase todo domingo ele faz isso. Aí a mamãe pegou um pote de comida e uma garrafa de água e deu ao moço. Então, a Ana perguntou:

—Mãe, esse homem é muito folgado. Por que ele não trabalha?

—Filha, a gente não conhece a história dele. E a Palavra de Deus nos encoraja a sempre fazer o bem às pessoas.

—Mas e se elas forem folgadas?

—Lembra que Jesus nos alertou para não julgarmos as pessoas? Só Ele sabe se esse homem é folgado ou não. Aprendi com Jesus a sempre fazer o bem e nunca julgar. As pessoas precisam de amor.

—Verdade, mãe. Preciso ser mais bondosa!

O papai explicou que eles nunca dão dinheiro porque às vezes essas pessoas compram coisas ruins, como drogas e bebidas alcóolicas, mas disse que jamais devemos negar comida e água a alguém!

ORAÇÃO

Deus, por favor, me ajude a me lembrar de sempre fazer o bem sem ficar julgando as pessoas!

ATIVIDADE

1) Você já fez algum favor para alguém?

2) Pense em duas outras formas de ajudar ou abençoar as pessoas que você pode colocar em prática!

Não sabia do Eduardo...

2 de novembro

> No sofrimento, eu fui consolado porque
> a tua promessa me deu vida.
> —Salmo 119:50

Hoje é feriado e fomos almoçar na casa do vovô. Só que, no meio da tarde, peguei o vovô chorando lá no quintal.
—O senhor está triste?
—Ah, Arthur, eu estou com saudades.
—De quem?
—Do Eduardo.
—Ele era seu amigo?
O vovô abaixou a cabeça e começou a chorar de novo.
Aí ele me contou que o Eduardo seria o primeiro filho dele, mas, na hora do parto da vovó, no dia 2 de novembro de 1978, houve uma complicação e o bebê nasceu morto.
—Que triste, vovô! Então, ele era meu tio?
—Sim...
—Mas eu nunca tinha visto o senhor triste!
—Ah, meu neto querido, depois disso, Deus me deu muitas alegrias: outros filhos abençoados, netos especiais... só que às vezes eu ainda choro um pouquinho! Mas não se preocupe, já estou melhor. O Espírito Santo mandou você aqui para me dar um abraço e diminuir essa dor que estava aqui no peito.

ORAÇÃO

Espírito Santo, console as pessoas que hoje estão tristes porque alguém que amavam já morreu.

ATIVIDADE

1) Você está triste hoje por algum motivo? Por qual?

2) Que tal falar com o Espírito Santo sobre isso?

3 de novembro

Haja paciência

Quem se ira facilmente provoca brigas, mas quem tem paciência acalma a discussão. —Provérbios 15:18 NTLH

O Sandro e o Ênio brigaram de novo. Então, fui falar com eles para ver se faziam as pazes.

Conversei primeiro com o Ênio e depois com o Sandro. Os dois acusaram um ao outro de serem mandões e de um ser mais meu amigo do que o outro.

Eu fiquei bravo, sabe? Eu já cansei e não vou mais tentar consertar isso!

Só que, quando eu contei a história toda para a mamãe, ela me disse que o problema dos meninos é que eles são muito parecidos um com o outro. E disse também que eu sou muito impaciente.

—Mas, mãe, é que eles brigam sempre!

—Ué, eles não são seus amigos? Tem que ter paciência. Mostre para eles como são parecidos e ensine-os a se suportarem e a se amarem, porque Deus amou igualmente todas as pessoas, e Jesus se entregou na cruz por todos.

Amanhã vou falar com eles de novo. Tomara que eles não sejam muito cabeça-dura!

ORAÇÃO

Deus, descobri que as pessoas são parecidas no agir. Por favor, ajude a gente a ser mais paciente.

ATIVIDADE

1) Quem é a pessoa que mais irrita você? Por quê?

2) Escreva cinco atitudes suas que são muito parecidas com as de outras pessoas!

Cristãos no mundo

4 de novembro

— Felizes são vocês quando os insultam, perseguem [...] por serem meus seguidores.
—Mateus 5:11

Hoje, no nosso devocional, o papai orou pelos cristãos perseguidos nos países que não aceitam que seja pregado o evangelho.

Depois da oração, eu perguntei:

—Pai, tem países onde é proibido falar de Jesus?

—Tem, sim, filho. Todos os anos, muitos cristãos são mortos por escolherem seguir a Cristo.

—Mas por que Deus deixa isso acontecer? Ele não é Todo-poderoso?

—Deus é poderoso, sim, mas é também amor e perdão. Por isso, sabe como tratar cada pessoa, filho. Tem coisas que não podemos explicar nem entender, mas, se confiarmos no amor de Deus, teremos a segurança de que Ele cuida de tudo do melhor jeito. Lá na Bíblia está escrito que seremos bem-aventurados, felizes, sempre que sofrermos por amar a Deus.

—Está bem, mas fico triste por pessoas morrerem por amar a Deus.

—Ore por elas. Isso ajuda muito!

—Certo! Farei isso!

ORAÇÃO

Deus, proteja os cristãos que, por amarem e professarem o Seu nome, sofrem perseguição.

ATIVIDADE

1) Peça ao seu pai ou sua mãe para lhe mostrar o nome de cinco países onde cristãos são perseguidos.

2) Ore por cada um desses lugares e pelos missionários que estão lá.

5 de novembro

É preciso sabedoria para acertar

Portanto, dá-me sabedoria para que eu possa [...] saber a diferença entre o bem e o mal.
—1 Reis 3:9

A professora estava explicando por que existem as leis e começou a contar uma história verdadeira para nós. Ela disse que um homem acusou uma mulher de estar com o cachorro dele, mas a mulher disse que era mentira do homem, pois tinha comprado o cachorro em uma loja muito longe dali.

O juiz que estava cuidando do caso teve uma ótima ideia. Ele pediu para soltarem o cachorrinho dentro da sala do tribunal!

O policial achou esquisito, mas, como é obrigado a obedecer o juiz, soltou o cãozinho.

Quando o cachorrinho foi solto, correu direto para o colo do homem e assim o juiz soube quem era o verdadeiro dono do cãozinho!

A mamãe disse que lá na Bíblia também tem uma história do rei Salomão, que devolveu um bebezinho para a mãe certa. Mas que ele só acertou na escolha porque pediu para Deus dar sabedoria a ele. E Deus lhe deu bastante sabedoria!

ORAÇÃO

Querido Deus, peço ao Senhor que me encha de sabedoria e que me ajude a ser justo e bom.

ATIVIDADE

1) Você já sofreu algum tipo de injustiça? (Pergunte aos seus pais o que é injustiça).

2) Você já foi injusto com alguém? Com quem? (Pergunte aos seus pais o que significa ser injusto).

Escondendo da mamãe

6 de novembro

...nem mesmo na escuridão posso me esconder de ti.
—Salmo 139:12

Já fazia dias que meu dente lá do fundo estava mole, mas eu não queria contar para a mamãe. Toda vez que meu dente fica mole, ela cutuca até arrancar. Isso me dá uma agonia!

Só que eu comi uma goiaba e aí uma semente entrou debaixo do dente!

Eu tentei tirar sozinho, mas não consegui!

A mamãe quis saber por que eu estava no banheiro há tanto tempo e tive que contar a verdade.

—Abre a boca!
—Ah, mãe...
—Abre!
—Ah...

Ela enfiou o dedo lá no fundo e cutucou até eu sentir um puxão.

Quando olhei, lá estava o meu dente na mão dela. Fiquei bravo:

—Mãe, por que a senhora fez isso?

Ela me abraçou e me explicou:

—Meu amor, para o dente novo nascer, esse precisava sair. E agora que eu já tirei, podemos limpar o buraquinho e tirar a semente da goiaba, que tanto te incomodou.

Então, a raiva e o medo de tirar o dente foram embora! Que bom que ela me achou e me ajudou!

ORAÇÃO

Amado Deus, obrigado por cuidar da gente e nos abraçar através de outras pessoas.

ATIVIDADE

1) Quando você está triste, quem você gosta de abraçar?

2) O que você faz escondido que geralmente seus pais ou outras pessoas acabam descobrindo?

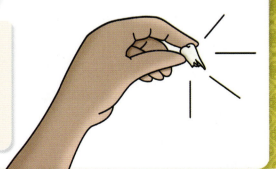

7 de novembro

O troféu e o certificado

> Não fiquem irritados uns com os outros e perdoem uns aos outros [...] assim como o Senhor perdoou vocês...
> —Colossenses 3:13

Ana saiu correndo do quarto e, sem querer, tropeçou e quebrou o meu troféu que estava no chão.

Eu fiquei com muita raiva!

—Olha o que você fez!

—Desculpa, Arthur. Eu não vi! Por que colocou ele ali?

—Estou arrumando o quarto e deixei as coisas no corredor.

Então, fui ao quarto dela e rabisquei o certificado que ela tinha recebido de melhor aluna.

Quando ela viu, começou a chorar e a gritar.

A mamãe veio ver o que aconteceu e ficou triste comigo, pois, diferentemente da Ana, fui maldoso intencionalmente e não perdoei a minha irmã.

—Mas era o meu troféu mais importante, mãe!

—Filho, lembre-se de que Deus, através de Jesus, nos ensina que pessoas são mais importantes do que coisas.

Entendi que agi mal e pedi perdão a Ana, mas ela não quis me perdoar! Aí, a mamãe conversou com ela, e a Ana também se arrependeu. Agora estamos bem!

ORAÇÃO

Jesus, me ajude a perdoar igual o Senhor me perdoou! Não quero ser vingativo...

ATIVIDADE

1) Você costuma se vingar das pessoas? Por quê?

2) Por que devemos perdoar aqueles que nos fazem mal?

Amigos do papai

8 de novembro

> O conselho sincero de um amigo é agradável como perfume e incenso.
> —Provérbios 27:9 NVT

O papai estava sentado no sofá da sala. Então, ele chamou a Ana e eu. Aí ele mandou eu me sentar de um lado e a Ana do outro.

Quando a gente sentou, ele nos abraçou tão forte que eu achei que ia sufocar:

—Paiêeee, eu estou sem ar!

Ele caiu na risada e soltou a gente. A Ana ficou até tossindo de tanto que foi esmagada!

Aí ele falou assim:

—Ana e Arthur, vocês estão proibidos de deixarem de ser meus amigos!

—Como assim?

—Sabe, filhos, daqui a alguns anos, vocês serão adolescentes. Nessa fase, muitos filhos param de conversar com os pais. Por exemplo, os filhos de um colega meu entraram na adolescência e estão estranhos com ele. E eu não quero que seja assim com a gente! Prometam que sempre conversarão comigo e com sua mãe.

—Claro, pai, amo conversar com vocês e com o vovô e a vovó! Aprendo muitas coisas legais.

—Eu também, pai. Ah, e também quero sempre ser amigo de Jesus!

—Boa, filho. Agora estou mais calmo!

ORAÇÃO

Querido Deus, quero amar as pessoas que o Senhor me deu como amigos para sempre!

ATIVIDADE

1) Como você descreveria a sua família? Vocês são amigos?

2) Você passa mais tempo com as pessoas ou com o celular? Por quê?

9 de novembro

Comida para cachorro

Tenham entre vocês o mesmo modo de pensar que Cristo Jesus tinha.
—Filipenses 2:5

O tio Lúcio esteve aqui em casa hoje e contou que o Pedrinho pegou a comida e a mamadeira dele e levou tudo para o Thor, o cachorrinho dele. O tio disse que tirou a mamadeira bem rápido, mas que o Thor engoliu o pão de queijo e a maçã. O tio deu uma bronca no meu primo:

—Por que você fez isso?

—"Apendi cum" Jesus!

—Pedro, que brincadeira é essa?

—O homem lá na "igueja" falou que Jesus cuidava das "pissoas" e se "peucupava cum elas". A comidinha do Thor é muito ruim!

O tio entendeu tudo e caiu na risada. O Pedro ficou bravo!

—Para de rir!

O tio Lúcio pediu desculpas ao Pedrinho e avisou que leite e outras comidas fazem mal para o Thor. Explicou que a ração do cachorro é ruim para as pessoas, mas é boa para os cães.

A mamãe quase chorou ao saber que o Pedro, apesar de pequeno, já aprendeu o exemplo de Jesus de amar o próximo.

ORAÇÃO

Jesus, quero seguir o Seu exemplo e me importar com as pessoas ao meu redor.

ATIVIDADE

1) Você geralmente é sensível às necessidades das pessoas ao seu redor?

2) O que você já fez de prático para ajudar alguém que não conhecia?

Sua presença

10 de novembro

> E lembrem disto: eu estou com vocês todos os dias, até o fim dos tempos.
> —Mateus 28:20

Nosso professor de Educação Física nos mostrou hoje as fotos do pulo de paraquedas que ele fez. Ah, e mostrou o vídeo também. É muito radical!

A Alice perguntou se ele não teve medo. Ele disse que, como o instrutor que pulou junto com ele é muito experiente, ele se sentiu bastante seguro para saltar de paraquedas.

Eu contei para o papai que também quero pular de paraquedas, mas vou ter que esperar ficar mais velho. E como esses esportes radicais oferecem alguns riscos, só farei isso com alguém muito experiente para eu me sentir bem seguro!

O papai falou que eu tenho que me preocupar com a segurança de tudo, mas nunca devo esquecer que a minha proteção vem de Deus. Pois é o Senhor quem cuida de tudo na minha vida! Até nos passeios radicais que eu fizer.

Eu fiquei bem animado por saber que Deus sempre está comigo. Ele, sim, nunca falha!

ORAÇÃO

Querido Deus, obrigado por estar sempre comigo e guiar a minha vida em segurança!

ATIVIDADE

1) Quando você está sozinho em um lugar desconhecido, como se sente?

2) Em quem você confia nos momentos em que está com medo?

11 de novembro

Indo para a guerra

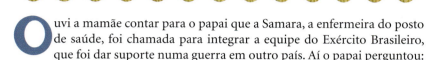

Pois para mim viver é Cristo, e morrer é lucro.
—Filipenses 1:21

Ouvi a mamãe contar para o papai que a Samara, a enfermeira do posto de saúde, foi chamada para integrar a equipe do Exército Brasileiro, que foi dar suporte numa guerra em outro país. Aí o papai perguntou:

—Mas ela queria ir?

—Sim, foi ela que se candidatou!

Ela quis ir? Aí fui eu quem perguntou:

—Mas, mãe, ela não tem medo?

—Um pouco, mas, como todo cristão, ela sabe que sairá ganhando de qualquer jeito.

—Como assim?

—Onde a Samara vai trabalhar, muitas pessoas chegarão sem esperanças, e ela poderá contar do amor de Deus e da vida eterna em Jesus e, se acontecer algum ataque e a Samara morrer, ela sabe que vai morar no Céu com o Senhor eternamente.

—Puxa vida, ela é mesmo muito corajosa, mãe!

—Mais que isso, filho; ela tem muita fé!

ORAÇÃO

Querido Jesus, obrigado pela vida e pela casa nova que está preparando no Céu pra gente.

ATIVIDADE

1) O que a morte significa para você?

2) Por que muitos adultos que amam a Jesus não têm medo de morrer?

Bronca de pai-avô

12 de novembro

> Sejam sempre humildes, bem-educados e pacientes, suportando uns aos outros com amor.
> —Efésios 4:2

O tio Lúcio e o vovô buscaram a Ana e eu para passear. O tio Lúcio ficou irritado porque tinha muito motorista ruim atrapalhando ele.

Ele estava entrando em uma rua quando um motoqueiro surgiu bem na frente dele e quase bateu!

Ele ficou tão bravo, mas tão bravo, que abriu o vidro do carro e gritou:

—TÁ MALUCO? QUASE CAUSOU UM ACIDENTE!

Quando chegamos, o vovô chamou o tio Lúcio num canto e deu uma baita bronca nele:

—Lúcio, eu não sabia que você não era cristão quando dirige!

—Eu sou, pai, só não tenho paciência.

—Pois é, mas paciência é parte do fruto do Espírito!

—Verdade, pai, o que eu fiz foi errado. Vou me cuidar para não repetir esse comportamento.

—Acho bom, filho, porque Deus deve ser o Senhor de todos os momentos da nossa vida, até quando estamos no trânsito!

Eita, eu não sabia que adulto também leva bronca de pai...

ORAÇÃO

Deus, ajude-me a praticar os Seus ensinamentos em todos os momentos da minha vida!

ATIVIDADE

1) Como você reage quando é repreendido por algo de errado que fez?

2) O que precisa melhorar no seu comportamento?

13 de novembro

Nós e as ovelhas

As minhas ovelhas escutam a minha voz; eu as conheço, e elas me seguem.
—João 10:27

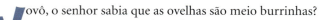

—Vovô, o senhor sabia que as ovelhas são meio burrinhas?

—Por que você está dizendo isso?

—Um veterinário foi na escola e falou que as ovelhas precisam do pastor porque não conseguem procurar pasto sozinhas. Assim, se elas não tiverem pasto para comer, comem terra. Aí o pastor precisa cuidar delas!

—Muito interessante, Arthur!

—Vovô, por que Jesus chama a gente de ovelhas? Ele nos acha burrinhos?

—Claro que não! Ele nos chama assim porque sabe que fazemos escolhas ruins e por isso precisamos de orientação para fazer o que é bom. Sabe, Arthur, antes da maldade entrar no mundo pela desobediência, o pensamento do homem era puro, mas, com o pecado, o homem passou a ter sentimentos maus e a fazer coisas ruins. É por isso que precisamos de Jesus como Pastor, pois só assim faremos o que é certo e bom.

—Entendi, vovô.

ORAÇÃO

Querido Jesus, obrigado por ser o Pastor que cuida da gente com muito amor.

ATIVIDADE

1) Você se considera uma ovelha que tem Jesus como Pastor? Por quê?

2) Que tal desenhar uma ovelha e ler o Salmo 23, que fala do nosso Pastor?

Unidos com propósito

14 de novembro

> Pensemos uns nos outros a fim de ajudarmos todos a terem mais amor e a fazerem o bem.
> —Hebreus 10:24

A mamãe não gosta de futebol, mas o papai e eu assistimos aos jogos. Na hora do jogo, ela passou pela sala e viu quando a câmera focou no técnico gritando.

—Precisa desse escândalo?

Aí a câmera mostrou a torcida gritando: "Eu acredito! Eu acredito!".

A mamãe não aguentou:

—Precisa de tanta gritaria?

Aí o papai explicou:

—Amor, lógico que precisa!

—Precisa?!

—Sim, o time, o técnico e a torcida estão unidos pelo mesmo propósito: querem a vitória. Enquanto os jogadores se desgastam correndo pelo campo, o técnico alerta sobre as possibilidades de jogada e a torcida grita incentivando-os a buscar um bom resultado.

Bem nessa hora, o Marcelinho bateu uma falta e fez um golaço!

A mamãe riu e o papai falou:

—Viu, amor? Isso é união. Nós também nos unimos na igreja, para nos ajudarmos mutuamente. Só que sem gritaria… hehehe.

ORAÇÃO

Deus, me ajude a ser mais unido com amigos da igreja, para nos ajudarmos sempre que for preciso.

ATIVIDADE

1) Você costuma ajudar amigos a realizar alguma tarefa? Qual?

2) Qual a importância da união e do apoio mútuo para se alcançar bons resultados?

15 de novembro

Sem preconceito

Se tiverem amor uns pelos outros, todos saberão que vocês são meus discípulos.
—João 13:35

Quando chegamos à igreja, um homem malvestido estava sentado sozinho no primeiro banco.

O papai caminhou para lá. A Ana correu para puxar a camisa dele e falou baixinho:

—Ali não, pai…

O papai ignorou e, ao se aproximar, cumprimentou e abraçou o homem perguntando se podíamos nos sentar com ele. O homem respondeu que sim e a mamãe também o cumprimentou.

Na hora da palavra, o pastor avisou que tínhamos um convidado e então aquele homem esquisito se levantou e foi até o púlpito.

Ele pegou o microfone e orou, agradecendo a Deus por naquela igreja ainda existirem pessoas que, por suas atitudes, revelavam o amor de Jesus.

Mais tarde o papai explicou que o fato de termos sentado ao lado do homem, sem preconceito, foi um testemunho do amor de Jesus e que as pessoas estão precisando muito desse amor pelo mundo afora.

ORAÇÃO

Jesus, o Seu amor por nós é muito grande. Por favor ajude-me a demonstrá-lo aos outros.

ATIVIDADE

1) Pense em uma maneira de demonstrar o amor de Deus aos seus amigos da escola.

2) De que maneira você pode colocar essa ideia em prática?

Quem Deus é?

16 de novembro

> O Senhor Deus é grande e merece receber altos louvores. Quem pode compreender a sua grandeza?
> —Salmo 145:3

A mamãe estava arrumando a casa e cantando uma música que ela sabia só uma pequena parte: "Deus, eu te adoro pelo que és e não por tudo o que podes fazer".

Ela cantou tanto que até cansei de ouvir...

—Mamãe, por favor, canta outra coisa!

—Mas essa música é tão linda...

—Por que a senhora gosta tanto dela?

—Ah, filho, ela fala sobre adorarmos a Deus pelo que Ele é, não somente pelo Seu poder, ou pelas bênçãos que Ele pode conceder, mas pelo Seu amor que nos envolve e pelo prazer que Ele tem de ser nosso grande amigo.

—Mas é errado querer as bênçãos e os presentes de Deus?

—Claro que não, filho! O errado é buscarmos a Deus só pelo o que Ele pode fazer por nós, sendo que Ele é muito mais que isso!

—Ah, eu sei, mãe. Por isso Ele é o meu melhor amigo!

—Que bom, filho! Que tal cantar comigo agora? "Deus, eu te adoro pelo que és...".

ORAÇÃO

Obrigado, Deus, por ser o melhor amigo que eu poderia ter!

ATIVIDADE

1) Quem é Deus para você?

2) Por que não devemos buscar a Deus pensando somente no que Ele pode nos conceder?

17 de novembro

Doença contagiosa

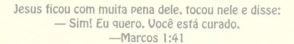

Jesus ficou com muita pena dele, tocou nele e disse:
— Sim! Eu quero. Você está curado.
—Marcos 1:41

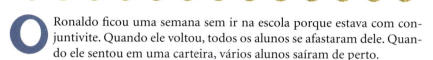

O Ronaldo ficou uma semana sem ir na escola porque estava com conjuntivite. Quando ele voltou, todos os alunos se afastaram dele. Quando ele sentou em uma carteira, vários alunos saíram de perto.

Ele ficou bem triste!

Lembrei que a mamãe tinha me dito que a conjuntivite, uma doença que dá no olho, só tem risco de passar para outra pessoa nos primeiros dias e que, quando o Ronaldo voltasse, já não teria mais chance dessa doença ser transmitida para os outros.

Então me levantei, fui até lá e abracei o Ronaldo.

Ele começou a chorar.

A professora chegou bem nessa hora, e ele contou que eu fui o único que tive coragem de abraçá-lo.

Aí, ela chamou a atenção geral da turma por terem tratado o Ronaldo daquele jeito. Nessa hora, eu lembrei de que Jesus jamais se afastou de alguém doente, nem mesmo de leprosos.

ORAÇÃO

Jesus, me ensine a não desprezar as pessoas e abraçá-las sempre que for necessário.

ATIVIDADE

1) Em que momento você sente dificuldade de abraçar alguém?

2) Quem você gostaria de abraçar hoje? Por quê?

Trabalho difícil

18 de novembro

> Então continuamos a reconstruir as muralhas, e logo elas já estavam na metade da sua altura total...
> —Neemias 4:6

Papai chegou triste em casa, se jogou no sofá e ficou lá, de olho fechado. Depois de um tempo, a mamãe sentou ao lado dele sem falar nada. Até que o papai desabafou:

—Ai, amor, está muito difícil!

—O que está difícil, meu bem?

—Recebi a promoção e virei o gerente, mas meus antigos colegas de trabalho não estão me respeitando e colocam dificuldades em tudo!

—Ah, meu amor, não desista. Lembre-se da história de Neemias.

—Neemias?

—Lembra que, quando ele foi reconstruir os muros da cidade, os inimigos tentaram atrapalhar de diversas formas?

—Lembro!

—Então... Neemias recebeu uma direção de Deus e não desistiu por causa de pessoas maldosas.

—Verdade, Deus me presenteou com esse emprego. Não vou desistir! Obrigado, querida.

Fiquei orgulhoso da mamãe por ela ter ajudado tanto o papai!

ORAÇÃO

Querido Deus, muito obrigado pela Sua ajuda quando as coisas ficam complicadas!

ATIVIDADE

1) Algum amigo já tentou atrapalhar você quando estava brincando ou fazendo trabalho escolar?

2) Você desistiu de brincar ou fazer o trabalho? Ou foi até o final?

19 de novembro

Falando com amor

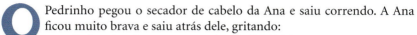

> No que depender de vocês, façam todo o possível para viver em paz com todas as pessoas.
> —Romanos 12:18

O Pedrinho pegou o secador de cabelo da Ana e saiu correndo. A Ana ficou muito brava e saiu atrás dele, gritando:

—Pedro, devolve o meu secador A-GO-RA!

Ele continuava correndo e se escondendo, e a Ana cada vez mais irritada:

—Pedro, seu chato, bagunceiro, eu não gosto de você!

Aí, a mamãe resolveu dar uma mãozinha:

—Pedro, meu amor…

Ele parou e olhou para ela.

—Amor da titia, esse secador que está na sua mão pode quebrar e é muito caro comprar outro. Devolve para a titia, por favor?

Ele foi até a mamãe e entregou o secador.

A Ana reclamou:

—Por que ele não devolveu para mim?

—Porque você só pensou na sua razão e não tratou seu primo com amor. Ele é pequeno e ainda não sabe o valor de cada coisa, mas já entende muito bem quando é tratado com carinho ou com raiva. Da próxima vez, seja mais amorosa.

ORAÇÃO

Deus, me ajude a ser mais paciente e a tratar as pessoas com mais carinho.

ATIVIDADE

1) Quando alguém pega alguma coisa sua, de que maneira você reage?

2) Você já foi perdoado por algo errado que fez? O quê?

As cartas do Paulo preso

20 de novembro

> ...quero que vocês saibam que as coisas que me aconteceram ajudaram, de fato, o progresso do evangelho.
> —Filipenses 1:12

—Pai, o que são as "cartas paulinas" da Bíblia?

—São as cartas que foram escritas pelo apóstolo Paulo!

—Aquele que tinha outro nome, perseguia quem amava Jesus, aí ficou cego, Deus curou e ele começou a falar do amor de Jesus para as pessoas?

—Esse mesmo. Ele pregou por muitos lugares e às vezes não conseguia voltar lá. Então escrevia essas cartas para orientar o povo. Inclusive, muitas dessas cartas ele escreveu quando estava preso.

—Preso?

—Sim.

—Mas, pai, como Deus deixa alguém que fala do amor dele ser preso?

—Na verdade, filho, nós não entendemos, mas Deus sempre trabalha para o bem. No caso do Paulo, os guardas da prisão só ouviram falar de Jesus porque ele foi preso. Além disso, as cartas que ele escreveu quando estava preso hoje servem de orientação para todos os cristãos do mundo!

ORAÇÃO

Deus, agora sei que o Senhor sempre trabalha para o nosso bem, até naquilo que não entendemos.

ATIVIDADE

1) Por que devemos confiar que, quando amamos a Deus, Ele age até naquilo que é ruim?

2) O que você já experimentou que comprova isso?

21 de novembro

Ajudando com oração

...ele (Jesus) continuará a nos salvar, enquanto vocês nos ajudam, orando por nós.
—2 Coríntios 1:10,11

Hoje, em nosso devocional, o papai fez mais de 10 orações pelos seus amigos.

A Ana reclamou:

—Quanta oração, papai!

—As pessoas precisam da minha ajuda, filha!

—Mas o senhor só está orando, não está ajudando.

—Você que pensa! Sabe, Ana, Deus abençoa as pessoas e resolve seus problemas enquanto oramos por elas.

—Como assim?

Aí a mamãe contou uma história:

—Sabe, filha, uma vez, quando você ainda era bebezinha, nós voltávamos de viagem de madrugada. Seu avô estava dormindo e sonhou com um acidente. Ele acordou assustado e começou a orar por nós. Enquanto ele estava orando, nós sofremos um acidente na estrada e, apesar do susto, nenhum de nós se machucou. Deus nos salvou da morte enquanto seu avô orava!

—Eu não sabia. Desculpe, papai!

—Tudo bem. Agora vamos orar?

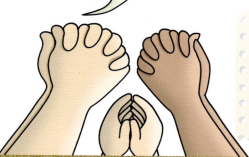

ORAÇÃO

Deus, cuide da minha família e dos meus amigos. Ah, e protege os familiares deles também.

ATIVIDADE

1) Escolha um amigo e faça uma oração por ele.

2) Por que a nossa oração pode ajudar as pessoas quando oramos por elas?

O que temos

22 de novembro

Porque, se alguém quer dar, Deus aceita a oferta conforme o que a pessoa tem...
—2 Coríntios 8:12

O seu Armando é primo do vovô, e hoje todos da nossa família foram almoçar com ele. Cada adulto da família levou algo diferente para o almoço: a mamãe e o papai levaram salada de batatas e suco; o vovô e a vovó ficaram responsáveis pela carne e o tio Lúcio e a tia Jana levaram duas sobremesas.

O Antônio é outro primo do vovô. Ele e sua família não levaram nada, mas, quando terminamos de almoçar, eles começaram a limpar tudo.

A mamãe me explicou que o Antônio está desempregado e com dificuldades de dinheiro, mas ele queria muito participar do almoço para reencontrar os tios e os primos. Falaram para ele não se preocupar em levar nada, mas o Antônio disse que queria ajudar de algum jeito. Por isso, depois do almoço, ele e a família dele lavaram toda a louça e limparam o chão da cozinha e da área.

A mamãe falou que Deus aceita a oferta das pessoas, não pelo valor que elas dão, mas pela generosidade do coração. E todos devemos ser assim!

ORAÇÃO

Deus, eu quero ser bondoso, ajudar em tudo o que eu puder e alegrar Seu coração.

ATIVIDADE

1) Você é uma criança generosa? O que você mais gosta de fazer para ajudar?

2) Como crianças não têm dinheiro, de que outra forma elas podem ofertar?

23 de novembro

Amor incondicional

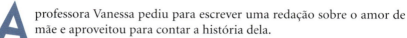

...Deus disse: "Eu nunca os deixarei e jamais os abandonarei".
—Hebreus 13:5

A professora Vanessa pediu para escrever uma redação sobre o amor de mãe e aproveitou para contar a história dela.

Quando ela era criança, os pais se separaram e brigaram para ver quem cuidaria dela e aí ela teve que ficar num orfanato por um tempo.

A mãe só a visitava uma vez por mês. Por causa disso ela ficou muito triste e se sentiu abandonada.

Finalmente, um dia, ela voltou a morar com a mãe. Quando cresceu, ela soube que as visitas no orfanato eram proibidas, por isso a mãe só podia vê-la uma vez por mês, mas que todos os dias a mãe ia até o portão e ficava lá por horas até ver a filha brincando no pátio.

Foi assim que a professora entendeu que mãe dela a amava muito.

A minha mãe me explicou que às vezes não compreendemos certas atitudes do papai e da mamãe, mas isso não muda o grande amor que os pais têm pelos filhos. E com Deus é a mesma coisa!

ORAÇÃO

Deus, me ajude a confiar sempre no Seu amor, mesmo se eu me sentir sozinho!

ATIVIDADE

1) Você já duvidou do amor dos seus pais? Por quê?

2) Por que é importante acreditar que, por nos amar, Deus nunca nos abandonará?

Voz dentro da gente

24 de novembro

> Mas o Auxiliador, o Espírito Santo [...] fará com que lembrem de tudo o que eu disse a vocês.
> —João 14:26

O Ênio e o Sandro estão bravos com o Ronaldo e queriam a minha ajuda para "trolar" ele. No começo, eu até pensei em ajudá-los, mas parece que tinha uma voz falando dentro de mim para não fazer isso, porque é maldade... aí desisti.

Quando cheguei em casa, contei para o papai:

—Pai, o senhor já ouviu vozes dentro de você?

—Como assim?

—Sabe, o Ênio e o Sandro queriam minha ajuda para "trolar" o Ronaldo. Eu pensei em ajudar, mas aí ouvi uma voz dentro de mim falando que é maldade.

—Ah, foi o seu Amigo.

—Que amigo?

—O Espírito Santo! Jesus precisou voltar para o Céu, mas sabia que esqueceríamos as coisas. Aí Ele mandou o Espírito Santo vir aqui para ajudar a gente a lembrar. Mas o Espírito Santo não fica do nosso lado, Ele mora dentro da gente. Por isso você ouviu essa voz dentro de você!

—Que máximo, papai!

ORAÇÃO

Jesus, obrigado por enviar o Espírito Santo para me ajudar a evitar de fazer o mal.

ATIVIDADE

1) Os seus amigos já o convidaram para fazer alguma maldade com alguém? O que você fez?

2) Já ouviu a voz do Espírito Santo dentro de você? Como foi?

25 de novembro

Fora da bagunça

...seja um exemplo na maneira de falar, na maneira de agir, no amor, na fé e na pureza.
—1 Timóteo 4:12

Hoje a professora saiu da sala para resolver alguma coisa e mandou a gente estudar o livro, mas o pessoal começou a fazer bagunça.

Só que a professora voltou rápido e viu a bagunça toda. Ela deu a maior bronca na turma:

—Pessoal, vocês não respeitam a escola e nem os professores? Onde já se viu fazer tanta bagunça em tão pouco tempo? Por que vocês não seguem o exemplo do Arthur?

Todo mundo me olhou.

O Sandro levantou a mão:

—Ô, professora, como a senhora sabe que o Arthur não estava na bagunça?!

—Porque eu observo o comportamento de todos e sei que ele acredita em Deus e faz de tudo para ser um menino obediente.

Ufa! Ainda bem que eu não estava na bagunça.

Quando contei isso para a mamãe, ela me deu um monte de beijo e disse que ficou feliz de saber que eu dou bom testemunho do amor de Deus na escola.

ORAÇÃO

Jesus, fico feliz de saber que posso demonstrar o Seu amor através do meu exemplo.

ATIVIDADE

1) Você costuma "ir na onda" da turma ou age diferente deles? Por quê?

2) De que maneiras pode demonstrar aos seus amigos que você ama a Jesus?

A música da Ana

26 de novembro

> Pois sabemos que todas as coisas trabalham juntas para o bem daqueles que amam a Deus...
> —Romanos 8:28

Ana estava ensaiando uma música no quarto com o computador e aí a caixa de som estragou. Ela ficou muito brava e reclamou para a mamãe que tudo na vida dela sempre dá errado.

A mamãe ficou muito triste e disse para a Ana que ela não podia falar daquele jeito, pois Jesus sempre cuida de tudo. Até mesmo quando as coisas parecem que dão errado, na verdade, o Senhor está cuidando para que o melhor aconteça para as pessoas que o amam.

A Ana estava muito brava, mas ficou com vergonha de falar aquilo para a mamãe e pediu perdão. No meio da tarde, a amiga da Ana ligou e avisou que ela estava ensaiando a música errada, que a professora passou o nome errado e que elas vão precisar ensaiar outra música.

Aí a Ana percebeu que a mamãe tinha mesmo razão: Jesus sempre deixa as coisas acontecerem para o nosso bem!

ORAÇÃO

Jesus, eu confio que o Senhor está no controle de tudo e sempre age para o meu bem!

ATIVIDADE

1) Qual a sua reação quando alguma coisa dá errado?

2) Você confia que Deus permite que essas coisas aconteçam para o seu bem? Por quê?

27 de novembro

O bilhete da professora

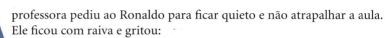

Feliz aquele cujas maldades Deus perdoa e cujos pecados ele apaga!
—Romanos 4:7

A professora pediu ao Ronaldo para ficar quieto e não atrapalhar a aula. Ele ficou com raiva e gritou:

—Eu só estava avisando o Ênio que a borracha dele estava no chão!

A professora mandou ele entregar o caderno para ela.

Ele começou a chorar!

Ela pegou o caderno e escreveu um bilhete para a mãe do Ronaldo.

Quando a professora olhou para o Ronaldo, ficou com dó dele.

Ela arrancou a folha do bilhete do caderno, jogou no lixo e disse:

—Esqueçamos o bilhete, mas, por favor, não faça mais isso!

—Sério, professora? — O Ronaldo começou a chorar mais ainda, a professora deu um abraço nele e ele ficou aliviado.

Quando contei isso para a mamãe, ela me disse que a misericórdia é uma grande bênção e que, quando nos arrependemos, Deus também faz isso com a gente; Ele perdoa e esquece as coisas erradas que a gente faz.

ORAÇÃO

Deus, obrigado por me perdoar pelas coisas erradas que eu faço.

ATIVIDADE

1) Qual a coisa mais séria que alguém já fez contra você? Você já perdoou?

2) Você já foi perdoado por alguém? O que fez contra essa pessoa?

Terreno seguro

28 de novembro

Quem ouve minhas palavras e as pratica é tão sábio como a pessoa que constrói sua casa sobre uma rocha...
—Mateus 7:24 NVT

A moça do telejornal mostrou o vídeo de um deslizamento de terra que destruiu várias casas. O papai me explicou que aquelas pessoas construíram suas casas em lugares perigosos, sem nenhuma segurança e, com a chuva, perderam tudo. Ele disse também que, se essas pessoas tivessem construído em terreno apropriado, não teriam perdido suas casas.

Eu fiquei triste pelas pessoas e o papai também.

Quando fomos orar para dormir, o papai leu um versículo da Bíblia que dizia assim: "Quem ouve minhas palavras e as pratica é tão sábio como a pessoa que constrói sua casa sobre uma rocha firme".

O papai disse que Jesus usou essa comparação para nos ensinar que devemos construir a nossa vida sobre a Rocha, que é Ele mesmo, pois só assim teremos segurança para suportar as dificuldades quando elas vierem sobre nós.

ORAÇÃO

Deus, me ajude a construir a minha vida sobre Jesus. Quero ficar firme nas dificuldades.

ATIVIDADE

1) O que Jesus nos ensina quando diz para construirmos a casa sobre a rocha?

2) De que maneira você pode construir a sua vida sobre a Rocha, que é Cristo?

29 de novembro

Uma hora antes!

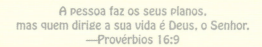

> A pessoa faz os seus planos,
> mas quem dirige a sua vida é Deus, o Senhor.
> —Provérbios 16:9

Cedinho, mamãe nos acordou para prepararmos tudo e irmos ao passeio com as pessoas da nossa igreja.

O combinado era todo mundo chegar na chácara às 8 horas para o café da manhã. Mas, quando chegamos, só estavam lá as pessoas da organização.

Quando nos viram, eles ficaram muito felizes!

A mamãe, sem perceber, acordou a gente muito cedo e chegamos na chácara às 7 da manhã. O papai estava um pouco aborrecido, mas aí uma mulher da organização contou que um dos casais que estava ajudando precisou ir ao hospital porque a mulher não estava bem. Então o papai entendeu que foi Deus quem fez a mamãe se adiantar para nós trabalharmos no lugar do casal que teve que sair.

Mamãe e papai foram ajudar na cozinha, e eu e a Ana ajudamos a arrumar as mesas para o café. Isso não estava em nossos planos, mas estava no de Deus...

ORAÇÃO

Deus, o Senhor cuida mesmo de todas as coisas *pra* gente. Muito obrigado!

ATIVIDADE

1) Você já fez algum plano que na prática foi bem diferente? O que aconteceu?

2) Por que você deve confiar que Deus está no controle de todas as coisas?

Orar e agradecer

30 de novembro

> Todos os dias te darei graças e sempre te louvarei.
> —Salmo 145:2

—Pai, por que na hora de orar pelo alimento, o senhor diz "vamos agradecer pelo alimento"?
—Por que essa é uma oração de gratidão!
—Como assim?
—Sabe, filho, muitas pessoas não têm a oportunidade de fazer várias refeições ao dia como você e eu. Existem milhares de crianças nesse mundo que nunca provaram um bolo de chocolate.
—Verdade, pai?
—Sim, filho.
—Eu não sabia disso. Eu achava que a gente agradece por hábito!
—Não, Arthur, somos gratos porque vemos a bondade do Senhor em todas as coisas que acontecem para nós. Todos os dias, experimentamos um milagre da parte de Deus!
—Não sabia, papai, mas a partir de agora vou agradecer com mais alegria por todas as bondades de Deus e pedir para Ele fazer tudo isso pelas outras crianças que ainda não podem almoçar e jantar como eu.
—Isso mesmo, Arthur!

ORAÇÃO

Obrigado, Deus, pelo milagre das refeições que posso comer todos os dias.

ATIVIDADE

1) Por quais coisas você é grato a Deus?

2) Por que devemos sempre agradecer a Deus por tudo aquilo que temos?

1º de dezembro

Deus está cuidando de tudo!

Que a esperança que vocês têm os mantenha alegres; aguentem com paciência os sofrimentos e orem sempre.
—Romanos 12:12

A prima da vovó, dona Sebastiana, passou aqui em casa hoje para dar um beijo na gente.

Ela conversou bastante com o papai e uma hora eles falaram sobre o Bruno, o filho dela.

O Bruno já é um adulto, mas ele ainda dá muita preocupação para a mãe dele. É que ele é dependente químico. Sabe as drogas? Então, ele usa.

A dona Sebastiana falou que estava tudo bem, e o papai achou que o Bruno tinha melhorado. Só que ela explicou que ele não melhorou, e que está tudo na mesma.

—Ué, e por que a senhora disse que está tudo bem?

—Porque eu estou orando e sei que no tempo certo Deus fará o milagre.

—A senhora não fica triste?

—Tem dias que sim, mas, na maioria das vezes, me alegro em Deus. Porque tenho a esperança de que um dia essa situação mudará, pois o Senhor está cuidando de tudo.

ORAÇÃO

Deus, me ajude a sempre me alegrar em Ti na certeza de que o Senhor cuida de tudo.

ATIVIDADE

1) Tem algum problema que a sua família está enfrentando há algum tempo? Qual?

2) Por que a sua família deve manter as esperanças?

Lá se foi a nossa brincadeira!

2 de dezembro

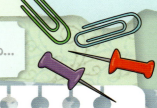

> Deus é o nosso refúgio e a nossa força, socorro que não falta em tempos de aflição. Por isso, não teremos medo...
> —Salmo 46:1,2

Hoje o Pedrinho e eu construímos uma cabana na sala de casa. Pegamos cobertores e travesseiros do meu quarto e do quarto da mamãe.

Ela estava de bom humor e deixou.

De repente, um monte de animais perigosos veio nos atacar, então arrastamos o sofá e as cadeiras para fazer um muro.

Aí a mamãe ficou brava e mandou a gente colocar tudo no lugar.

—Mas, mãe, os animais vão comer a gente!

—É, titia, o leão vai "comê eu"!

O Pedrinho ficou muito bravo, mas não adiantou.

Quando o papai chegou, meu priminho e eu estávamos na cabana, só que muito tristes.

Expliquei para o papai que ficamos em perigo por causa da mamãe, mas aí ele me lembrou que nós sempre estaremos protegidos de verdade em Deus e que dá para ter certeza disso até quando estivermos brincando.

Foi bem legal, porque aí o meu primo e eu ficamos animados de novo!

ORAÇÃO

Deus, é muito legal ter o Senhor com a gente o tempo todo. Obrigado!

ATIVIDADE

1) Do que você mais gosta de brincar? Por quê?

2) Você já brincou de fazer cabana? O que você usa para construí-la?

3 de dezembro

Bondade sem igual

...Que todo o meu ser te louve, ó Senhor!
—Salmo 146:1

Hoje, no culto, a mamãe estava super empolgada na hora do louvor. Acho que ela era quem cantava mais alto da igreja inteira!

Ela percebeu que eu estava rindo e perguntou o que era engraçado.

Eu fiquei com medo de falar e ela ficar brava, mas aí ela insistiu e eu contei.

Ela não ficou brava. Ela riu e disse que é sempre assim que ela canta na igreja, mas eu não tinha notado.

Quando entramos no carro para ir embora, perguntei:

—Ô, mãe, por que a senhora canta tão empolgada daquele jeito?

—Porque amo o Senhor e canto como forma de louvá-lo por Sua bondade e amor. Ele já fez tanto por mim e eu quero oferecer o que tenho de melhor.

Sabe, hoje eu entendi que a mamãe não se importa com o que as pessoas vão pensar; ela ama a Deus e faz tudo para agradecê-lo por Sua grande bondade.

Preciso ser assim também!

ORAÇÃO

Deus, eu quero adorá-lo sempre, porque aprendi que o Senhor merece!

ATIVIDADE

1) O que você mais gosta de cantar? Por quê?

2) Por que Deus merece todo o nosso louvor?

Explicando o Natal

4 de dezembro

> Hoje mesmo, na cidade de Davi, nasceu o Salvador de vocês — o Messias, o Senhor!
> —Lucas 2:11

Hoje era o último dia de aula para quem passou de ano direto! Então a professora perguntou:

—Alguém aqui sabe me explicar o que é o Natal?

A Alice falou de um tal de *Santa Claus*, um homem bom que ajudava pessoas e que originou o Papai Noel. A professora a parabenizou:

—Parabéns, Alice!

Aí eu não aguentei:

—Ei, professora, essa explicação está errada. O Natal existe por causa de Jesus!

—E quem é Jesus, Arthur?

—Sabe, professora, nós comemoramos o Natal por causa do nascimento do Salvador Jesus, que é o filho de Deus. Ele é o presente de Deus *pra* gente.

A professora também me parabenizou e disse que tem o feriado religioso, que é como eu falei, e tem o "imaginário popular", que é o "cultural".

—Eu não sei se é cultural, professora, mas sei que Jesus é, de verdade, o filho de Deus e a razão do Natal!

ORAÇÃO

Deus, muito obrigado por mandar Seu filho Jesus para ser meu Salvador!

ATIVIDADE

1) O que é o Natal para você?

2) Do que você mais gosta no Natal? Por quê?

5 de dezembro

Amigo chegado

> O amigo ama sempre e na desgraça ele se torna um irmão.
> —Provérbios 17:17

Estou muito triste pelo Wandhyrson. Ele é o artilheiro do time que eu torço e hoje fez dois gols, ajudando o time a passar para a final do campeonato nacional. Mas ele se machucou feio no fim do jogo, e o médico da equipe já anunciou que ele não terá condições de jogar a final.

Na coletiva ele estava chorando bastante.

Depois o repórter filmou de longe quando o goleiro do time, que é o melhor amigo do Wand, foi abraçá-lo. Eles choraram juntos um tempão.

O papai me explicou que a vida é assim mesmo, e tem momentos que são muito tristes, e o mais importante nessas horas é ter amigos *pra* te dar um abraço e te apoiar.

O papai disse que eu tenho bons amigos e que posso ficar tranquilo, pois ainda tenho o melhor amigo de todos: Jesus. Ele é meu grande amigo e me ajudará nas coisas tristes que acontecerem na minha vida.

ORAÇÃO

Jesus, obrigado por ser esse amigo que ajuda as pessoas a ficarem alegres de novo.

ATIVIDADE

1) Você já precisou da ajuda de um amigo? Por qual motivo?

2) Qual a sua reação quando vê um amigo triste e precisando de ajuda?

Sem a mamãe

6 de dezembro

> O Senhor está comigo; é ele quem me ajuda...
> —Salmo 118:7

Quase todos os domingos, almoçamos com meus tios e meus avós. Hoje fizemos a mesma coisa, mas sem a mamãe. Ela amanheceu com tanta dor de cabeça, que nem o café da manhã conseguiu preparar.

O papai acha que foi alguma coisa que ela comeu. Ele preferiu cancelar o almoço com a vovó *pra* ficar em casa cuidando da mamãe, mas ela disse que não seria delicado cancelar em cima da hora e seria melhor se nós fôssemos mesmo assim. Ela ficaria em casa de repouso e bem tranquila porque sabe que a vovó cuida de todos nós com muito amor.

Quando voltamos, no fim da tarde, ela estava na cama.

—Ainda está com muita dor, mãe?

—Sim, filho, ainda dói bastante. Foi chato ficar sozinha, mas foi bom ter conseguido dormir.

—A senhora ficou triste com a gente, né?

—Não, filho, eu fiquei triste por estar sem vocês. Mas o repouso era necessário e, quando a saudade apertou, eu comecei a orar e Jesus consolou meu coração. Com Ele não me senti tão sozinha.

O papai deu outro remédio *pra* ela, e, depois de um tempo, mamãe estava melhor.

ORAÇÃO

Deus, é tão legal saber que, por Sua causa, a gente nunca fica sozinho! Obrigado!

ATIVIDADE

1) Você tem medo de ficar sozinho? Por quê?

2) O que você sente ao saber que com Jesus você nunca está sozinho?

7 de dezembro

Deus sabe o meu futuro

Os dias que me deste para viver foram todos escritos no teu livro quando ainda nenhum deles existia.
—Salmo 139:16

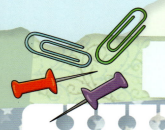

—Mãe!
—Oi, Arthur.
—Tenho medo de não ser um adulto legal.
—Por quê, filho?
—Ah, mãe, eu queria ser médico, mas um amigo me disse que o pai dele queria ser médico e não conseguiu. Ele ficou triste e agora não faz mais nada. Nem sai de dentro de casa. Já pensou se eu não conseguir e ficar triste assim para sempre?
—Arthur, o mais importante de tudo é você saber que Deus tem um plano para o seu futuro. Se você confiar em Deus e orar em cada escolha que fizer, Ele dará paz ao seu coração. Às vezes as coisas não são como gostaríamos, mas esse é o momento de pensar em outras possibilidades. Se esse homem não ficasse tão triste assim por tanto tempo, talvez encontrasse outra coisa para fazer que o deixaria feliz!
—Verdade, né, mamãe? O segredo é saber que Deus cuida da nossa vida se a gente confiar nele, né?
—Isso mesmo, filho.

ORAÇÃO

Deus, eu quero que o Senhor participe de tudo em minha vida. Amém!

ATIVIDADE

1) O que você quer ser quando crescer? Por quê?

2) Que tal orar por esse sonho para saber se é esse mesmo o plano que Deus tem para você?

Casa mais que chique

8 de dezembro

> Na casa do meu Pai há muitos quartos, e eu vou preparar um lugar para vocês...
> —João 14:2

Hoje o primo do Sandro veio jogar futebol com a gente. Depois do jogo, fomos à casa do Sandro comer cachorro quente.

Quando chegamos, o primo dele começou a reclamar de tudo.

Disse que salsicha é comida de pobre, pediu um copo de vidro porque não toma suco em copo plástico e ainda riu do videogame do Sandro, que é antigo.

O Sandro ficou triste.

—Sandro, não liga para o seu primo. Ele pode ser mais rico de dinheiro que você, mas o coração dele é muito maldoso. O que importa é que sua família é feliz e que você será eternamente rico.

—Como assim?!

—Você não aceitou a Jesus como Salvador?

—Aceitei!

—E você não lembra que Ele está preparando um lugar especial *pra* gente no Céu?

—Lembro!

—Então, esse lugar vai ser lindo e chique. Não se importe com o seu primo!

—Verdade, né?

O Sandro ficou mais feliz e fomos brincar.

ORAÇÃO

Jesus, obrigado pela casa mais legal que o Senhor está preparando *pra* gente lá no Céu.

ATIVIDADE

1) Como você imagina que será sua casa lá no Céu?

2) Qual é o lugar mais legal da casa onde você mora? Por que acha isso?

9 de dezembro

Amor incondicional

Deem graças a Deus, o Senhor, porque ele é bom; o seu amor dura para sempre.
—Salmo 136:1

O melhor jogador de futebol do mundo sofreu um acidente e nunca mais poderá jogar.

O pai dele participou de um programa de televisão e disse que o filho vai poder contar com todo o amor da família para sempre, jogando futebol ou não.

A mamãe se emocionou ao assistir à entrevista! Ela disse que o amor é uma força poderosa que Deus inventou.

Deus consegue amar a gente sempre, quando o alegramos ou o entristecemos por coisas erradas que fazemos. De qualquer jeito, Deus ama a gente.

E os pais aprenderam a amar com o Senhor, por isso o pai desse jogador está oferecendo seu amor, mesmo que o filho nunca mais brilhe nos campos de futebol.

Eu me sinto protegido todas as vezes que lembro que Deus e meus pais me amam incondicionalmente!

ORAÇÃO

Deus, obrigado pelo Senhor me amar independentemente do meu comportamento!

ATIVIDADE

1) Você se sente amado pela sua família? O que lhe dá essa certeza?

2) O que você pensa a respeito do amor de Deus sobre sua vida?

Princesinha do papai

10 de dezembro

> O Espírito de Deus se une com o nosso espírito para afirmar que somos filhos de Deus.
> —Romanos 8:16

Papai e mamãe encontraram um amigo no mercado e ele estava com a filhinha no colo.

Tinha uma frase na roupinha dela: "Sou a princesa do papai!". Quando leu, a mamãe riu:

—Eita, Gabriel, "marcando território", hein?

—O que é marcar território, mãe?

—Ah, filho, é uma expressão que demonstra que a pessoa deixou marcas para mostrar que alguma coisa ou pessoa pertence a ela. Por exemplo, eu coloquei seu nome no uniforme para evitar que alguém pegue por engano. Quando casei, adquiri o sobrenome do seu pai para mostrar que sou esposa dele. A roupa da bebê é uma brincadeira, mas indica que ela tem o papai por perto.

—Ah, é igual quando temos as "marcas de Cristo"?

—É… podemos dizer que é quase isso. Quem pertence a Jesus acaba ficando bondoso e amoroso como Ele, aí os outros percebem que essa pessoa tem Jesus na vida dela!

ORAÇÃO

Jesus, quero ser parecido com o Senhor ao ponto de as pessoas verem o Senhor em mim!

ATIVIDADE

1) Com quem as pessoas falam que você é parecido em sua família?

2) Você se sente parecido com Jesus? Por quê?

11 de dezembro

Novo, mas com conhecimento

> Você conhece alguém que faz bem o seu trabalho? Saiba que ele é melhor do que a maioria...
> —Provérbios 22:29

O carro do papai deu problema e ele levou ao seu mecânico de confiança, mas o Seu Adalberto fez uma cirurgia e o filho mais novo dele é quem estava atendendo.

O papai, quando viu o Mariano, ficou meio assim...

—Mas você é tão novinho... Entende alguma coisa de carro?

—Claro que sim, seu Marcos! Eu venho nessa oficina desde que nasci.

Rapidinho ele testou o carro e disse que o problema eram as velas.

—Pai, carro usa velas?

O papai me explicou que sim, mas que não é a mesma que a gente usa em casa quando falta energia à noite.

O Mariano trocou a vela que estava queimada e o carro ficou ótimo.

O papai pediu desculpas ao Mariano por achar que ele era inexperiente, só porque era novo. O papai tinha se esquecido que desde pequeno o Mariano teve o melhor professor para se tornar um bom mecânico: o pai dele.

ORAÇÃO

Jesus, quero aprender com o Seu exemplo a ser um bom filho de Deus e amar as pessoas.

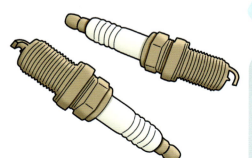

ATIVIDADE

1) Por que você acha que o Mariano se tornou um bom mecânico?

2) Você conhece alguém bem novinho que os adultos admiram? Quem? Por quê?

Só com a ajuda de Deus

12 de dezembro

...sem mim vocês não podem fazer nada.
—João 15:5

Um homem parou o papai na rua e pediu dinheiro para comprar cachaça.

O papai falou que cachaça faz mal e deixa ele numa situação muito triste e, por isso, o papai não podia lhe dar dinheiro.

O homem logo percebeu que papai era diferente, pois parou para conversar com ele. Então, o homem disse:

—Eu queria ser sóbrio como o senhor, mas eu não consigo, sou muito fraco!

O papai disse para ele que todas as pessoas têm dificuldades para fazer as coisas do jeito certo, mas o segredo está em depender de Jesus.

O homem disse que primeiro ele precisava melhorar, para depois ir para a igreja. O papai explicou que ele nunca vai conseguir melhorar sozinho, pois ele precisa da ajuda de Jesus.

O papai orou pelo homem, que chorou bastante. Ele disse que vai deixar Jesus ajudá-lo a não beber mais!

ORAÇÃO

Deus, por favor, ajude-me sempre a depender do Senhor para escolher fazer a coisa certa.

ATIVIDADE

1) Cite alguma coisa que você faz, de vez em quando, mesmo sabendo que é errada.

2) O que ou quem poderia ajudá-lo para não fazer mais isso?

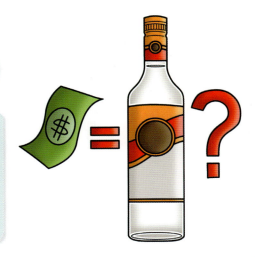

13 de dezembro

Esperança em Jesus

> Nós pomos a nossa esperança em Deus, o Senhor; ele é a nossa ajuda e o nosso escudo.
> —Salmo 33:20

A tia Jana apareceu lá em casa hoje meio triste. Ela contou para os meus pais que estava esperando uma promoção no serviço, mas a oportunidade foi para outra pessoa.

Eu pensava que promoção só tinha no mercado, mas o papai me explicou que essa "promoção" é um trabalho melhor com salário maior. Salário é o dinheiro que os adultos recebem no trabalho.

A mamãe abraçou a tia Jana, orou e falou para ela manter as esperanças em Jesus, sem desistir.

Ela chorou, mas disse que faria isso.

Mais tarde, na hora do culto, lá na igreja, ela cochichou alguma coisa no ouvido da mamãe.

Ela soltou um "Aleluia" bem alto, que chamou a atenção de todos, hehehe.

Depois a mamãe me contou que outra empresa ligou hoje para a tia e convidou ela para trabalhar por um salário ainda maior que o da promoção que ela queria.

Como vale a pena ter esperança em Jesus!

ORAÇÃO

Jesus, obrigado por abençoar as pessoas que têm esperança no Senhor.

ATIVIDADE

1) Para você, o que é ter esperança?

2) Que tal colocar a sua esperança em Jesus?

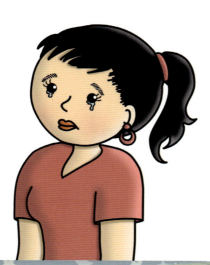

O visual do bebê

14 de dezembro

Nós amamos porque Deus nos amou primeiro.
—1 João 4:19

—Mãe, será que Jesus foi um bebê fofinho?

—Ah, Arthur, todos os bebês são fofos!

—Mas, mãe, Ele era Jesus! Devia ser mais fofinho ainda!

—Ah, meu filho, o que Jesus tinha de mais precioso não era o visual.

—O que é visual?

—É o que podemos ver. Lembra do quartinho com tema de príncipe que o tio Lúcio e a tia Jana fizeram para o Pedrinho quando ele nasceu?

—Lembro!

—Lembra das roupinhas lindas que ele usava?

—Lembro.

—Então, Jesus não teve nada dessas coisas. Ele nasceu em uma estrebaria, sem conforto e sem luxo.

Mas Jesus, conforme foi crescendo, manifestou a Sua beleza com atitudes. Ele deixou um exemplo de amor e de perdão que devemos seguir.

—Puxa, mãe, Jesus é mesmo tão cheio de amor! Eu acho que só consigo amar as pessoas porque aprendi com Ele.

—Exatamente, Arthur. Nós amamos porque Ele nos amou primeiro.

ORAÇÃO

Querido Jesus, eu amo aprender com o Seu exemplo. Ajude-me a segui-lo sempre!

ATIVIDADE

1) De que forma você demonstra que ama seus amigos e sua família?

2) Além de amar as pessoas, o que mais você tem aprendido com Jesus?

15 de dezembro

A mãe de Jesus

A minha alma anuncia a grandeza do Senhor. O meu espírito está alegre por causa de Deus, o meu Salvador.
—Lucas 1:47

—Mãe, por que no Natal as pessoas só falam de Jesus e quase nunca da mãe dele?

—Ué, Ana, porque Ele é o verdadeiro motivo do Natal! Mas você está enganada. O exemplo de Maria, uma mulher que vivia de maneira que agradou a Deus pela sua santidade, também é lembrado.

—Ela era bondosa?

—Com certeza. E amava a Deus! Tanto que, quando ela descobriu que seria mãe do Salvador, ficou muito feliz e glorificou a Deus, lembrando de todas as maravilhas que Ele faz!

—Legal!

—Não é? Por falar nisso, Ana, qual é o milagre que está na Bíblia que você acha mais incrível?

—Ah, quando Deus abriu o mar Vermelho para o povo passar.

—Boa. E você, Arthur?

—Eu acho legal a ressurreição do Lázaro. Já pensou, o homem saindo, parecendo uma múmia, de dentro do túmulo?

Todo mundo deu risada, mas o importante é saber que Deus é mesmo poderoso.

ORAÇÃO

Deus, o Senhor é muito poderoso. Obrigado por fazer da nossa vida um milagre em Jesus.

ATIVIDADE

1) Qual o milagre da Bíblia que você acha mais incrível?

2) Você acredita que Deus pode fazer milagres nos dias de hoje? Por quê?

Você se olhou no espelho hoje?

16 de dezembro

> ...aquele que ouve a mensagem e não a põe em prática é como uma pessoa que olha no espelho e [...] logo esquece...
> —Tiago 1:23,24

Todos os anos tem uma apresentação de Natal na praça da cidade. Nós nos arrumamos para ir até lá, mas, quando cheguei na sala, a mamãe e o papai começaram a rir.

—Arthur, a sua camiseta está do avesso! Você não se olhou no espelho, né?

—Ué... Olhei...

—E não viu isso?!

Foi o papai que me ajudou a explicar:

—Amor, às vezes a gente até olha no espelho, mas não presta atenção.

—Mas aí não adianta nada!

—Verdade, mas acontece. Aliás, vocês sabiam que a Bíblia é considerada o nosso livro espelho?

—Livro espelho?

—Sim! Quando estudamos a Bíblia, conseguimos perceber se a forma como estamos vivendo e nos comportando é agradável a Deus ou não. E se não é, aprendemos como corrigir.

—Que legal, papai!

Eu terminei de arrumar a camiseta e saímos logo para passear.

ORAÇÃO

Jesus, ajude-me a aprender bastante com a Bíblia e a praticar o que ela me ensina!

ATIVIDADE

1) Por que é importante estudar e praticar o que está escrito na Bíblia?

2) Você aprendeu alguma coisa na Bíblia hoje? O quê?

17 de dezembro

Sem perguntas

> Esperei com paciência
> pela ajuda de Deus, o Senhor...
> —Salmo 40:1

—Arthur e Ana, venham aqui.

—Fala, mamãe.

—Filhos, o Natal está chegando e vamos cear com a família do vovô. Lembram que no ano passado o Márcio, sobrinho do vovô, pediu oração por um emprego novo?

—Sim, eu me lembro. —Disse a Ana.

—Então, ele ainda não conseguiu trabalho.

—Coitado, mãe.

—Pois é! Eu quero combinar uma coisa com vocês: não fiquem fazendo perguntas a ele sobre isso, ok?

—E por que a gente não pode perguntar?

—Às vezes as pessoas ficam com vergonha de falar quando as coisas não estão tão bem quanto elas gostariam.

—Mas, mãe, por que as coisas estão ruins para essas pessoas?

—Eu não sei. Às vezes, nem eles sabem. O mais importante é que eles continuem sendo fiéis a Deus, confiando que em algum momento Deus fará um milagre em favor deles.

ORAÇÃO

Jesus, abençoa as pessoas que, há muito tempo, estão esperando por um milagre.

ATIVIDADE

1) Por que não devemos ficar perguntado às pessoas sobre a vida delas?

2) Por quais pessoas você se compromete a orar para que Deus as abençoe?

Quando é a hora de morar no Céu?

18 de dezembro

> Pois para mim viver é Cristo, e morrer é lucro. Mas, se eu continuar vivendo, poderei ainda fazer algum trabalho útil...
> —Filipenses 1:21,22

—Mamãe, o Céu parece ser tão legal! Quero ir logo para lá!
—Sério?
—Sim, a senhora não tem vontade?
—Tenho, mas não estou com pressa.
—Por quê?
—Porque para morar lá eu preciso morrer aqui.
—Ah, não quero ficar sem a senhora.
—Nem eu sem você.
—Mas, mãe, porque a gente tem que morrer para ir para o Céu?
—Ah, filho, esse problema vem desde o Éden, porque Adão e Eva pecaram. Mas Jesus veio aqui e conquistou um lugar no Céu para nós.
—É, eu sei. Mas agora não sei se quero ir para lá.
—Claro que quer! Pense assim: vamos viver só alguns anos aqui na Terra e aí, depois, vamos ficar juntos eternamente no Céu… um tempo que nunca acaba!
—É mesmo?!
—Sim. Um dia vamos dormir aqui e acordar lá. E aí seremos felizes para sempre!
—Que massa! Então, quero aproveitar aqui primeiro e depois eu aproveito lá.

ORAÇÃO

Jesus, ajude-me a aproveitar bem o tempo aqui na Terra, mas com o coração ligado no Céu.

ATIVIDADE

1) Você tem vontade de morar no Céu? Por quê?

2) Faça um desenho com tudo o que você acha que vai ter lá no Céu!

19 de dezembro

A palavra que virou gente de verdade

A Palavra se tornou um ser humano e morou entre nós, cheia de amor e de verdade...
—João 1:14

Na apresentação de Natal da igreja, a menina falou que Jesus era uma promessa linda de Deus que o profeta Isaías falou lá no Antigo Testamento, mas um dia, e esse dia é o Natal, as palavras daquela promessa se tornaram um menininho.

Quando Ele cresceu, mostrou para todas as pessoas que era o verdadeiro Filho de Deus, porque Ele tinha poder e muito amor para distribuir.

Uma vez eu tinha lido na Bíblia uma frase muito esquisita que falava que "a palavra se tornou um ser humano". Eu achei que estava errado, mas agora eu entendi: os profetas falavam muito do Salvador e, quando Jesus nasceu, aconteceu o que eles falaram.

O papai falou que uma das palavras que a gente mais fala é Jesus, e essa palavra é uma pessoa: o Deus que um dia morreu para salvar a gente! E que, para isso, se tornou um ser humano.

ORAÇÃO

Jesus, o Senhor é a Palavra e a verdade mais especial que eu conheço!

ATIVIDADE

1) Que sentimento lhe ocorre ao saber que Jesus é a Palavra que se tornou gente de verdade?

2) Que tal escrever sobre o seu amor por Jesus?

Seguindo o líder

20 de dezembro

Se alguém quer ser meu seguidor, que esqueça os seus próprios interesses, esteja pronto cada dia (...) e me acompanhe. —Lucas 9:23

O pastor falou na igreja hoje que as pessoas precisam negar a si mesmas e seguir a Jesus.

Eu não entendi nada, mas o papai me explicou. Ele disse que todos nós temos as nossas próprias vontades, mas, quando seguimos Jesus, buscamos viver a vontade do Senhor para nós, que está bem explicadinha lá na Bíblia.

—Mas, pai, isso não tira a nossa liberdade?

—Não, filho, porque nós escolhemos se queremos isso ou não.

—E a gente quer?

—Sim, porque temos confiança em Jesus, nosso líder. Tudo o que Ele ordena e orienta é para o nosso bem, para uma vida abençoada. Você se arrepende quando escolhe se comportar conforme diz lá na Bíblia?

—Não, não me arrependo.

—Viu, só?

—Sim, papai. Podemos seguir Jesus sem medo, porque Ele sempre sabe o que é melhor para nós.

ORAÇÃO

Jesus, eu confio tanto no Senhor, que quero te seguir e fazer a Sua vontade.

ATIVIDADE

1) O que você entende sobre ser um seguidor de Jesus?

2) Em que isso o ajuda de forma prática?

21 de dezembro

Jesus na Terra

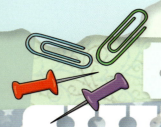

...Deus nos mandou um menino [...]. Ele será chamado de "Conselheiro Maravilhoso", "Deus Poderoso", "Pai Eterno", "Príncipe da Paz". —Isaías 9:6

O Natal está chegando, e aqui em casa já está tudo pronto para as comemorações. O papai e a mamãe não falam em Papai Noel. Eles dizem que essa lenda rouba o verdadeiro sentido do Natal, que é o nascimento de Jesus.

Eu gosto muito de Jesus, mas eu queria ganhar presente do Papai Noel. O papai me contou que, na verdade, o Papai Noel das crianças em todo o mundo são os pais, que compram brinquedos e deixam nas árvores de Natal ou nos quartos.

Ele me disse que vou ganhar presente, mas que o que vamos comemorar é o maior presente de todos: Jesus ter se tornado um bebê e se aproximado das pessoas.

Jesus era bondoso e inteligente! Ele conversava com os sábios do Templo e também com as pessoas mais simples.

Jesus nasceu e viveu como uma pessoa igual à gente. E nos ajudou a entender como podemos amar a Deus aqui na Terra.

ORAÇÃO

Jesus, Sua vinda aqui na Terra nos ensinou como devemos agir para agradar a Deus!

ATIVIDADE

1) Por que Jesus é mais importante do que o Papai Noel?

2) Quem é o melhor exemplo de bondade que você conhece na Terra?

A nossa estratégia é a esperança

22 de dezembro

Eu, porém, ponho a minha esperança em Deus, o Senhor, e confio firmemente que ele me salvará...
—Miqueias 7:7

O time do papai foi rebaixado no Brasileirão. Eles tentaram, o técnico fez muitas alterações, mas o time era fraco.

O papai ficou triste e já tinha perdido as esperanças.

O tio Lúcio torce para outro time e hoje ele falou assim para o papai:

—Esperança não é estratégia e também não ganha jogo.

O papai concordou. E eu fiquei bravo:

—Papai, não é verdade! Lá na igreja eu aprendi que o melhor jeito para enfrentar os problemas é ter esperança em Deus. Então, a esperança funciona, sim!

O papai riu e me explicou:

—Arthur, a esperança em Deus funciona, mas, quando colocamos a esperança nas pessoas, não adianta nada. Continue tendo esperança em Deus e você não se arrependerá!

Não entendi muito bem sobre ter esperança nas pessoas, mas ainda bem que com Deus é diferente. Nele a gente pode ter esperança, sim!

ORAÇÃO

Deus, quando eu tenho algum problema, a minha esperança é que o Senhor me ajudará!

ATIVIDADE

1) Por que não devemos colocar a nossa esperança nas pessoas?

2) Você concorda que a nossa esperança deve estar somente em Deus? Por quê?

23 de dezembro

Gratidão sempre

...aprendi a estar satisfeito com o que tenho.
—Filipenses 4:11

Ouvi o papai dizer para a mamãe:
—Amor, eu prometi que neste fim de ano trocaríamos a geladeira, mas já fiz e refiz as contas e, por causa do conserto do carro, não podemos comprar uma geladeira nova.

A mamãe ficou triste:
—Sério? Eu estava tão esperançosa...
—Me desculpe!
—Meu amor, eu realmente queria a geladeira e estou triste porque não será agora, mas não precisa pedir desculpas. Se não dá, não tem problema. Nós esperamos. Graças a Deus, a que temos ainda está funcionando!

Papai sorriu e abraçou a mamãe. Ele disse que a ama muito e admira como ela é uma pessoa agradecida. Ela é fiel a Deus e alegre mesmo quando as coisas que não acontecem do jeito que ela gostaria.

Ela deu um beijo no papai e disse:
—Aprendi a ser uma pessoa agradecida a Deus e às pessoas. Deus encontra fé na nossa gratidão e fica feliz!

ORAÇÃO

Deus, eu quero aprender a ser agradecido e alegrar o Seu coração!

ATIVIDADE

1) Você é agradecido mesmo quando as coisas não vão bem como você queria?

2) Que tal fazer uma oração agradecendo por tudo o que você tem?

Um abraço em Jesus

24 de dezembro

> As minhas ovelhas escutam a minha voz; eu as conheço, e elas me seguem.
> —João 10:27

A mamãe passou o dia preparando coisas gostosas para levarmos à casa do vovô. A Ana e eu vestimos roupas novas, pensando no que ganharíamos no dia seguinte.

Quando chegamos lá, tinha outras pessoas e foi uma grande festa.

Antes da ceia, o vovô pediu que todos fechassem os olhos por algum tempo e pensassem no grande significado do Natal.

Eu fiquei pensando na bondade de Jesus, que morava lá no Céu e veio nascer aqui na Terra, junto de vários animais, para nos ensinar a sermos pessoas boas e ainda nos salvar. Me deu muita vontade de ter Jesus bem pertinho para dar um abraço nele e dizer "muito obrigado"!

Quando o vovô voltou a falar, todos abriram os olhos e vi que papai e mamãe estavam chorando. Eu aprendi com eles a amar a Jesus! Acho que eles também tiveram vontade de abraçar o nosso Salvador hoje!

ORAÇÃO

Jesus, obrigado por Sua bondade. Sou ainda mais feliz pelo Senhor ser o meu Salvador!

ATIVIDADE

1) Qual é o verdadeiro sentido do Natal?

2) De que maneira você e sua família costumam celebrar o Natal?

25 de dezembro

Presente de Natal

Somos muito agradecidos por tudo aquilo que temos recebido em todas as ocasiões...
—Atos 24:3

Acordei cedinho e fui procurar o meu presente na árvore de Natal. Não achei nada!

Fui até o quarto do papai:

—Pai, este ano não tem presente de Natal?

Ele levantou e me levou até a garagem. Tinha uma bicicleta nova, linda, mas não era o que eu queria, e o papai percebeu.

—Não ficou feliz, filho?

—Fiquei, mas...

O papai me abraçou e disse:

—Arthur, quando Jesus veio aqui na Terra, nasceu num estábulo, sem coisas caras ou especiais, e muitas pessoas desprezaram isso. Ele chegou humilde e sem alarde, contudo Ele era o melhor presente de Deus para a humanidade, pois seria o nosso Salvador. E isso era o que mais precisávamos.

—Eu sei disso, pai!

—Então, eu pensei no melhor quando comprei essa bicicleta para você.

Papai está certo. Então fui logo tomar café para depois estrear minha bicicleta nova.

ORAÇÃO

Jesus, me ajude a entender que o que recebo do Senhor e dos meus pais é sempre o melhor.

ATIVIDADE

1) Você gostou do seu presente de Natal? Por quê?

2) De que maneira você demonstra gratidão pelo que recebe?

Natal para sempre

26 de dezembro

...(trouxe) uma boa notícia para vocês, e ela será motivo de grande alegria [...] nasceu o Salvador de vocês...
—Lucas 2:10,11

Antes do café da manhã, o papai orou agradecendo pelo alimento e, quando comemos, eu desabafei:

—Puxa vida, né? Que triste que o Natal já acabou!

A mamãe riu do que eu falei e perguntou:

—Você já está com saudades?

—Ah, mamãe, no Natal a gente encontra a família, come muitas coisas gostosas e ainda ganha presentes.

—E o que mais?

—Ué, sei lá!

Aí, o papai logo perguntou:

—Arthur, qual é a razão de celebrarmos o Natal?

—O nascimento de Jesus!

—Isso mesmo. E qual é o motivo de Jesus ter nascido?

—Ah, pai, o senhor sabe… Ele nasceu aqui na Terra e viveu como ser humano, só que sem fazer nada de errado. Mesmo assim Ele morreu para perdoar os nossos erros e ser o nosso Salvador.

—Perfeito, filho, e é exatamente por isso que para nós o Natal é todos os dias.

—Verdade! E ter Jesus como Salvador é o nosso melhor presente!

ORAÇÃO

Deus, obrigado pelo presente que me deu: Jesus. Por isso, o Natal pode ser todos os dias.

ATIVIDADE

1) Faça um cartaz bem bonito escrito assim: JESUS É O MEU NATAL TODOS OS DIAS!

2) Agora agradeça a Deus pelo nosso Natal que nunca acaba!

27 de dezembro

Adoração em conjunto

> Fiquei alegre quando me disseram:
> "Vamos à casa de Deus, o Senhor".
> —Salmo 122:1

Algumas das visitas que vieram passar o Natal na casa do vovô não vão sempre na igreja como a nossa família.

Mas o vovô não deixa de ir ao culto, nem mesmo quando tem visitas. Enquanto ele estava se arrumando, um dos primos reclamou:

—Você não vai deixar de ir na igreja nem conosco aqui?

—Veja bem, não posso desprezar o que tenho de mais importante na vida. Além do mais, ficarei fora no máximo três horas.

—A igreja é tão importante assim?

—Não! Jesus é que é muito importante. Ele é meu amigo fiel o ano todo e todos os dias conversamos. Mas, aos domingos, tenho o hábito de adorá-lo na companhia de outras pessoas que o amam como eu. É por isso que não vou deixar de ir.

—Tudo bem, então, vamos esperá-lo.

—E por que vocês não vêm junto?

—Pode?

—Lógico.

E todos foram junto com o vovô adorar a Jesus na igreja.

ORAÇÃO

Querido Jesus, eu o amo muito e vou adorá-lo sempre, seja onde for.

ATIVIDADE

1) Nas férias, o que você costuma fazer? Seus planos incluem ir à igreja?

2) Qual a canção que você mais gosta de cantar na igreja? Por quê?

Jogo deletado

28 de dezembro

...encham a mente de vocês com tudo o que é bom e merece elogios, isto é, tudo o que é verdadeiro...
—Filipenses 4:8

—Mamãe, cadê aquele joguinho do seu celular?
—Deletei!
—Ah, por quê?
—Sabe, filho, a mamãe estava perdendo muito tempo no celular com aquele jogo e deixando de fazer coisas importantes.
—E por que a senhora só não parou de jogar?
—Às vezes, Arthur, precisamos tomar decisões mais radicais, sabe, porque a nossa natureza nos leva para coisas ruins, mas precisamos nos manter com o foco de fazer o certo.
—Mas, se a senhora pedir, Jesus te ajuda!
—Sim, foi isso mesmo. Ele me mostrou o melhor caminho para acabar com esse mau hábito que adquiri.
—Jesus mandou a senhora deletar o jogo?! Ele não te falou que às vezes eu também jogava?
—Mais ou menos isso, filho. Mas agora eu terei mais tempo para atender você, seu pai e sua irmã.
—Ah, entendi. Deus sempre sabe o que é melhor para a gente, né?
—Sempre!

ORAÇÃO

Jesus, obrigado por sempre nos mostrar o caminho para fazer o que é certo!

ATIVIDADE

1) Tem algo que você precisa deletar do seu celular? O quê?

2) O que você pode fazer para passar menos tempo no celular e dar mais atenção às pessoas?

29 de dezembro

O NÃO do papai

Agora você não entende o que estou fazendo, porém mais tarde vai entender!
—João 13:7

Eu ainda estou um pouco chateado. Queria ter ganhado um celular de Natal, mas o papai e a mamãe me deram uma bicicleta.

—Pai, por que não me deram um celular?

—Você não gostou da bicicleta?

—Gostei, mas é que eu esperava um celular.

—Você não precisa de um celular, pois sua mãe e eu sempre emprestamos os nossos.

—Não é a mesma coisa que ter o meu, como meus amigos têm.

—Filho, você confia que eu o amo e me preocupo com o seu bem-estar?

—Sim!

—Então, Arthur, acredite, eu sei o que é melhor para você. Ainda vou te dar um bom celular, mas esse não é o momento. Por enquanto, uma das coisas mais legais que uma criança da sua idade pode fazer é andar de bicicleta! Às vezes Deus diz "não" para Seus filhos e nós sempre confiamos que tudo o que Ele faz é por amor e para o nosso bem. Mesmo que você não entenda agora, confie em mim!

ORAÇÃO

Deus, é bem difícil receber um NÃO dos meus pais, mas vou confiar que é para o meu bem.

ATIVIDADE

1) Qual é o presente que você gostaria de ganhar? Por quê?

2) Por que devemos confiar que Deus nos ama até quando as coisas não são como queremos?

Todas as coisas novas

30 de dezembro

> Quem está unido com Cristo é uma nova pessoa; acabou-se o que era velho, e já chegou o que é novo.
> —2 Coríntios 5:17

Mamãe trocou as cortinas da sala e a capa do sofá! Ela disse que o ano novo que está chegando pede alguma coisa nova.

Só que sempre sobra para o papai. Ele teve que pintar a sala e os quartos, arrumar o jardim e ainda pendurar as cortinas e tirar a capa velha do sofá.

A mamãe sempre fica feliz quando coloca alguma coisa nova na nossa casa.

Ela diz que novidades boas são muito legais e, dessa vez, como ela só trocou a capa, ela reaproveita o sofá, que é muito bom, e sem gastar muito. Ficou bem bonito e barato.

—Mãe, é igual Jesus faz com a gente, né?

—Como assim, Ana?

—A Bíblia não diz que quem está unido com Cristo é nova criatura? A gente é a mesma pessoa, só que agora com amor e perdão no coração.

—Pensando bem, Ana, é isso mesmo!

ORAÇÃO

Jesus, eu sou uma nova pessoa por causa do Seu amor que encheu o meu coração. Muito obrigado!

ATIVIDADE

1) O que tem de novo em sua casa neste fim de ano?

2) E você mudou em alguma coisa neste ano? Peça para sua mãe ajudar a responder essa pergunta!

31 de dezembro

A boa mensagem

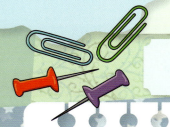

...ele nos deu uma nova vida pela ressurreição de Jesus Cristo. Por isso o nosso coração está cheio de uma esperança viva. —1 Pedro 1:3

A Bebel veio brincar aqui em casa, e ela e a Ana entraram no meu quarto. Ela achou o meu diário e leu várias coisas que eu escrevi este ano.

Quando entrei no quarto, ela ficou sem graça e me devolveu o diário.

Eu perguntei se ela estava lendo, e ela disse que sim e que cada mensagem ali fez ela aprender um pouquinho sobre o amor de Deus.

Ela disse ainda que no próximo ano também vai escrever um diário contando todas as coisas que ela perceber sobre o amor de Deus!

Aí a Ana também disse que vai escrever. Vamos começar amanhã, pois será o primeiro dia do novo ano.

Sabe, fiquei feliz de ter sido tão abençoado este ano! Tenho certeza de que o ano que vem será ainda melhor, porque aprendi que Deus é muito fiel!

Desejo que todas as pessoas conheçam a Jesus e sejam Seus amigos no ano que vai começar.

Feliz Ano Novo!

ORAÇÃO

Querido Deus, que no próximo ano eu experimente bastante do Seu amor e o compartilhe com os outros.

ATIVIDADE

1) Escreva um cartãozinho para as pessoas da sua casa e entregue antes do ano terminar.

2) Que tal você começar o seu próprio diário amanhã?

PARA COLORIR

...os exercícios físicos têm alguma utilidade, mas o exercício espiritual tem valor para tudo porque o seu resultado é a vida, tanto agora como no futuro. —1 Timóteo 4:8

PARA COLORIR

Será que uma mãe pode esquecer o seu bebê? Será que pode deixar de amar o seu próprio filho? Mesmo que isso acontecesse, eu nunca esqueceria vocês. —Isaías 49:15